教育转型背景下的
高校英语教育模式探究

章 毅 ◎ 著

吉林出版集团股份有限公司

图书在版编目（CIP）数据

教育转型背景下的高校英语教育模式探究 / 章毅著
. — 长春 : 吉林出版集团股份有限公司，2024.4
ISBN 978-7-5731-4685-4

Ⅰ．①教… Ⅱ．①章… Ⅲ．①英语—教学研究—高等
学校 Ⅳ．①H319.3

中国国家版本馆 CIP 数据核字（2024）第 059616 号

教育转型背景下的高校英语教育模式探究

JIAOYU ZHUANXING BEIJINGXIA DE GAOXIAO YINGYU JIAOYU MOSHI TANJIU

著　　者	章　毅
责任编辑	曲珊珊
封面设计	林　吉
开　　本	710mm×1000mm　　1/16
字　　数	220 千
印　　张	14.25
版　　次	2024 年 4 月第 1 版
印　　次	2024 年 4 月第 1 次印刷
出版发行	吉林出版集团股份有限公司
电　　话	总编办：010-63109269
	发行部：010-63109269
印　　刷	廊坊市广阳区九洲印刷厂

ISBN 978-7-5731-4685-4　　　　　　定价：78.00 元

前　言

　　社会的发展对外语人才的培养目标提出了新的要求：适应国家的经济社会发展需求，培养具有国际视野，熟悉国际发展规则，具备参与国际事务能力的国际型人才。基于此，当前我国高校的英语教育的教育转型方向应该逐步满足时代发展的要求，以及国家对外语人才的需求。在高校英语教育中，对英语教育教学理论进行研究是时代发展的必然要求。

　　"教育转型"是当下的热议话题。我们知道教育是为社会政治、经济和文化发展服务的，社会政治、经济和文化的变化决定了教育必将处于不断变化中。当前，我国经济与科技飞速发展，促使高等教育也进入了转型发展期。教育的转型发展也对我国的高校英语教学提出了新的要求。如何加快英语教学的转型速度，创新高校英语教学模式，提高高校学生学习英语的积极性，更好地提升学生对英语知识的掌握程度，促进高校学生英语专业素养和自主学习能力的培养，成了亟待解决的问题。

　　笔者水平有限，本书难免存在不妥甚至谬误之处，敬请广大学界同仁与读者朋友批评指正。

章　毅

2023 年 10 月

目　录

第一章　英语教育概述

当今社会，英语已成为国际通用语言，英语教育的重要性愈发凸显。改革开放后，中国的英语教育发展速度较快，国民整体英语素质普遍得到了相应提升。英语教育的发展为对外交流、文化建设和经济发展都做出了重要贡献。本章即对英语教育展开全面分析，其中，既包括中国英语教育的发展历程，又包括英语教育的理论基础、原则、影响因素，同时还对素质教育理念下的英语教育进行了相关探讨。

第一节　我国英语教育的发展历程

一、早期贸易与传教中的英语教育

"洋泾浜"又名西洋泾浜，原是上海的一条河浜。也用来指一种语言现象——洋泾浜语（pidgin），又称作"比京语"或"皮钦语"。在交谈中，不时夹杂外语，这样的语言形式，最早流行在 20 世纪初的上海滩，当时被人称之为"洋泾浜"。我国洋泾浜是由葡萄牙语、英语和汉语相互融合而成的，其中葡萄牙语和英语处于主导地位。

语言学家霍尔（G.S.Hall）认为，我国洋泾浜的发展可以分成四个阶段：起源、兴盛、扩展和消亡。第一个阶段为 18 世纪之前，以澳门葡萄牙语为主导。第二阶段为 18 世纪到 19 世纪 40 年代，此时中英贸易迅速发展，形成了盛行一时的广东英语。第三阶段为 19 世纪 40 年代到 19 世纪末期。鸦片战争之后，广州、厦门、上海、福州等地开始对外通商，"广东英语"（广东人与外国人交流的语言）借此机会得以北上，并逐渐影响到其他城市。其中较为典型的有开埠后的上海，开始盛行所谓上海洋泾浜英语。第四阶段为19世纪末期到今天。19世纪末期，洋泾浜英语逐渐消亡，其主要原因是中国社会政治、经济和文化的发展以及不规范用语所带来的交流上的不便，使得人们在对外交流中更喜欢用标准英语。今天，洋泾浜英语作为一种曾经存在过的实际交流的语言，大部分已经消亡，但也有部分词汇被现代汉语和现代英语吸纳，尤其是在香港、上海等地，我们还能从一些当地特有的词汇中发现它的影子。

1818年，英国传教士马礼逊（R.Morrison）在马六甲建立的英华书院被看作是我国教会英语教育的开端。与贸易英语不同，教会英语教育作为传教士传教活动的一部分，它并不是将中西文化交流或英语的实用性价值作为目标，而是将其作为传播福音的工具。教会英语教育的根本目的就是传播以基督文明为核心的西方文明，进一步达到传教的目的。

近代早期的教会学校集中在5个开放通商的沿海城市（上海、宁波、福州、厦门、广州）和香港。大多附设于教堂，规模小，刚开始时一般不满10人，招生对象主要是社会下层子弟。这些教会学校以初级和中级教育为主，但却受到整个社会的排斥。其主要原因有两点：其一，教会学校的教育目标与我国传统的教育目标相冲突。中国传统教育偏重科举，强调学生熟读四书五经。而教会学校则注重对基督教教义的理解，提倡西学，培养出来的学生难以应对中国的科举考试。其二，中西方文化的冲突。一些传教士以西方文化优越主义的姿态傲视中国，推崇用西方文化挑战传统的儒家文化的信条。而中国人一直深受儒家文化及科举制度影响，对西方文化同样持有排斥的态度。

教会学校把主要精力都放在了传教的重要工具即英语教育上。这一时期教会英语教育教学内容简单，采取语法翻译法，以英文原版教材为主。但是，它们奏响了我国学校英语教育的先声，将正规英语教育的概念引入了我国，这在客观上促进了英语在我国的传播。

二、清朝末期的英语教育

19世纪中叶，随着全球形势的发展变化，主要外语语种从葡萄牙语、西班牙语逐渐转换为英语。1862 年，京师同文馆（School of Combined Learning）成立，首先开设了英文馆。关于英语教育，同文馆注重翻译实践即笔译和口译，并采用了一种具体的英语教学模式——语法翻译法。同文馆在低年级阶段主要集中强化英语语言训练。语言通顺之后，从中高年级开始，英语语言训练开始同科学知识教学相互结合。这种注重社会需求、以科学促进语言学习的方法成为当时英语教育的特色，对当今的英语教学也有很好的借鉴意义。

在京师同文馆的影响下，全国各大主要城市纷纷设立英语人才的培养机构。上海成立"上海广方言馆"（1863 年），以外语为主修课程，兼修历史、地理与自然科学；广州成立了"广方言馆"（又称"广州同文馆"，1864 年），培养八旗子弟翻译人才；1867 年成立了江南制造厂，内设翻译局，并开始翻译西方的自然科学及军事科学著作。一时间，英语翻译成为了解、学习西方文化和先进科学的最佳通道。1902 年，京师同文馆并入京师大学堂（今北京大学），并于 1903 年设立"译学馆"（College of Language），继承并发展了同文馆的教学理念和教学模式，目标是培养翻译和英语教育方面的人才并训练他们中西贯通的能力。这种"中西并重"的观念特别强调"外语学习并非仅是涉猎西学的门径，也是研读外国学术著作的辅助手段；学习外语的终极目的并非仅是语言文字的应用，而是汇通中学与西学"。"译学馆"是我国清末培养外交、外贸方面笔译与口译人员的学校中规模最大的，为清末乃至后来的民国政府输送了大量翻译与外交人才。

三、民国时期的英语教育

中西方交流需要英语人才。如果说最初的中西方交往是基于宗教、科技、文化等层面的交流，那么之后的交流则是一种基于政治、经济、文化等多维度、全方位、立体式的交流。到了民国时期，这种交流进一步扩大，已从沿海通商口岸扩大到内陆广大地区，连甘肃、新疆、西藏等内陆腹地和边疆地区都被纳入世界资本主义体系。频繁的对外政治交往、经贸往来、科技文化交流都需要大量精通英语的人才。开展英语教育，培养英语人才，直接关系到学校的生存和发展。因此，以市场为导向，学校英语教育承担起了为社会发展培养英语人才的历史使命,这也与当时各地的社会经济发展水平相吻合。清末,学校英语教育主要集中在 5 个沿海通商口岸,到了民国时期,英语教育在全国各地、各级各类学校中蓬勃开展起来,建立并稳定了大学、中学、小学英语教育体系,即使远在西南边陲、教育相对封闭落后的西藏地区,也出现了英语学校。但是,受需求的影响,民国时期的学校英语教育,特别是外语专门学校和开设外国文学(英国文学)系科的高等学校,仍主要集中在上海、南京、福建、广州等沿海地区和省会城市。各类学校根据本地经济社会发展的需要自主开设英语教育课程,培养了大量的英语人才,有力地促进了中外政治、经济、科技和文化的交流。

在具体的教育实践中,民国时期的学校英语教育在清末英语教育的基础上,立足于社会与经济发展的实际,紧跟国际英语教育的潮流,围绕语言教学和英语人才培养,谋划学校英语教育布局,改革英语教育模式,加强师资队伍建设,引进使用原版英文教材,从而形成了以下鲜明的特点。

1. 学校英语教育发展不平衡

首先,从整体上看,民国时期的社会生产力发展水平还比较低下,在广袤的内陆地区,自给自足的封建自然经济仍占主导地位,除却上海、广州、南京等开放口岸和大城市,由于西方帝国主义的入侵等原因,资本主义工商业才相对发达。沿海与内地、城市与农村之间的经济社会发展水平差异巨大,"二元结构"非常明显,学校英语教育也存在较大的差异。经济发达、外向度高的沿海省份和城市的英语教育水平明显高于经济落后、外向度低的地区。

其次,民国时期的办学体制多元化,既有公立学校,也有私立学校,还有一定数量的教会学校。因其类型多样,教育目标、教学要求及教学方法不尽相同。不同类型学校的英语教学在课程设置、教学内容、教学方法、教材选择、师资建设等方面存在很大差异。在教学法方面,普通公立学校和私立学校多采用语法翻译法,专业课程和农村学校的英语课程一般用汉语讲授。教会学校则紧跟国际英语教学潮流,直接开展双语教学,用英语讲授专业课程。

2.英语教育师资逐渐实现自给

为了避免"永远仰给外国教师",培养造就本土英语教师的工作开始受到关注和重视,英语师资队伍的建设由此提上议事日程。1912年以后,国家着手加强英语教育,培养英语教师。在1924年中华教育改进社的南京教育年会上,英语教学组提出《英语教学改进计划》,特别强调培养中等学校英语教师的重要性,并制定了详细的培养方案。除外籍教师外,民国时期英语教师主要有三个来源:一是高等学校英语系的培养。民国时期的大学,大多都开设外国文学(或英国文学)系。截止到1949年,全国有几十所综合性大学开设外国文学(或英国文学)系科,有10余所高校设有外国语(英语)师范系科。二是各大学和专门学校通过培训、进修或交换教授、公派出国培训等形式,提高现有教师的专业水平和能力。三是出国留学人员回国任教。西方列强为了培植在华代理人,以便插手中国政治并捞取商业利益,大量接收中国留学生。其中,赴英、美留学人数较多。这些留学生,在西方国家学习自然科学和人文社会科学知识,并学到了各国的"活"语言。许多留学生回国后,积极从事英语教育工作。

四、1949年后的英语教育

(一) 初期 (1949—1965年)

1949年至1965年是初期阶段。这一阶段百废待兴,我国政府对外语教育规划工作比较重视,不仅初步确立了学校外语教育的基本模式和培养目标,也建立了外语教育的各级体系。但是,这个阶段我国外语教育政策不可避免地受到国际大环境的制约以及国内政治运动的影响。当时国家的对外政策倾向于"亲苏学苏、反美抗美",我国的外语教育出现了一边倒倾向,全社会掀起了学俄语的热潮。

1950年教育部明确表示将俄语课纳入中学外语课程之中,同时设置了多门语言理论课程,晚清及民国已发展较成熟的英语课逐渐从课程表上消失了。那个时候外语教学必然突出的是俄语,英语作为中学的一门学科,在很长一段时间内勉强维持。1956年7月,教育部下达《关于中学外国语课的通知》，它纠正了忽视英语教学的偏向，撤销了1954年起初中停开外语课的决定。这个通知的下达，结束了我国中学英语教学勉强维持的局面，在当时我国的中学外语教育中占有重要地位。自1957年开始，我国的中学英语教学开始逐步恢复。在教育部正式颁发的中学教学计划中，外语已被列为一门重点学科。

（二）"文化大革命"时期（1966—1976年）

英语教育刚刚开始得到重视，一场长达10年之久的"文化大革命"开始了。在此期间，英语教育陷入停滞。此时的英语教育不太规范，没有教学大纲和教学要求，一般采取教生词、读课文以及英汉互译的教学模式。学生基本上不练习口语，课堂上偶尔采用问答法。因此，学生在这个时期很少能学到地道的英语，学习内容大多为具有中国特色的政治方面的英语译文，这些语言难以被以英语母语者接受和理解。

（三）改革开放时期（1978年至今）

改革开放政策不仅给我国经济的发展带来了春风，同时也给英语教育注入了新的活力。这一时期的英语教育事业和其他行业一样发生了巨大的变化，特别是在十一届三中全会后提出的"为实现四个现代化而努力学习外语"的方针政策，深得人心，引起了全社会对英语学习的关注，全国出现了学习英语的热潮。改革开放后的30年是我国英语教育飞速发展的时期，这一时期的英语教育取得了令人瞩目的成绩。就基础教育阶段而言，1978年教育部贯彻邓小平同志要重视中小学教育的指示，为了培养更多的建设性人才，颁布了《全日制十年制中小学英语教学大纲（试行草案）》，1978年国务院批准教育部《关于加强中小学教师队伍管理工作的意见》，1979年教育部采取让高等院校和其他部门教师到中学、师范学校和教师进修学院担任教师的措施，加强中学外语教师队伍，坚决制止外语骨干教师的外流，保证基础教育阶段外语教师师资队伍的稳定。就高等教育阶段而言，1977年，高考制度得以恢复，我国的英语教育开始蓬勃发展起来。英语教育无论在师资力量的壮大、教学大纲的制定，还是在教材建设、教学方法多样化等方面均取得了长足的进步。

五、全球化背景下的英语教育

当今世界，国家与国家、民族与民族之间的相互接触越来越频繁，全球化成为时代的特征。作为全球通用的语言，英语受到越来越多的国家的重视，它不仅关系到个人的发展，也关系到国家综合实力的提升。随着全球化趋势日益明显，英语教育越来越受到全世界的关注和重视。韩国、日本等国不仅提前了学习英语的年龄，还增加了英语学习的课时，以提高本国国民的英语水平，他们把提高国民英语水平看作提高国际竞争力、适应经济全球化发展、促进民族间相互理解交流、提高国际意识的重要途径之一。就中国而言，英语教育的重要性也在与日俱增。

（一）全球化背景下英语教育存在的问题

1. 注重语言知识技能，淡化语言应用能力

教学过程中重视记忆和机械的模仿，忽视学生的情感需求和对自主学习能力的培养。教师常常采用以讲解词汇和语法知识为主的授课方式，因而学生被动地听课、做笔记。这种课堂模式只能让学生掌握有限的语言技能，虽能应付各类升学考试，但缺乏课堂互动，难以充分调动学生学习的积极性，从而阻碍学生语言综合运用能力的提高。

2. 对英语专业定位存在误解

随着我国市场经济的发展，能带来经济效益成为接受高等教育的主要目标之一。英语专业教育与社会主义市场经济的关系是值得教育行政部门、高等学校和全体外语教育工作者思考的一大问题。英语专业教育要避免高等教育哲学中的两个极端，即认识论哲学和政治论哲学。前者指的是高等教育"趋向于把以'闲逸的好奇'精神追求知识作为目的"，即强调大学以探索高深学问和忠实客观地追求知识为目的，英语专业教育主要关注的是文学教育，培养纯语言、纯文学的人才，很少考虑到政治和商业的目的。后者指的是"人们探讨深奥的知识不仅出于'闲逸的好奇'，而且还因为它对国家有着深远影响"，它强调英语专业教育不应成为远离社会的"象牙塔"，而是要适应环境的需要，为社会提供各种服务。目前高校的英语

专业教育以高等教育政治论为主导，英语专业的学生深受整个社会大潮流的影响，功利主义和实用主义的思想倾向明显，对专业定位认识不明确。一些英语专业的学生将本科英语教育看作便于从事某项实用性专业工作的辅助手段，甚至作为出国留学或研究生入学考试的敲门砖。因此，他们重视立竿见影的应用型课程的学习、语言技能的学习和各类资格证书的考试，将大学视为公司的职业培训中心和语言考试培训中心，忽视对文学文化课的学习。实际上，他们思想上的误区，恰恰阻碍了他们未来的发展。

3. 英语教育标准混乱、评价体系不科学

目前，2022 年教育部印发的《义务教育阶段英语课程标准》、2020 年教育部制定的《普通高级中学英语课程标准》、2007 年教育部发布的《大学英语课程教学要求》和 2000 年教育部发布的《高等学校英语专业英语教学大纲》等，这些标准各自为政，不能很好地衔接。大学阶段又主观地区分为公共英语和专业英语，违背了语言的客观规律。与这些标准相对应的评价体系也不科学，只考查了语言的部分内容，隐形地推动了应试教育的发展。

4. 高等院校英语教育师资力量不均衡

在高等教育大众化阶段，各高校英语专业师资差别很大，新办英语专业高校的师资力量往往比较薄弱。专业教师数量不足，且每位教师承担的课时量大、科目多。在师资力量奇缺的高校，甚至出现了部分教师每学期承担 2 ~ 4 门专业课，人均每周课时数达到 14 节的情况。每位教师都有自己的专长，不可能胜任不同专业性质课程，加上超负荷的工作，教师疲于教学而无暇顾及科研工作，从而影响了教师的学术发展。师资结构不合理，主要表现为教师的学历和职称普遍比较低，缺少专业学科建设的带头人和教师团队。教师在教学和科研方面经验不足，难以有效地引导学生的学习和指导他们的毕业论文。

5. 对本民族文化的认知自觉性有所下降

在我国，英语教育受到社会的广泛重视。个人英语水平已经成为升学、就业、职称晋级和衡量社会地位的重要标准和依据。但是由于应试教育以

及教学理念等因素的影响，一些青年学生在跨文化交际中屡屡出现"中国文化失语症"，即在跨文化交际中，作为中国人无法表达自己独特的观点，无法准确有效地阐述中国社会特有的文化现象。中华优秀传统文化的传播在无形中被忽略，中国对外文化交流和传播的严重失衡。更严重的是，一些学生对英语国家文化的认同超过对本土文化的认同。华中科技大学刘献君教授指出："如果我们的人文文化也被全盘西化，那么中国人将只是一个种族、生理、生物的概念，而非民族的概念。"[①]我们必须清醒地认识到，民族文化的认同与传承不仅仅是一个文化问题，还是涉及社会和个人安危、国家主权和民族独立的政治问题。

（二）全球化背景下英语教育的改革思路

1. 培养全球视野和创新思维

英语教育要使学生学会做人、学会生活、学会学习，具备适应全球化的能力和素质，要变应试教育为素质教育，培养学生的语言综合运用能力、学习技巧、创新思维等。英语教育要让学生具有全球化视野，既能用全球化的视野进行思维，又能结合本地实际采取适当行动，解决实际问题。在英语教育中要有具体的国际化方面的内容，通过讨论，激发学生的学习动机，提升英语水平和全球化意识。英语教育的目标应是培养适应经济全球化、信息全球化的，有国际意识、国际竞争力的人才。在教育观念上要具有全球化战略思维和国际化战略眼光，具有国际竞争意识及合作交流意识，具有坚持中国特色、弘扬中华民族优秀传统文化、防止地域文化和殖民主义入侵的意识。

2. 加强师资队伍建设

师资队伍是学科发展的重要力量。为培养合格的英语专业人才，必须提高教师的综合素质和改善师资队伍结构。高校要有规划、有目标地引进人才（学科带头人）、稳定人才（中青年教师队伍，防止人才流失）和培养人才（鼓励教师的在职教育，提高教师的综合素质和专业水平），合理配置教师队伍职称、学历和年龄结构。尤其要重视学科带头人和骨干教师

---

① 刘献君：《大学之思与大学之建》，华中科技大学出版社 2013 年版。

的培养，使他们能充分发挥主观能动性并建立不同专业方向的学科团队，从而带动整个教师队伍的发展。

3. 制定统一的英语教育标准和科学的评价体系

《大学英语课程教学要求》调整了大学英语的教学目标：培养学生的英语综合应用能力，特别是听、说能力，使他们在今后的工作和社会交往中能用英语有效地进行口头和书面的信息交流，同时增强其自主学习能力，提高综合文化素养，以适应我国社会发展和国际交流的需要。《国家英语课程标准与教学要求》还强调了英语综合应用能力、听说能力、自主学习能力，这是进步的表现。但在具体要求中没有提及文化交际方面的内容，这与中小学英语课程标准严重脱节，与英语专业教学大纲的要求也有所不同。高等学校英语专业教学大纲规定，高等学校英语专业培养具有扎实的英语语言基础和广博的文化知识，并能熟练地运用英语在外事、教育、经贸、文化、科研、军事等部门从事翻译、教学、管理、研究等工作的复合型英语人才。我们应成立国家外语中心，通过制定"一条龙"式的《国家英语课程标准与教学要求》，涵盖小学、普通中学、高职高专、大学，把英语教育放在一个科学、有序、目标明确的完整框架内。只有这样，才能使学生具备英语综合应用能力，适应全球化的要求。同时，要制定国家英语能力标准，用统一的尺度来衡量英语水平的高低，不再区分英语专业和非英语专业。从小学到大学有不同的等级要求，学生要分别达到相应的能力标准。

4. 培养文化自觉意识

首先，自觉认同本民族文化。在教学中教师既要引导学生学习西方文化，又要树立和提升对民族文化的自觉认知。在跨文化交际中如果缺少文化自觉意识，就很难完成对外来文化的理解、吸收和传播。

其次，自觉引领文化方向。教育肩负着文化传承和创新的历史使命。教育在传承和发扬中华民族文化传统和建设现代新文化方面，始终扮演着不可替代的角色。英语教育是我国教育的重要组成部分，它在我国对外交往和文化传播中起着重要作用，在文化建设中肩负着引领社会文化方向的重大责任。英语教育在培养人才的过程中，只有把体现社会主义核心价值的文化观念融入教学科研和文化交流之中，才能确保引领文化方向。

最后，全球化背景下的英语教育要自觉秉承"和而不同"的理念。"和而不同"是中华优秀传统文化的精华，其含义是在保持各自主体性的前提下承认不同的存在，尊重不同个体的特性，并与其他个体和谐相处。面对多元文化我们既承认不同国家或民族文化之间的差异性，又追求不同文化间的相互吸收、相互交融，最终达到和谐的统一与共同繁荣的目标。中华文化正是在长期同异域文化的碰撞激荡、吸收借鉴中发展起来的多种文化积淀的结晶。将"和而不同"的思想运用于外国语言与文化的学习，既没有丢弃民族文化，也未拒绝外来文化。是在知己知彼的前提下做到扬弃，在平等看待不同文化的基础上学习，既要始终自觉保持民族文化的独立性，又要有海纳百川的心态，以促进多元文化的相互尊重和理解，谋求共生共存。

第二节　英语教育的理论基础

一、比较语言学

比较语言学，又称历史比较语言学。19世纪，在语言研究内部发展需求的推动下，在生物进化学说、比较解剖学等自然科学以及其他因素的影响下，语言学家开始把语言作为独立的对象进行研究，并且形成了历史比较的研究方法，从而使语言研究作为一门相对独立的学科被建立起来，语言学史上的第一个相对独立的学派——历史比较语言学诞生了。历史比较语言学发源于18世纪末到19世纪初的德国，辉煌了一个世纪，它的建立宣告语言的研究已经不再是经学的附庸，从此，语言的研究走上科学的道路。比较语言学是把相关的各种语言放在一起进行共时比较或把一种语言各个不同的历史发展阶段进行历时比较，以找出它们在语音、词汇、语法上的对应关系和异同的一门学科。比较语言学既可以用来研究相关语言之间结构上的亲缘关系，找出它们的共同母语，又可以找出语言发展、变化的轨迹和原因。

二、错误分析理论

错误分析理论是 20 世纪中后期盛行的对第二语言或外语学习者错误的研究,通过比较学习者的母语和目标语这两种语言来探求他们之间的异同。20 世纪 60 年代后期,英国应用语言学家科德(S.P.Corder)在 1967 年发表的 *The Significance of Learner's Errors*(《学习者错误之重要意义》)一文中提出错误分析理论,对学习者在学习过程中的错误进行系统性分析研究,从而确定其错误的来源,为教学与学习过程中进一步消除这些错误提供依据。

错误分析理论认为,外语学习者在学习一种新语言时,也像儿童学习母语一样,对目标语做出各种假设,并不断在语言接触和交际使用的过程中检验假设。在这个学习过程中,错误不仅不可避免还是必要的,因为它反映了学习者对目标语所做的假设与目标语体系不符时出现的偏差。通过分析这些错误,教师可以了解学习者如何建立假设并检验,了解外语学习者的学习方法和对目标语的熟悉程度。

错误分析理论使人们改变了对错误本质的认识,把错误从需要避免、需要纠正的地位提高到了作为认识语言学习内部过程的向导地位,随着语言学的不断发展,错误分析理论也必将得到进一步充实和完善,它对外语教学的指导作用也必将日益重要。

三、结构主义语言学

从 19 世纪末到 20 世纪中期,不论是在自然科学领域还是在人文科学领域都开展着一场结构主义革命。不少学者如帕西(P.E.Passy)、斯威特(H.Sweet)、布龙菲尔德(L.Bloomfield)、韩礼德(M.A.K.Halliday)等都对语言的结构进行了分析和研究,并提出了自己的观点和理论。在这方面的研究工作中,美国和英国的结构主义语言学家取得了显著的成绩并做出了卓越的贡献。

（一）美国的结构主义语言学

美国结构主义语言学家的研究工作是从研究没有文字的美洲印第安人的口头语言开始的。他们用语言符号（如国际音标）把印第安人的口头讲话如实记录下来，然后对收集到的口语样本进行不同层面的分析，研究它们的结构和特征。其后，美国结构主义语言学家又运用他们在实践中建立起来的"描写"方法去研究英语和其他印欧语系语言。他们认为语言可看作一个把意义编成语码的系统。这个系统由结构相关的成分组成，这些成分是音位、词素、单词、结构和句型。一个语言系统包括它的音位系统、词素系统和句法系统。由于语言差异性，美国结构主义语言学家认为，在学习外语时，母语会干扰和影响外语学习。当外语的结构和母语的结构不同时，学习困难和错误就会出现，学习外语主要就是要克服这种困难。他们还认为，如果母语和外语有相同的结构，学习上就不会出现困难，对于相同的结构，教学中不用教授，只要让学生接触语言就可以了。因此，在外语教学中，应集中力量去解决两种语言结构上的差异问题。为了预测学习某一外语会碰到的困难和问题，可使用对比分析（Contrastive Analysis）去比较母语与外语在结构层面上的异同。

（二）英国的结构主义语言学

对语言结构特别是句型结构的研究，英国的语言学家做了大量的工作并取得了卓越的成效和显著的成果。英国著名的语言学家帕尔默（H.Palmer）、霍恩比（A.S.Hornby）和其他学者从 20 世纪 20 年代开始共同分析、总结主要的英语语法结构，把英语语法结构归纳成一定的句型。英国语言学家对英语句型的详尽描述和解释，为人们了解英语的内在结构提供了大量资料，也为英语教学中的语法教学和句型教学（Paraphrasing）尤其是句型转换提供了依据。如果说美国结构主义语言学家在研究语言时特别注意语言之间的差异、主张使用对比分析去预测在外语学习时会出现的困难，那么英国结构主义语言学家在研究英语结构时特别注意的是语言结构和结构使用情景之间的关系。

四、发生认识论

发生认识论是皮亚杰（J.Piaget）根据以他为代表的日内瓦学派对儿童心理发展的研究和其他学科有关认识论的研究而提出的一种关于认识论的理论。它试图以认识的历史、社会根源以及认识所依据的概念和"运算"的心理起源为根据来解释认识，特别是解释科学认识。皮亚杰心理学的理论核心是"发生认识论"，主要研究人类的认识（认知、智力、思维、心理的发生和结构）。他认为，人类的知识不管多么高深、复杂，都可以追溯到人的童年时期，甚至可以追溯到胚胎时期。所以儿童出生以后，认识是怎样形成的，智力思维是怎样发展的，它是受哪些因素所制约的，它的内在结构是什么，各种不同水平的智力、思维结构是如何先后出现的等都值得研究。

五、建构主义理论

建构主义理论是由认知主义学习理论发展而来的，它从认识论的高度提出了认识的建构性原则，强调了认识的能动性。建构主义的代表人物有皮亚杰、科恩伯格（O.Kernberg）、斯滕伯格（R.J.Sternberg）、卡茨（D.Katz）等。在皮亚杰提出的"认知结构说"的基础上，科恩伯格进一步研究了认知结构的性质与发展条件，斯滕伯格和卡茨等人强调人体的主动性在建构认知结构过程中的作用，并探索了认知过程中如何发挥个体的主动性。维果茨基（L.Vygotsky）提出的"文化历史发展理论"强调学习者所处的社会文化、历史背景在认知过程中的作用，并提出了"最近发展区"的理论。这些研究进一步丰富和完善了建构主义理论，为理论更好地应用于教学创造了条件。建构主义理论的基本观点是，学习需要在教师的指导下坚持以学生为中心的原则。也就是说，该理论主张学生是信息加工的主体，是意义的主动建构者，而不是外部刺激的被动接受者和被灌输的对象。教师是学习的意义，建构的帮助者和促进者，而不是知识的传授者和灌输者。直到20世纪90年代，随着科学技术的迅猛发展，多媒体和网络技术为建构主义理论学习环境提供了技术支持，使得建构主义学习理论教学设计思想得以实现。

六、心灵主义习得理论

（一）普遍语法

乔姆斯基（N.Chomsky）是心灵主义习得理论的代表人物之一，他提出心灵主义的习得理论目的是要解释儿童母语的习得问题。乔姆斯基认为任何发育正常的儿童能在短短几年内获得母语使用能力，这个事实用行为主义学习理论解释不了。在乔姆斯基看来，人类有一个与生俱来植于大脑里的所谓语言习得机制（Language Acquisition Device，LAD）或普遍语法（Universal Grammar，UG）。这是一种假设，因为至今还未被证实。按照乔姆斯基的理论，外部环境和语言输入只有"激活"语言习得机制的作用。语言输入进入人脑就创立了一种语言知识，这种语言知识包括"原则""参数"和"词汇"。尽管乔姆斯基的理论不论在解释母语习得还是在解释第二语言习得方面都还存在争议，但正如郭杰克所说："对乔姆斯基的普遍语法理论进行深入的探讨会有助于揭示语言习得的奥秘，至少从普遍语法的角度去研究语言习得会给我们一个新的视角，从而有助于我们对问题有更为全面和更为深入的思考。"[①]

（二）克拉申的监察模式

克拉申（D.Krashen）是美国南加州大学语言学系的教授。在一系列他人和自己研究的基础上，他提出了旨在解释第二语言是如何习得的学习理论。他的理论被称为监察模式。克拉申的监察模式由 5 个假设组成，即习得和学得假设、自然顺序假设、监察假设、输入假设和情感过滤假设。

按照习得和学得假设（Acquisition-Learning Hypothesis），培养第二语言或外语能力有两种不同的途径，一种是习得，另一种是学得。习得是一种自然的方式，它是一种觉察不到的过程，像小孩习得母语一样，学习者在有意义的交际中，通过对语言的理解和使用，自然获得使用语言的能力。学得是指有意识地学习语言规则的过程。学得最后能弄懂语言知识，并能把语言规则予以表述。正规学习能促使学得发生，对错误的纠正能帮

[①] 郭杰克：《当代英语搭配大词典》，高等教育出版社 2002 年版。

助弄懂规则，但学得不能促使习得发生。克拉申提出自然顺序假设来说明习得语言规则是有一定的次序的。按自然顺序假设，一种语言的语法规则或结构是按一定的、可以预示的顺序习得的，在第二语言或外语学习时有类似情况。克拉申提出语言输入假设来说明语言是怎样习得的。他认为，只要人们接收到足够的语言输入，而这些输入又是可以理解的，那么人们就可以习得语言。克拉申还提出监察假设来说明学得的作用。克拉申认为，有意识的学得（知识或规则）只能起到监察的作用，这种监察作用可以发生在写或说前后。克拉申提出情感过滤假设（Affective Filter Hypothesis）来说明心理或情感因素对外语学习的影响。影响外语学习的心理或情感因素包括一个人的动机（Motivation）、信心（Self-confidence）和忧虑程度（Anxiety）。克拉申把情感因素看作可以调节的过滤器，这个过滤器可以让语言输入自由通过或阻碍语言输入通过，而语言输入只有通过了过滤器才能运行语言习得机制并为大脑所接收。因此，在外语学习过程中，强烈的动机、自信心和偏低的忧虑状态对习得来说是较为有利的。

上述的 5 个假设构成了克拉申外语教学理论，这个理论对外语教学有一定的启示作用。

按照克拉申的外语教学理论，进行外语教学时应该尽量向学生提供可理解的语言输入，为学生习得语言创造一个有利的环境。教师应使用一切手段来增加语言输入的可理解性，可采用直观的教具（如实物、图片、电影等）来辅助教学，也可以按学生水平，使用不同的词汇和语言结构进行教学。此外，教师应创造一个轻松愉快、自由自在的学习气氛，只有这样，语言输入才能更有效地为大脑所接收。因此，不要强加压力于学生，在学生不会回答问题或还未有能力作答时，不要强迫他们作答。在学习的最初阶段，可使用"全身反应法"来教学，这样可以减少学生的忧虑，避免产生害怕犯错的心理。与此同时，语言输入应是有趣的，学生应在教学中参与有意义的交际活动，而不是句法形式的训练，这样才能更好地调动学生学习的积极性，提高学习的效率。由于习得依赖可理解的输入，课堂活动应集中在听和阅读两个方面的训练上，说的能力会自然产生。

七、社会语言学

社会语言学是一门新兴的语言学分支，主要研究语言的社会本质和差别以及影响它们的社会因素。由此可见，社会语言学将语言当作一种社会现象进行研究，并认为语言最本质的功能就是社会交际功能。美国社会语言学家海姆斯（D.Hymes）认为，儿童是在社会化的过程中自然而然地习得母语的。他们不仅能说出符合语法和本族语习惯的句子，还能在一定的场合、情境中使用恰当的语言。①另外，海姆斯还指出："交际能力是运用语言进行社会交往的能力，既包括语言能力，也包括影响语言使用的社会文化意识能力；既包括言语行为的语法正确性，又包括言语行为的社交得体性。"②这一理论即"交际能力"理论。

总之，社会语言学主要研究语言与文化、职业等之间的关系，以及对语言在不同社会环境及条件下的应用。社会语言学认为，人们在表达同一思想内容时所使用的语言会因为种族、民族、性别、年龄、身份、经济地位、文化程度及场合等方面的不同而产生很大差别。社会语言学的研究促使人们更加关注语言使用的得体性，同时也促使教育工作者更加重视培养学生得体地使用语言的能力。在此影响下，交际法应运而生。

第三节　英语教育的原则与影响因素

一、英语教育的原则

（一）以学生为中心原则

学生是教学活动的主体和内在因素，教师若想充分激发学生的主观能动性，从而提高教学质量，就必须以学生为中心。所谓以学生为中心，就是在教学过程中，从学生实际情况出发，设计和组织教学活动，进而培养

---

① 海姆斯：《恶梦 电影脚本》，杨光慈注释，外语教学与研究出版社 1981 年版。
② 海姆斯：《恶梦 电影脚本》，杨光慈注释，外语教学与研究出版社 1981 年版。

学生的交际能力。在英语教学中，教师的指导作用不容忽视，但是充分调动学生的积极性才是教学质量有效提高的保证。以学生为中心需要教师在教学中为学生的学习创造条件。教师的"教"必须建立在学生"学"的基础上，教师的"教"要以学生的"学"为依据。教师在教学中的所有活动都必须考虑学生的心理和需要，根据学生的反应来调节自己的教学活动。具体来说，教师需要做到以下几点。

1. 培养学生成为独立的语言学习者

有限的课堂教学只能传授有限的知识，况且语言学习又有其特殊的连贯性，一旦不接触或不使用所学语言，就有可能前功尽弃。这也是学生对英语教学失望的一个原因。再用功的学生，如果他只是老老实实地完成老师布置的作业，并按部就班地温习课本，通过考试后不久，他也很有可能把课堂上所学的那些语言知识忘记过半。英语学习归根结底是学生自身独立的学习。英语教学的目的不仅是向学生传授语言知识，更重要的是使他们成为独立的语言学习者，培养学生使用所学语言的能力，并向学生传授适用的语言学习方法，培养他们的语言自学意识并提高语言能力。

2. 在备课和教学活动中突出学生的中心地位

首先，备课是教师教学的重要环节，教师可以通过备课了解学生。教师可以通过学生在课堂上的表现、测试成绩等了解其学习状况，这些都有利于教师根据学生的学习水平、接受能力、学习风格以及学习态度等来设计教学实践活动。教师在备课中应尽量设计一些开放性较强的任务，这样可以促使所有学生参与进来，使学生真正成为学习的主体。其次，教师要根据学生的特点、知识结构、学习兴趣等内容进行形式多样的活动设计。学生的性格各不相同，性格开朗外向的学生往往善于表现自己，对教学活动的参与度较高。而那些性格比较内向的学生不善言谈，羞于表达，对于教学活动的参与度则低。这样的情况就要求教师在尊重学生差异性的基础上设计一些尽量使所有学生都可以参与的教学活动。教学活动设计必须能够激发学生的参与积极性，且能够保证学生的全面参与。

（二）兴趣性原则

1.兴趣性教育原则的依据

（1）对兴趣教育价值的肯定。确认兴趣在教育中的重要意义和地位，反映了对兴趣与教学过程的密切关系的认识，体现了教学内在规律对教学原则的要求。在教育史中关于兴趣教育价值的论述不胜枚举，归纳起来主要有以下几个方面：兴趣是学生求知的内在动力和愉快学习的诱因，这种状态下教学效果最佳；兴趣是牢固掌握知识和提升学业成绩的保障，对智能发展作用巨大；兴趣维持长久的注意力，可促进学生努力训练；兴趣具有德育价值，是促进个性全面发展的要素；兴趣推动自我终身学习，对成功成才也具有特殊意义等。特别值得一提的是杜威（J.Dewey）的观点。杜威（J.Dewey）在《我的教育信条》中认为，兴趣是教学的起点和决定课程进度的真正中心，并且"方法的问题最后可以归结为儿童的能力和兴趣发展的顺序问题。提供教材和创立教材的法则就是包含在儿童自己本性之中的法则"，"因此，经常而细心地观察儿童的兴趣，对于教育者是最重要的。"[①]

（2）以兴趣为取向的教学目标。把学习兴趣当作教学目标，是教育兴趣说的一个跨越，也反映了一定教学目的对教学原则的要求。中国古代即有从孔子肇始的"知之者不如好之者，好之者不如乐之者"（《论语·雍也》）的一贯主张，讲的就是好学、乐学的重要性和追求以学为好、以学为乐的境界。在西方，以兴趣为取向的教育目的观可追溯到卢梭（J.J.Rousseau）。他说："我的目的不是教给他各种各样的知识，而是教他怎样在需要的时候取得知识，是教给他准确地估计知识的价值，是教他爱真理胜于一切。"[②]赫尔巴特（J.F.Herbart）明确指出："教学的最终目的虽然存在于德行这个概念之中，但是为了达到这个最终目的，教学必须特别包含较近的目的，这个较近目的可以表述为'多方面的兴趣'。"[③]赫尔巴特（J.F.Herbart）认为兴趣是目的也可为手段。

---

① 约翰·杜威：《我的教育信条》，彭正梅译，上海人民出版社 2017 年版。
② 卢梭：《爱弥儿》，李平沤译，商务印书馆 1978 年版。
③ 赫尔巴特：《普通教育学》，尚仲衣译，商务印书馆 1936 年版。

2.兴趣性教育原则的实施

（1）充分尊重学生的主体性。教育是一种主动的过程，教师必须清楚地认识到英语课堂的主体是学生。只有通过学生积极主动地尝试与创造，教学活动才能达到预期的效果，学生也才能获得认知和语言能力的发展。因此，教师要从学生的心理和生理特点出发，遵循语言学习规律，采用多种教学方式，培养学生兴趣，让学生通过体验和实践进行学习，逐渐形成语感并提高交流能力。

（2）营造轻松愉快的学习环境。学习环境的好坏，在趣味教学中占有重要的地位。轻松愉快的课堂氛围可使学生热情地投入到学习中，带动学生高效率地听课，引发学生的兴趣和求知欲。教师上课时，尽可能多用抑扬顿挫、风趣幽默的语言，并配以丰富的表情和手势来组织课堂教学，让学生在开放的教学环境中轻松学习。传统教学"重结果，轻过程"，有意无意间忽视了学生学习新知识的思维过程，能力得不到发展。为了淡化传统教学给人们的印象，就要寓教于乐，动静结合、学用结合、师生配合，充分发挥情感的调节功能。比如，在课前，可根据教学内容，由教师用学生听懂或大致听懂的英语讲一个笑话或一则谚语；或让学生进行课前三分钟英语会话练习，自由演讲；又或集体唱一首英文歌曲，这种教学前的热身活动，不仅活跃了气氛，而且提高了学生的课堂参与度，重视了学生"学"的过程，也为学生在教学活动中充分发挥智能潜力提供了最佳的情绪背景。

（3）对教材进行深度挖掘。教师在备课过程中，应认真地研究教材，挖掘教材中学生感兴趣的内容与话题，最大限度地调动学生的积极性。例如，英语课堂教学可以尽量把日常生活中的交际形式（如生活里常见的问候、打招呼，对人、物、画面的介绍等）搬到课堂上，为学生在日常生活中使用课堂上所学的英语创造条件。生活里常见的交际形式在课堂上练习得越多，学生用英语进行交际的能力就会逐渐提高。

（三）交际性原则

语言是交际的工具，人们只有借助语言才能交流思想、传递信息。美国社会语言学家海姆斯指出，交际是在特定语境中说话者和听话者、作者和读者之间的意义转换。由此便能总结出交际的以下几个特点：一、交际有口语和书面语两种形式。二、交际只在一定的语境中发生。三、交际需要两个以上人员参与。四、交际需要两个或多个参与者之间的互动。

学习英语的目的在于用英语进行交际，而英语教学的目的是培养学生使用这种交际工具的能力，能够运用所学的语言知识在不同场合下对不同对象进行有效得体的交际就是交际能力的核心。因此，在英语教学中必须贯彻交际性原则，使学生能够运用所学语言与人交流。具体来说，英语教师要在英语教学中做到以下几点。

（1）教学过程交际化。教学过程实际上是一个师生输出和接收信息的过程。交际性教学原则充分体现了语言教学的目的和实质。要求教学过程交际化，即要求语言教学过程成为师生运用语言作为交际工具进行交流的过程。交际性教学原则的英语教学过程如下：已知英语知识的交际实践→新的英语语言项→新旧英语知识的综合交际实践。在这样的教学过程中，教师是语言交际活动的组织者，根据教学目的和学生的实际情况把已授和新授的语言知识融入交际训练中去；学生是语言交际活动的积极参与者，在教师的引导下，在交际环境中真实地使用所学语言知识进行交际。

（2）教学内容语境化。语境就是上下文单词、短语、语句或篇章的前后关系。单词、短语、语句等基本语言单位只有在一定的语境下才具有其确切真实的含义，脱离了语境，语言单位就不具备交际功能。语境化是英语教学的基本前提。任何教学内容包括词汇、语音、语法等如果脱离了语境进行教学，教学效果都将是不理想的，学生不可能确切掌握所学语言知识的交际功能。例如，在词汇教学中，如果教师对一个单词或词组进行简单的语音、语义的讲授，学生是不可能掌握其真实含义和确切用法的。但教师如果把该单词和词组设置在一定的语境中进行讲解和训练，教学效果就显然不同了。

（3）教学手段现代化。在课堂教学中给学生提供使用外语进行交际的机会和场所，即在课堂上大量模拟实际交际的各种场景，这是交际性教学的一大特点。但在我国的实际英语教学中，运用传统的教学手段在课堂上大量创造模拟实际的交际场景是很困难的，因为缺少英语国家的交际环境，而且即使勉为其难地做起来也费时费力。现代化的教学手段便能解决这一难题。英语教师可以运用多媒体或网络辅助教学等方式把学生融入真实的英语交际场景中，让学生体验地道的英语，感受英语国家的文化。运用多媒体辅助外语教学是当前最先进的教学手段之一。多媒体形象且直观，是集图、文、声、像于一体的语言学习载体，可以为学生提供一个极为轻松愉快的语言学习环境，能够激发学生的学习兴趣和交际欲望。

（四）循序渐进原则

英语教学中的循序渐进原则包括以下三层含义。

（1）学生在学习语言时应从口语开始，然后逐渐过渡到书面语。首先，从语言发展的历史来看，先有口语后有书面语。因此，学生学习英语应从听、说（口语）开始，逐渐过渡到读、写。其次，口语词汇比较常用，句子结构简单，比书面语更容易学习，因而也容易激发学生的积极性与自信心。最后，通过口语学习，学生可以尽快地获得日常生活所需的交际技能，有利于学用结合，使教学生动活泼。因此，学生学习英语应从听说（口语）开始，逐渐过渡到读写。

（2）在听、说、读、写等语言技能的培养上，应首先侧重听、说能力的培养，逐渐过渡到读、写技能的培养。听、说、读、写是英语的四项基本技能，应全面发展。但是，由于我国大部分学生缺少英语学习的语言环境，听便成了他们获取英语知识和纯正优美语音、语调的最佳途径。另外，听、说教学还能使学生学到基本的词汇和句子结构，从而为读、写能力的培养奠定基础。因此，在英语学习的初级阶段，教师应加强"听、说"教学，每节课都要尽可能地为学生创造良好的语言环境，让学生在充足的"听"的练习中学习英语，并通过师生之间和同学之间的语言交流，让学生不断巩固、不断更正，灵活运用所学的英语知识。在培养听说能力的基础上，循序渐进地向读、写教学过渡。

（3）英语能力的提高，是一个螺旋式发展的过程，必须循环往复，逐步深化。但这种循环不是单纯的重复，每一次重复都是以旧带新，从已知到未知，都在前一次学习的基础上在深度和难度上有所提高。因此，教学的各个部分以及前后课之间应该紧密联系，使得前面所教的内容为后面的内容打下基础，教授新内容前要复习之前所学的内容。换句话说，教师应注意在学生已有的语言知识和已熟悉的语言技能基础上，讲授新知识，培养新技能。

（五）真实性原则

所谓真实性原则就是为了提高英语教学质量、教学效率和教学成绩，英语教师应该对教育因素的真实内涵，尤其是英语教育的真实目的、学生的真实学习目的和动力、真实学习兴趣与真实学习困难等有所把握，并保证英语教学中的语义、语境、语用材料、教学过程、教学策略、教学方法和技巧以及教学技术等因素的真实性。在英语教学中，遵循真实性原则就是保证各个环节的真实，以培养学生综合语言运用能力为总目标，在真实的环境中获得真实的语言能力。

在英语教学中要实现真实性原则，需要做到以下几个方面。

1. 语言材料的真实性

在英语教学中，学生接触到的语言材料大多是为教学目的而改编的，这些材料的优势是，系统性强、信息量大，便于课堂操作。但我们也应看到，仅仅依靠这些材料无法培养学生的实际语言运用能力。特别是在非母语环境下，社会、家庭缺乏相应的语言环境，课堂几乎是学生唯一的语言习得场所。在这种情况下，给学生输入真实语言材料显得尤为重要。

2. 语言教学环境的真实性

交际性、任务型英语教学的实施，需要一个真实的语言环境。因此，帮助学生建立语境化的参考框架，形成主动的语义表达和推理机制，将成为提高学生话语理解和表述能力的有效途径。情景语境是一种物理语境，是言语交际与习得各种显性因素的总和。在课堂上，教师布置一项交际任务时，要尽量明确规定好各相关语境因素，并利用各种条件创设，补充缺失语境，使学生在特定的语境下进行语言操练，从而保证任务的真实性。现代教学手段的应用在一定程度上为在英语教学过程中创设真实的情景语境提供了便利条件，教师可以利用多媒体手段在课堂上实现英语教学材料的视听同步，使学生边听边看，仿佛身临其境。

3. 语言能力的真实性

威德森（H.G.Widdowson）提出，在英语教学中，应区别"用法"（Usage）和"应用"（Use）。他指出，衡量一个语言结构"用法"的标准是看它是否正确，而"应用"则应该用是否恰当来衡量。[①] 如上所述，英语教学的最终目的是培养学生的综合语言运用能力，这种能力不是语法能力，而是一种语用能力。在英语教学过程中，对学生语用能力的培养要贯穿英语教学的全过程。在课堂上，要结合实际情况设计和运用一些活动对学生进行跨文化语用能力的训练。近年来，英语教学领域非常注重教学环节的任务型，即教师在设计活动时，首先要有明确的目的，要把活动设计成要求学生来完成的任务。这种任务要力求真实性、针对性、可操作性，使学生在完成教师所设计任务的过程中训练语言的运用能力。比如，我们可以训练学生在西方文化中如何发出和应对邀请，可规定一个特定语境，让学生通过讨论方式逐步形成较为符合西方习惯的对话，然后再变换另外一种语境让学生进行表演，看看又是怎样发出邀请和应对邀请，如此不断变换，直到学生基本掌握这一话题表达习惯为止。

（六）正确利用母语原则

1. 适当用母语进行解释

英语学习是在母语习得后进行的学习活动。在英语学习之前，学生已能用母语进行交际，他们的时间、地点以及空间等概念已经形成，学习者已学会了用母语来表达这些概念。这时，用一种新的语言来构建概念就会比较难，而借助母语已建立起来的概念，教师只需要教会学习者一种新的符号表达形式，就可以使学习者较快和较好地掌握某些概念。因此，适当地使用本族语进行解释能起到清楚、明了和加深印象的效果。

2. 通过母语与英语的比较帮助学生理解

适当使用本族语有利于本族语与英语的比较，帮助学习者更好地理解两种语言各自的特点，从而在英语学习过程中排除本族语的干扰。英语学

---

① 威多森：《英语教学中的问题》，上海外语教育出版社2013年版。

习是一个相当复杂的过程。在这一过程中，学习者很可能会因本族语系统的影响时而犯错误。如果能在适当的场合，结合英语学习的内容，对英、汉两种语言在某一结构、某一用法上的差异和特点用本族语进行简单讲授，学习者通过比较将会了解并明确英、汉两种语言在使用上需要注意的问题，那么他们在使用英语进行交际时，就会对本族语系统经常造成英语使用中的错误进行刻意避免，从而提高英语使用的效果。

二、英语教育的影响因素

（一）教师

教师是英语教育的重要因素，在英语教育中起着主导作用。在英语课堂上，教师主要充当两种角色，即掌控者和引导者。作为一名合格的英语教师，首先应该发音纯正。然而，并非所有的英语教师都具有纯正的发音，所以教师可借助多媒体等手段来弥补自己的不足，确保学生在课堂上所听到的语言都是纯正的。同时，教师在讲解单词、句子、课文时，应该穿插一些解释，对难懂的词语要不断重复。

在多数英语课堂上，教师的讲话占据课堂时间的大部分。不可否认，教师的讲话有利于学生的语言习得，但也不能因此牺牲掉学生的练习时间。同时，教师还要注意不断变化教学形式，以增强课堂的趣味性。一个合格的英语教师还应具有一定的应变能力，能预测课堂活动中出现的状况，能很好地处理课堂上的突发事件，确保课堂活动的有序开展。

此外，教师应该随时调整自己的提问方式、语言运用及提供反馈的方式。在英语课堂上，提问是教师常用的一种教学手段。通过提问，可以有效激发学生的学习兴趣，促使学生积极思考，帮助教师诱导某些知识结构。另外，语言运用的方式也很重要，为了让学生对所讲述的知识有充分的了解，教师在教学中可采用重复话语、降低语速、增加停顿、改变发音、调整措辞、简化语法规则及调整语篇等措施。

学生是英语教学的重要反馈者，同样，教师的反馈也是十分重要的。所谓教师的反馈就是指教师针对学生的学习情况提供反馈。教师的反馈可以是对学生话语的回答，如指出学生问答的正误、赞扬鼓励、扩展学生的答案、重复学生所答、总结学生回答、批评等。总之，教师的目的就是采用不同形式的教学方法，调动学生的积极性，扩展学生的知识面，培养学生的学习能力，提高整体的教学效果。

（二）学生

学生是课堂学习的主体。《现代汉语词典》中给出的"主体"定义就是"有认识和实践能力的人"。由此可知，学生能够作为学习的主体，是因为他们具有一定的认识和实践能力。在英语教育中，教师要教会学生通过感官获取来自教材的各种信息，并学会对这些信息进行比较、分析、综合、概括，进行去粗取精、去伪存真、由此及彼、由表及里的思考，抓住事物的本质，发现事物的内在联系，从而归纳出事物的规律，形成科学的知识体系。经过这一过程之后，学生不仅学到了英语知识，提高了英语交际能力，而且在学习过程中锻炼了独立自主的学习能力，学会了独立解决新问题。可见，学生学习的过程，就是不断主动丰富自己的主观世界、不断完善自己的内化过程。教师在教学的过程中需要注意学生这一角色的特殊性以及不同学生所具有的个体差异性。

（三）环境

1. 社会环境

随着我国经济的快速发展，社会对具有英语语言能力人才的需求越来越大、越来越高。越来越多的和中国企业中国人走出国门，英语学习成为人们的强烈愿望。可以说，大学英语四六级就是在这种时代召唤下逐步成长和壮大起来的，同时，它也对英语教学和学习起到了一定的助推作用。

2. 学校环境

（1）教学设备。教学设备是学校教学的重要组成部分，学校教学设备包括很多方面，教室、图书馆、实验楼、办公楼、宿舍等。教学设备的完善程度直接影响着英语教学活动的开展。好的教学设施，如教学楼以及图书馆等都有助于增强学生的学习意识。一些语音教室和多媒体设备可以为学生的英语口语学习提供必要的技术支持，学生可以通过语音教室等练习口语，这些设施也在一定程度上缓解了学生的学习疲劳，有助于激发其英语学习兴趣。总之，这些现代化的教学设备为英语教学提供了很好的环境。

（2）教学信息。现代化的教学设施不仅可以为学生创造学习条件，还可以拓宽学生的信息渠道。学生的英语知识不仅可以通过教材和课本获得，还可以通过互联网等获取。英语学习需要实践，因此，现代网络技术为英语学习提供了很好的信息来源，学生能够通过互联网等渠道与英语世界进行交流和学习。

第四节　素质教育理念下的英语教育

一、素质与素质教育

（一）素质的界定

从不同角度出发，可以对"素质"概念做出不同的界定。生理学认为，素质是有机体生来具有的某些解剖生理特点。按人们一般的认识，素质常指一个人所具有的、基本稳定的特质，即素养和涵养。教育学的解释为，素质是指人在先天生理基础上，受后天教育的影响，通过自身努力养成的比较稳定的身心发展的基本品质。显然，教育学对素质含义的界定既考虑了个体先天的生理基础，又考虑了后天环境教育的影响，符合一般意义上人们对素质的理解。

根据教育学的解释，我们不妨对"素质"予以如下表述：人的素质是在原有生理、心理条件的基础上，通过后天的教育培养、学习实践而形成的基本稳定的身心品质要素的总和。素质本质是经过长期内化，积淀在身心中的"潜能"。在一定的外界条件诱发下，这种"潜能"就会立即转化为人的语言或行为。例如，一个人经过长期的思想教育，形成了"见义勇为"的优秀品质，这种品质就是素质。不是所有人都能背诵全部法律条文，但通过学习却增强了法律意识，懂得遵纪守法，这也是素质。也就是说，素质尽管"从来也不用想起，却永远也不会忘记"。一旦外界发生突发性事件，这种潜在的素质便会立即释放出来，变成挺身而出的自觉行动。所以说，素质的形成是一个长期的过程，而素质的表现是人的社会活动。

（二）素质教育的内涵

一般认为素质教育就是以每个受教育者已有素质为基础，以尊重受教育者自主性为核心，以社会需要素质为追求，对教育内容、途径、方法、手段进行有计划地运用与实施，将未来社会对人才素质的基本要求有效地转化为每一个个体自我发展的追求，在个性潜能有效得到外化的过程中，逐步形成社会所需要的素质教育，一般侧重指基础教育。素质教育以提高全民族素质为宗旨，为实现教育方针规定的目标，着眼于受教育者群体和社会长远发展的要求，以面向全体学生、全面提高学生的基本素质为根本目的，注重开发受教育者的潜能，促进受教育者德、智、体诸方面发展。

（三）素质教育的基本特征

1. 基础性与发展性

"就本质言，基础教育可以称为素质教育。"发展和完善人的基本素质是基础教育的宗旨，因此，基础教育的本质就是素质教育。素质教育具有基础性，这也是相对于专业性和定向性来说的。素质教育注重学生一般知识和能力的培养，不是让学生成为某专业领域的行家，不同于专业素质和职业素质。我国教育改革的目的是提高全民族的整体素质，而每个人的素质是整个民族素质的基础。同时，素质教育具有未来性。"人既是手段，又是目的"，教育不仅仅是为了眼前的升学目标和就业需求，更是立足于未来社会的需要。素质教育所重视的基础知识和基本技能为学生将来的发展奠定了基础，它更注重培养学生的公民素质，为社会主义的建设培养有用之才。分析学生现在的一般学习和发展情况，有利于预测学生未来的发展，如果教师根据预测结果来调整每个学生的教学方法和方案，那么将会促进每个学生未来个性的更大发展。因此，素质教育的基础性和发展性既要求培养学生基本素质，又要求教授学生学习的方法，让学生学会学习、学会生存，培养学生的创新意识和创造能力。

2. 全体性与全面性

素质教育反"应试教育"之道。它不是面向部分人而是面向每个人；它并不反对英才，但反对使所有教育变为英才的教育模式；它不是一种选择性、淘汰性、大一统的教育，而是一种使每一个人都得到发展的教育，每个人都在他原有的基础上有所发展，都在他天赋允许的范围内充分发展。总之，素质教育也是差异性教育。换句话说，素质教育要求平等，要求尊重每一个学生，但素质教育不赞成教育上的平均主义和"一刀切"。另外，素质教育要求人的全面发展和整体发展，要求德、智、体、美等各方面并重，要求全面发展学生的生理素质、心理素质和文化素质。有研究者指出，"素质教育中的'全面发展'有两个方面的具体规定性：第一，针对每一个个体来说，它是'一般发展'和'特殊发展'的统一。第二，针对班级、学校乃至整个社会群体而言，它是'共同发展'和'差别发展'的协调。""全面发展实际上就是'最优发展'。"

3. 创新性

教育要为经济建设服务，要为祖国的现代化服务，就必须超前发展，根据未来社会的发展趋势以及对人才素质的要求，调整教学计划，科学设置课程，采用相应的教学内容和教学方法，使人的各方面素质，尤其是适应能力和创造能力得到迅速提高。素质教育不仅注重学生现在的一般发展，重视学生现在一般发展对未来的发展价值和迁移价值，而且重视直接培养学生的自我发展能力。面向未来的人才必须具有强烈的开拓创新精神，这种开拓创新精神，不是靠死记硬背的教学方式培养出来的，而是靠灵活多样的创新性教育活动培养出来的。创新性的教育活动，要求按规律办事，在课堂教学时间内高质高效地完成教学任务。在课余活动当中，充分发挥学生的个性特长，反对那种违反教育教学规律、任意加班加点、搞题海战术、增加学生学习负担和精神负担的教学活动。创新性的教育教学活动，不仅以教学规律为基础，而且以理论联系实际为教学的根本原则，反对空洞的说教，使教学内容与社会生活现实和学生的实际情况融为一体，引导学生学习研究发明创造的规律和创造方法，培养他们的创新能力。只有这样，学生各方面的素质才能得以较快的提升。

4. 主体性与人本性

学生有主体意识和主动精神，具备自主学习的能力。素质教育注重弘扬人的主体性、以人为本，把学生看作具有主观能动性的完整的人。而传统教育把学生当作知识的被动接收器，学生被分数和考试所束缚，忽视了学生的主体性和教育的人本性。素质教育的核心和灵魂是主体性，它的根本意义是促进学生全面而主动地发展。马克思认为："人是一切社会实践活动的发动者、组织者和承担者，是认识世界和改造世界的主体。"① 主体性是人的本质特征和内在特性，是人区别于其他动物最本质的特征。因此素质教育具有主体性和人本性。在教育活动中教师应引导学生主动学习，激发学生的能动性，促进学生形成健全的人格。马克思主义全面发展学说认为人的发展是全面的，也是主动的，"每个人的自由发展是一切人的自由发展的条件"②。因此素质教育要求在注重学生主体性和人本性的同时对学生进行科学的引导，不是完全放纵学生的行为，而是在主体性原则下让学生朝着预期的目标发展，把学生的主体性和教育目标有机联结起来。素质教育体现了以人为本的教育理念。

5. 层次性

从纵向来看，任何一个事物的发展都会显示出一定的层次性，素质教育也不例外。而素质教育的层次性，是由素质本身的层次结构所决定的。根据心理学的研究，现在一般公认，素质是由生理素质、心理素质和社会素质等三个层次构成的。生理素质是素质的最低层次，它是人们与生俱来的感知器官、运动器官、神经系统特别是大脑在结构上和机能上的一系列特点的综合。它是纯先天的自然素质，也就是过去心理学上所说的素质。心理素质是第二个层次，它是在先天自然素质的基础上，通过后天的教育作用、环境影响而逐步形成的。它尽管形形色色，纷繁复杂，但总可以一分为二，即认识——智力因素和意向——非智力因素。它是先天与后天的"合

---

① 戴晓仪：《马克思主义哲学原理》，北京工业大学出版社 2002 年版。
② 戴晓仪：《马克思主义哲学原理》，北京工业大学出版社 2002 年版。

金"。社会素质是最高层次，人们后天获得的一切东西，如政治观点、思想认识、道德品质、行为习惯、知识技能，乃至世界观、人生观、价值观等都是。它是纯后天的东西。在素质教育中，我们应当在这种层次上开展工作，既要注意各素质层次之间的相对独立性，又要考虑它们之间的内在联系与相互依存性。

二、素质教育融入英语教育的必要性

研究发现，我国的基础教育在许多方面落后于其他国家。比如，我国学生的动手能力不及美国学生，创造性思维能力不及英国学生等等。究其原因，最重要的是我国教育的指导思想问题。正如原国家教委于 1997 年印发的《关于当前积极推进中小学实施素质教育的若干意见》中指出，"新中国成立以来，特别是党的十一届三中全会以来，在各级党委和政府的领导下，在社会各界的关心和支持下，广大教育工作者努力贯彻国家的教育方针，为我国培养了大批优秀人才，基础教育取得了令人瞩目的成就。……同时，我们也必须深刻认识'应试教育'对中小学教育产生的影响和危害。它（应试教育）主要面向少数学生，忽视大多数学生的发展，偏重知识传授，忽视德育、体育、美育和生产劳动教育，忽视能力与心理素质的培养，以死记硬背和机械重复训练为方法，妨碍学生生动、活泼、主动地学习，使学生课业负担过重；以考试成绩作为评价学生的主要标准甚至作为唯一标准，挫伤了学生学习的主动性、积极性和创造性，影响了他们全面素质的提高。"

在高度信息化的时代，英语教育的重要性人尽皆知。要实施素质教育，英语要与其他学科共同努力，把我国的学生培养成德、智、体、美、劳全面发展的、有理想、有道德、有文化、有纪律的社会主义建设者和接班人。21 世纪的建设者和接班人应具有合理的素质结构，包含思想品德，知识和技能，身体和心理，合作精神等诸多方面。语言素质，其中外语方面的素质应视为合理素质结构的构成成分。20 世纪 50 年代以后，随着语言学家的认识的不断更新，世界各国的英语教学发生了非常大的变化，新的教学法不断涌现，新的教材体系也得以实践。语言的功能意念成为语言学以及语言教学的焦点和重点。在我国，交际法也已开始盛行，教学大纲和课堂教学已焕然一新。对于英语教师来说，深刻领会语言知识和交际能力的内涵，选择最优的教育教学方法，实现素质教育中英语学科教育的目标是迫在眉睫的任务。

三、素质教育融入英语教育的主要方法

（一）更新英语教育观念

观念是行为的先导，实施素质教育首先要使英语教师认识到英语素质教育的本质，要切实转变观念。第一，转变英语教育目的观。英语教育旨在提高全体学生的英语水平，注重激发学生的学习兴趣，为进一步深造打好基础。教师在教学过程中要使学生的个性特长得以和谐发展。树立重视发展学生的交往、表达、思维、自学和创新等能力的教育观念。只有树立这些教育观念才有可能使学生成为社会需要的高素质英语人才。第二，转变英语教学质量观。教学质量观影响着人才培养的规格。就中学英语学科来说，其教学的质量要求就是大幅度提高学生英语水平，注重听、说、读、写等全面训练，使不同层次的学生获得英语基础知识和能力的提升。第三，转变英语教学方法观。在教学方法上，教师在教学中必须突出交际性原则，有效激发学生的语言活动中枢，使每个学生得到最大限度的收获。

（二）树立平等、民主、和谐、向上的新型师生关系

高质量的英语素质教育，既与英语教师自身素质和态度相关，又与学生的辛勤刻苦相关。平等、民主、和谐、向上的师生关系，是英语素质教育的前提条件和重要保障，既有利于教师的教，更有利于学生的学，两者的良性互动才能发挥出教学相长的巨大威力，实现英语素质教育的最大化。从目前的教育实践上看，师生关系状态不够理想，学生对老师不够尊敬，老师对学生不够亲和，影响了教师从业的积极性和自身素质的提高，也造成了学生产生厌学情绪和英语水平的下滑，尤其是英语基础较为薄弱的学生，更是无法产生学习兴趣和热情。因此，英语教师应该发挥主导作用，主动作为，努力与学生共同建立起融洽向上的师生关系。

（三）推进隐性课程

1. 隐性课程的含义

隐性课程一般被认为是相对于显性课程而言的一种课程形态。显性课程指学校教育中列入教学计划，具有直接、明确教育目标的学科课程和活动课程。隐性课程指"学校教育的非学术结果，这些结果不仅重要而且系统地发生，但未明示于各级公立学校的教育理论或原理之中"[①]。隐性课程深藏于学校文化之中，它没有直接、公开地向学生施教，而是以隐蔽的方式，把有关信息渗透到具体的人、事、物以及活动过程之中，并传授给学生，具有隐蔽性、间接性、广泛性、渗透性、持久性等特点。隐性课程主要通过感染、暗示、熏陶等方式影响和促进学生非理性因素的发展，对学生的知识、情感、信念、意志、行为和价值观等方面产生潜移默化的影响，给理性因素发展提供动力和感性经验。

隐性课程在学校教育中普遍存在，英语隐性课程是指在英语教育过程中，学生在英语显性课程之外无意识获得的内隐的、非计划性的、具有多维文化浸透性质的学习经验。隐性课程一般分为物质形态、精神形态、活动形态等类型。物质形态的英语隐性课程主要包括英语学习者的学习和生活场所，英语教材和馆藏的英语文献等学习材料，外语多功能阅览室、英语电子资源、语言实验室、多媒体教室、英语电台、校园网络等也属于这一类。精神形态的英语隐性课程，主要涉及英语教育的办学理念、教师气质、领导作风、思维方式、教学艺术、校风班风、学术氛围、人际关系等校园文化以及学校的管理制度、考试制度等。活动形态的英语隐性课程主要指能给英语学习者带来隐性教育影响的课外活动，如英语演讲、辩论、朗诵及口译、笔译、多媒体课件制作等各种活动。丰富多样的英语隐性课程从不同层面不知不觉地带来了一些非预期的学习经验，潜移默化地陶冶着英语学习者的心灵，影响着他们的言行和思维。

2. 隐性课程在英语素质教育中的应用

英语素质教育是立足于未来的综合教育，它重视在英语教学中渗透对

---

① 马国新：《隐性课程》，《新班主任》，2020 年第 7 期，第 61 页。

学生的品格教育和情感教育，重视培养学生对异国文化的正确态度和进行跨文化交际的强烈意识，重视提高学生创新能力、合作能力，优化学生的语言学习策略，协调发展学生的语言素质、文化素质、思想品德素质和心理素质。隐性课程能很好地达到其中某些教育目标，特别是在发展学生的习惯、情感、态度、人格、行为素养等非智力因素方面有着特殊的作用。在培养学生的独立性、主动性、创造性或适应环境、与人交往的能力方面，目前学校的英语显性课程中除了少数课程有鲜见的理论涉及外，很少有其他的相关训练，更多的锻炼与实践环节则是由隐性课程的潜移默化完成的。隐性课程与英语素质教育在本质上存在的这些广泛、直接的相容性，是隐性课程发挥素质教育功能的基本前提。此外，英语素质教育是一种面向全体学生、全面提高学生综合素质、促使学生积极主动地发展的教育，全体性、全面性、主动性集中概括了高校英语素质教育的本质特征。英语隐性课程也符合这些本质特征。在全体性方面，英语隐性课程是通过信息渗透于环境对学生产生影响，不是单独针对某个特殊群体或个人，一经实施就如同磁场一样使身处环境之中的每一个学生公平地受到感染和教育。在全面性方面，英语隐性课程内容涉及学校物质、精神、活动环境的各种要素，影响到学生的知、情、意、行等各个方面。在主动性方面，英语隐性课程没有设立具体的教学目标和教学任务，没有固定的教学模式，没有强制灌输的教学方法，没有强制的纪律约束，学生在耳濡目染中受到启发和教育，主动性得到充分发挥。

（四）改变课堂教学模式，更新教学内容方法

在英语课堂教学中，教师要改变教学模式，从注重讲授的应试教育模式转变为注重应用的素质教育模式，为学生创设情境，促进英语语言能力的发展。教师在课堂上为学生提供语言情景的主题，让学生自编对话，自主分角色表演，自主合作探究，引导学生组织语言表达，激发学生的语言兴趣，培养学生的英语思维和表达能力，使英语真正成为语言交流的工具。教师在课堂教学中在以教材为基础的前提下发散，要不限于教材，让学生从多种渠道、以多种形式学习英语。教师不仅要合理利用课堂教学资源，

还要积极探索和开发课程资源，如视听资料和阅读资料等，注重拓宽学生的文化视野，提升学生的文化意识。教师在英语单词、文章、诗歌等教学中，不应只是对读音、词汇、语法、翻译等进行讲解，而是将其放在文化的大背景下，从欣赏英语语言的角度出发，使学生了解英语国家风俗礼仪、历史文化，培养学生的兴趣，进而增加学生语言输入量，发展学生跨国际文化交流技能。教师的课堂教学方法还要丰富多元、灵活多变。教师在英语教学中应真正改变以教师讲授为主的课堂教学方法，采用情景教学法和任务型教学法，让学生参与到学习活动中来，在活动中不断转换角色，用英语的思维方式表达自己的思想。课堂教学的地点也不仅限于教室，校内、校外都可以成为教学的场所，教学地点的选择应该随着教学内容的变化而变化，增加学生英语学习的趣味性，将英语更好地付诸实践。

（五）构建英语素质教育的课程体系

应结合当前及未来中国社会发展的趋势，对英语教学内容进行分层次、分专业、分领域的改革，增强实用性。一是要在当前英语素质教育阶梯形构建的框架基础上，对于每一阶段的教材，根据学生的年龄特点和认知水平进行教材内容的改编，使其知识内容体系健全完善，知识衔接更自然适当。二是加大对职专院校不同专业领域的英语教材的整合力度，将专业性与通俗性、知识性与实用性相结合，既突出专业特色，又符合学生实际。三是做到校内与校外、国内与国外英语素质教育资源的相互协调和共享。在英语出版物中，应有适合不同年龄阶段的国内外读物，与英语素质教育各阶段相适合，尽可能丰富英语素质教育内容，做到二者相互补充，相得益彰。

第二章 教育转型发展的内涵与价值

第一节 教育转型的内涵

一、教育转型的意义

"教育转型"一词，目前还未被广泛认识。还有一个生物学概念，叫作社会转型。所谓成型，指物体有很多种构成要素，这些要素不仅自身起着作用，还连同其他要素共同起作用，从而形成一个完美而有效的组合体，形成较稳定的存在。型就是指某个物体形成所需要的稳定结构与特定的存在方式。因此，转型就是指物体间结构的变化，通俗地说，就是指各物种之间的变异。这些概念引发了社会学家的思考。一些专家认为，社会虽然一直在发展，不断发生着变化，但是社会也有许多共同要素，也会形成某个稳定的结构，在一定时期，社会也会发生结构的变化，就可以称为社会转型。根据调研，了解到最早的社会转型一词出现在西方伟大的社会学者哈利生的作品《现代化与发展社会学》。

20世纪末期这一词汇进入了我国，并且从生物学发展到了社会学，更延伸到历史学、哲学、地理学等其他领域，当然在各个领域"社会转型"一词有不同的意义。

教育转型是两种形态之间的转变，这种转变是全面的、全体型的转变。从教育与社会的关系来看，教育转型既可以发生在形态相同的社会形态下，又可以存在于不同的历史形态之下。例如，中国的教育经历了从原始社会的"三无"教育，到中国古代的封建教育，再到现当代素质教育的转变。

同样，教育也可以发生在相同的社会形态之下。例如，教育本身的性质的转变，即教育质的规定。这种情况一般会发生在社会的突发变化与政权的突变情况之下。对于教育的转型来说，是处在同一个社会形态中的，也就是说，在社会本质属性不变的情况下，教育的各个组成部分（如教育环境、教育媒介、教育内容等）一直在发生着从量变到质变的转变。

教育转型包括很多方面，广义指教育系统方面的转型，狭义指学校教育的转型及教育教学活动的转型。通常，人们会依据不同的层次，找出不同的着力点。教育的质的规定是决定教育系统转变的重要因素，学校的形态与运行机制等多种因素影响着学校教育的转变。综上所述，无论哪方面对于教育的影响，归根结底都是教育目的起到了决定性的作用。

二、对教育转型的概念辨析

无论怎样变化，教育都在发展过程中发挥了作用，因此，教育的变化也包括教育的转型。划清这两者之间的界限，可以方便人们理解。

教育的转型属于一种变迁，但这种变迁是有风险的，是历经风雨冲刷形成的变迁。当然，这两者之间也有区别。"转型"一词正如前面所提到，是由量变引起的质变，更加注重质变。而变迁则是指时间和空间的变化。空间变迁指局部或整体的变化，更注重整体变化。时间变迁指的是经历了历史的变迁，自然而然形成的一种教育形态。

不管是教育改革还是教育变迁，其最终目的就是教育转型。教育的转型，不仅受外界因素的影响，也受内部因素的影响，双方共同推动，使教育系统产生内发的转变。有些国家借助国家内部力量在早期就完成了教育的转型，而很多发展中的国家，更多的则是通过复制成功的案例，再结合本国国情进行推动转型的。

教育革新与革命，都是以改变为基础的，但是改变的同时强调要生成新的东西。教育的革新、革命是推动教育转型重要的因素，但是这种推动不一定会获得成功。

教育转型与发展的关系，可能是正向的，也可能是反向的。教育的发展可能是局部进行的一小部分的发展，也可能是全部意义上的发展。教育转型与发展，相互依存，相互促进。综上所述，教育转型和其他的教育形式不同，教育转型进行的是根本的、本质上的转变。

三、教育转型的特征

第一，教育转型不是一蹴而就的，而是两种类型之间的转换，还是一个过程。如果认为转型是动词，那么，教育转型就是一个过程，而认为是名词，它指的是转型的结果。因此，专家一直在研究两种教育形态转化的过程及转化的多种方法，且认为教育转型成功的标志就是一种新教育形式的形成。

第二，教育转型不是某一部分的变化，是一种面向整体的改变，是全部的变化，不仅是一种形态变为另一种形态，还是一种性质变为另一种性质。

第三，教育目的贯穿于整个教育活动，教育的变革势必关乎教育目的的变革。教育有其内部的组成因素，也有外部的组成因素，内部的每个要素互相结合且外部的每个要素也相互结合，最终达成一个稳定的整体，这样，教育的结构才具有完整性。也就是说，教育由内部与外部两方面因素构成，且这些因素以教育目的为根本宗旨，其转变要以教育目的为中心。

第四，教育转型的过程是艰辛的，而艰辛中又有异质与冲突的特点。教育的转型是一个过程，有过程就会有前期的困难、中期的矛盾与后期的豁然开朗。在转型的前期，旧的教育形态还没有完全废除，新的教育形态还没有建立，是最困难的一个时期，此时有着异质性的特点。在转型的中期，就会出现新矛盾与旧矛盾的并存，造成冲突。转型的后期，旧的制度被推翻，产生了新的制度。

第五，教育转型的另外一个特点就是不确定。教育转型是依据建构主义的观念进行的转型，具有动态性，在不同的社会背景下会呈现不同的特点，但不能确定地说，教育是有一定的定义或者永恒的概念。因此，教育转型是一直发展着的，但是不论怎样发展，都是基于一定的环境而生的。

四、教育转型具有多种类型

从教育转型考察的角度和范围来看，可以进行以下分类。

首先，教育有很多种分类，其中一种可以按照层次进行分类，分为宏观、中观和微观。宏观的教育是基于整体进行考虑，主要看是否有利于社会的教育。中观的教育是教育的第二个层次，是关于学校的培养目标与学校本身的教育，也是学校的整体变革。微观的教育是着眼于教育教学活动本身进行的教育改革，不属于整体的变化，而是非整体的局部变化。这三种教育相互依存又相互制约，宏观教育指明了方向，中观教育与微观教育按照教育方向进一步实现了目标转型。

其次，教育转型还可以根据类型进行分类，就像广义的教育一样，分为学校教育、家庭教育、社会教育。学校教育又包括很多种教育，包括学前教育、基础教育、大学教育、终身教育等众多种类教育的转型，我国的教育之所以需要转型，是发展新型的、适应社会潮流的教育的必然要求。

最后，教育有内部与外部的教育要素。根据这些还可以将教育转型分为教育思想的转型、教育制度的转型与具体教育实践内容的转型等，尤其要注意的是，教育的转型不是局部的变化，而是全方位的转型，要立足于整体进行考察。

五、教育转型的核心

社会转型的重要因素之一就是人的转型，社会应促进人的发展。在社会发展过程中，人的发展也越来越全面。教育的本质是培养人，教育转型的本质也是人的转型。因此，不管教育发展到什么阶段，都应以人为中心，促进人的发展，走人性化的道路。

那么，怎样促进人的转型呢？

首先，确立教育的人学立场，明确人的转向，教育必须以育人为基础。从本质上看，教育虽然是人的培养，但也受其他因素的影响（如社会生产力与生产关系、政治制度、文化、人口等），它来源于社会并且服务于社会。学校必须根据社会的需要，培养服务于社会的人才。当代教育必须重新定位教育的立场问题，以人为中心，坚持以教书育人为中心的立场，使教育沿着正确的方向发展。这一进程是无止境的，因为人具有无限潜能。教育对人的发展影响，无论促进多少、前行多远，都要保证其方向的正确。

其次，明确教育指向什么样的人，育什么样的人，这是解决育人方向后需要确立的另一个重要问题。概括教育历史发展中人所呈现的不同状态，可以得出结论，从欧洲中世纪自由发展的人，到近代社会所需要的全面发展的人，再到现代社会需要的有素质的人，时代的教育者都是根据不同的时代要求培养不同的人，是一种自我期待。我们不是希望在诸多教育人的形态之后再增添一种，而是要反思这种形态背后的合理性。每一个时代受教育者的培养要求既有合理之处又有不合理的地方，最不理性的地方在于把人当作一种客观的存在和具体的模式，是脱离了现实社会的一种完美的人。这种"以物的方式"认识人的作法违反了马克思主义客观存在的理念。所以，我们见到的都是具有抽象意义的人，并没有主观性。不管是站在历史发展的进程上观察，还是站在受教育者个体间的差异上看，人不可能只有一种社会生活方式，不可能是一种模式化的人，应随着社会的发展而发展。每个个体的人各不相同，"抽象的人"是对人的误读，是不存在的。

以人的方式来认识人，人是具有历史变化性的。不同的历史时期需要不同的人，要根据不同时代的需要培养不同的人。每个人都是具体存在的人，应以教育为主要出发点来发展人才。联合国教科文组织1972年发表的《学会生存——教育世界的今天和明天》指出，"每一个学习者的确是一个非常具体的人。他有他自己的历史，这个历史是不能和其他任何别人的历史混淆的。他有他自己的个性，这种个性随着年龄的增长而越来越被一个由许多因素组成的复合体决定，这个复合体……对于每一个人来说都是各不相同的。接受教育过程的个体是一个具有文化遗产的儿童，他具有特殊的心理特征，在他的内心有家庭环境的影响和四周经济状况的影响。""无论是在它的机制方面，还是在它的精神方面，都不把个人看作具有特性的人。""我们如果不改革教育管理，不改革教育程序并使教育活动个别化，我们就既无法履行，也不能取得具体人的职责。"[①] 从"抽象人"到"具体人"之间自我期待的转型，教育的目的不再使人"成为一类人"。

---

① 转引自质先：《学会生存——教育世界的今天和明天》，《北京成人教育》，1983年第4期，第29页。

最后，要说明的是，教育的转型推动了人的转型，促进了人的成长。人的发展并没有一定要发展成什么样的人的最终目标，但是却给了我们一个方向，我们沿着这个方向的指引，不停地发展全面的人、发展充满个性的人。

教育面向的是全体学生，并且要培养学生全面发展与个性发展。这些学生是有主观能动性的，是生存在社会、自然中的人类，拥有自然生命与社会生命。自然生命就是通常所说的物质生命，是生理层面的生命，而社会生命就是人类在社会中体现出的生命价值。每个人都是自然生命与社会生命的统一体，每个人的生命及精神力量都是自然生命与社会生命的升华，是生命的永恒。作为有意识的动物，人表现为有着不同于动物的精神意义和价值信念。在当今社会中，自然生命与社会生命对于现代人来说是非常重要的，因为他们认为生命的基础一定是满足个人的生理需求，因此，自然生命更为重要，而想要在这个社会中生存下去，就要努力适应并遵循社会法则，在这里，社会生命又非常重要。然而，又有几个人想升华自己的精神生命呢？悠然自得、自得其乐是很多人所追求的生活状态，但是生命是一个完整的有机体，不能虚度光阴，还有精神境界要去追求。精神是人发展和进步的不懈动力。人之所以成为人，就在于人有着对自我、对现实的不满和超越。但是，我们在教育实践中并没有把人当作全面而完整的生命体，致使不能把人培养成为全面而完整的人。我们一再强调教育是培养学生的全面发展，所谓全面发展是指要教育人们在发展自然生命的同时要增强社会生命，更要追求精神生命。人类发展具有社会性与自然性，社会性属于最基本的要求，教育不仅要让受教育者会学习、会做事，更要培养他们追求精神的力量，追求生命的价值，不断超越自我，成为完整的人。

教育要帮助受教育者实现生命的价值，不论年龄大小，都应该具有终身教育的理念，不断升华自我，努力通过后天教育实现自我的人生价值。虽然古代哲学家提出过教育要遵循自然，但是这种遵循自然并不是无节制地服从于自然，而是在自然的生活条件下改造自然，进而实现自然与人的和谐发展。所以，人的生命应该是自由的有机体。马克思说："人类的特性恰恰就是自由的、自觉的活动。"[①] 首先，我们应该了解自由与自觉。想要自由的前提条件是自觉，否则一切将乱为一团。其次，自由就是自觉的升华，这两者互相促进与依存，共同为生命的发展助力。正因如此，我们才更加确定，生命的发展是具有主观能动性的。因此，现代教育一定要培养学生的主体意识，让学生自主学习，培养他们的独立人格，使他们享受到心灵与生命的自由。

教育还要促进受教育者的个性发展。个性发展指的是，依据受教育者自身的特点进行的发展教育，是根据个体各项素质的优势，以本优势为中心，其他发展为辅的发展，并不是说全方面的均衡发展。所以，教育既要根据受教育者的身心发展规律进行因材施教，掌握教育内容的系统性，还要对受教育者进行长善救失的教育，即积极发展优势方面来弥补不足，促进其全面发展，使其成为具有独特个性的人。

总而言之，关于教育的转型问题，不仅是教育本身性质的转型，也是人的转型，是不断地促使受教育者走向个性发展与全面发展的转型。这是教育转型的终极目标和永恒追求，是教育之根本，也是教育转型的根本。

第二节　教育转型的价值

一、教育价值的存在论基础

价值论以存在论为根基，这决定了教育价值目标是一个由诸多概念组合的理论网络。这不是随意地把概念 a、b、c、d……与价值目标 A 结合在一起，a、b、c、d……在理论中的聚合，赋予 A 以丰富的意义，在于它们与 A 的本质联系。只有掌握了理论网络中的概念，才能更好地理解价值目标。具体而言，人的全面发展概念要有相关概念的解释，它要向人、全面、发展等概念过渡，而后者又需要向更为基础的概念过渡。这样，人的全面发展就形成了一个定义链。

---

① 卡尔·马克思：《1844 年经济学—哲学手稿》，刘丕坤译，研究出版社 2021 年版。

不管是历史上的哪一次转型，都不是对之前概念的推翻，而是对它的升华与深入研究，从而发展衍生出新的概念。这样，人的全面发展就形成了一个定义链。首先，人的发展离不开生产劳动，人类的一切社会生活方式都离不开生产劳动，因此是劳动创造了人类。这些内容在教育目的与教育价值的论述中也有提及。其次，全面的具体意义。人的全面发展是在自觉与自由的基础之上进行的发展，是形成一个完整的人的基础。这部分内容在马克思的"完整的人"——当代教育的价值追求中有阐述。最后，人类社会的发展历程。马克思的社会三大形态与卢卡奇的合类性发展及无机自然、有机自然、人类社会三大存在的发展历程展示了这一过程。这部分内容在"人是走向途中的存在"中进行了简略说明。

当然，任何一门学科都达不到这样一种清晰透彻的理论程度。所有概念都是清晰的，所有前提都得到了分析，所有基础都是没有疑虑的。但是，尽可能清晰明白又是这些学科所必须尽力争取的。对教育价值的有效研究受制于对全面发展的相关概念的清晰规定。

二、当代教育的价值追求——马克思的"完整的人"

在社会转型期教育价值观的变革中，应该把握马克思"完整的人"的具体内涵。今天，很少有人提出"完整的人"的观点，反而更多的观点指向全面发展。马克思曾经提出过完整的人的观点，但到今天为止都没有任何专家进行过相同理论高度的解释。

马克思指出过的完整的人是有理论基础的。"私有财产的扬弃，是人的一切感觉和特性的彻底解放；但这种扬弃之所以是这种解放，正是因为这些感觉和特性无论在主体上还是在客体上都变成人的。眼睛变成了人的眼睛……"[1]这里，完整的人必须扬弃异化，正确对待人与自然和社会的关系。可以发展个体全面性的人就是完整的，它以全面的方式"占有自己全面的本质"。马克思曾经将人的完整性提出过两次，但是整个思想却始终以完整的人为主线，如果人不能突破旧的牢笼，将永远不能成为完整的人。

那么，马克思的"完整的人"对今天教育的启示体现在哪些方面呢？

---

① 卡尔·马克思：《1844年经济学—哲学手稿》，刘丕坤译，研究出版社2021年版。

（一）合理解释全面与片面的概念

通俗地说，全面发展是个性发展量的叠加，只要有足够的量，那么，产生质的变化则是必然的。这里的量指的是某一方面发展优势的大小。但是，马克思却不这么认为，在他看来，这样单纯的量的叠加是愚蠢的行为与想法，如果只是一方面的叠加，只会让人单方面发展而不是全面的发展。如果现实生活中所谓的专家不再受功名利禄的诱惑，不再因为身在本职位而受到特有职位的限制，而是去承担应有的一切，这才能称得上是专家、学者，才是完整的、全面发展的人。

所谓片面发展的人，一定是被现实所迷惑的人，是生活在社会中只拥有社会生命的人，这类人认为自身的价值就在于拥有物质数量的多少，并不重视个体本身精神方面的财富。在当代教育中，这种存在式的教育并不少见，这种人以拥有财富为荣，认为拥有了财富便拥有了一切。教育实践中，这种现象是真实存在的。身为社会的一分子，我们要坚决杜绝这种行为。

在现代的教育教学中，我们都能体会到读书恨少的心情。从幼儿园开始，甚至更早，学生就已经亲身经历了拥有量带来的压力或快感，以至于深深地扎根在心中。在众多的社会因素中，拥有量对社会地位来说十分重要。在学习中，受教育者通过学习知识来获得相应的分数，分数到手后又可以换取学历，而学历又可以换取财富与社会地位。那些想获取最高学历的人，是为了拥有社会地位而去拥有知识，这种拥有知识的方式是间接兴趣而非直接兴趣，虽然知识量在增加，学历得到了提升，但个体本身的价值却在不断下降。

社会在经历了漫长的变化之后，教育虽然在一些方面进行了成功的改革，但是关于教育的量的方面一直都存在误区。因为有关马克思提出的人的整体性的概念至今没有人能给出深刻的研究结论。只有当人们的理解达到了质的方面，即拥有感已经被人们完全挣脱，对马克思思想的理解才具有完整性与深刻性。错误的理解会将人们推向一个极端，使人们只注重片面的、局部的发展，只在乎将量的增加，而不去发挥个体的价值，这样就难以达到完整的人的要求。

（二）有利于消除消费主义价值观的不利方面的传播

在当今信息时代，信息的快速传播与便捷一直在不断地改善着人们赖以生存的社会，改善着人们的生活方式，为全世界的进出口与生活的改革提供了有利条件。波德里亚说："富裕的人们不再像过去那样受到人的包围，而是受到物的包围。"①商场的置货架上琳琅满目的商品总是给人一种取之不尽的感觉。广告是人们认识世界的一种媒介，创造广告文化的人具有一种创新精神，是超越了现实因素，对产品特点的创新应用与推广。凯尔纳曾说，商品并非仅仅具有使用价值和交换价值的特点，还有符号价值，即风格、威信、豪华、权力等的表现和标识，这一符号价值成为商品和消费的一个日益重要的组成部分②。当代人本身的价值竟然更多地通过名牌效应来实现，这是物质化的社会风气造成的，而消费则以是否时尚、是否符合时代的潮流为主要依据。这种消费观在全球得以推广并形成了全球化的风气。因此，各国不断交流，这种在各个国之间的沟通，让人们的消费观也在不停地改革与更新。在当今的社会大背景下，人们开始以穿名牌、戴名表等作为地位的象征，其价值观发生了不合理的变化。人们不能正确地蒙蔽自己，而是通过消费水平来认识自己。这时，人们看重的已经不再是衣服和事物在使用功能方面的作用，更看重品牌，认为用牌子才会有面子。

现代不合理的消费观是不符合马克思思想的，其认为消费应该建立在人的根本上，而不是一种非常直接的消费。现代人将消费理解为占有，只要买到就是自己的。这种思想是片面的。在这里，我们更应该强调马克思所提倡的完整的人的观念，比培养自然人、社会人更重要的是培养精神富足的人。

法国思想家德波（Dobord）曾说过，今天的异化不仅有从创造性的活动向拥有活动的坠落现象，而且有从拥有活动向显现活动的坠落现象（拥有物让位给了它的以符号形式出现的表征）。③这种现象在各个领域都有所

---

① 让·波德里亚：《消费社会》，刘成富，全志钢译，南京大学出版社 2001 年版。
② 凯尔纳：《媒体文化：介于现代与后现代之间的文化研究、认同性与政治》，丁宁译，商务印书馆 2004 年版。
③ （法）居伊·德波：《景观社会》，王昭凤译，南京大学出版社 2007 年版。

体现，如源头的消费领域、当代的教育领域，都有这种观念的介入。在教育领域中，专家一味地用自己的知识来增加研究的结果，从而使这种结果被广泛认知，进入一个特殊的等级系统，这个系统根据研究成果量的多少将科学家定性为是不同等级的专家，还有一些隐性的没有被计算的物质则毫无用处，而这些表现出来的物质则成为显现服务。现在，对专家的创造性成果的赏识，早已不是根据在这个专业中众多专家的肯定与对于实际操作及时间的作用来评定，而只是单纯从成果的多少来进行等级的划分，不过是套用原有的模式。

现在很多学校一味地追求名师荣誉、追求精品课或者拥有享有荣誉称号的由名师组成的团队，从而增加学校的影响力。殊不知，学校教育的根本是培养人，若攀比现象严重，则会让学生失去原有的纯真与学习的渴望。

第三节　教育转型的时代背景

随着现代科学技术的发展和社会进步，我国教育面临的艰巨任务就是要改革、要发展，努力实现转型，进行战略性准备。

一、科学技术的发展需要教育转型

传统教育有三个基本特点，即 19 世纪以赫尔巴特为代表的传统教育理念："教师中心""学科中心""课堂中心"。现代教育科技的快速发展从根本上颠覆了传统教育基础。首先，传统教育的"教师中心"观念被当代教育范畴的信息技术所覆盖。传统的教育方式因当代信息技术的广泛应用而受到深刻影响。在当代网络技术的普遍应用下，受教育者可以利用电子产品或网络接受教育，他们受教育的方式与接收教育信息的源头越来越多样化，摆脱了以前对课本和教师为主的教育活动的过分依赖。其次，现代科学技术与教育的发展及结合趋势动摇了传统教育的"学科中心"观。呈现出越来越明显的发展趋势，即综合化，如科学技术发展范围的综合、各个学科教学方式的综合及各个学科研究领域专家的合作。现代教育科学技术的迅猛发展是大势所趋，正是这种发展突出了具有综合素质人才的重要性，进一步动摇了学科中心的传统教育理念。最后，传统教育的"课堂中心"教学理念被当代科学教育技术的发展周期所覆盖，科学技术的发展日益加快。在人们对全球自然社会认知的基础上，教育内容的更新步伐越来越快，教育内容的老化周期也越来越短。18 世纪，也就是在第一次科学技术革命时期，教育内容的老化周期为 80 至 90 年。在第二次科学技术革命时期，教育内容的老化周期为 15 至 20 年。第三次技术革命时期，也就是在 20 世纪 70 年代，教育内容的老化周期不到 10 年。在现代，教育内容的老化周期只有 5 年，甚至是 3 年。调查显示，当代工程设计师的教育内容半衰期是 5 年，在 5 年之内工程设计师的知识有一半已经过期。在 10 年之内，设计工程师的知识储备中的 90% 都来自网络计算机。在现代教育科学技术的更新速度日益加快的时代，人们必须重新考虑知识的掌握在狭义的学校教育中的影响和意义。从某些方面来说，教育最根本的目的再也不是通过学校教育、一次性教育为教育者的终身发展打下基础。现在，知识的掌握已经转变为加速受教育者学习与发展的重要方法。

很明显，现代科学教育技术步伐的加速为中国教育改革指明了正确的方向，一定要以最快的速度改变传统教育思想仍然支配我国基础教育的局面。

二、经济发展与社会制度为中国教育的改革提供基础

现代科学技术是人类经济社会发展的第一生产力，对人类社会经济变革起到了巨大的推动作用。联合国教科文组织专家指出，西方很多发达地区将 21 世纪 30 年代作为知识经济时期的开始。所以，人类的政治经济社会制度正在根据农业经济状况与工业的经济发展情况向知识的经济制度大幅迈进。这为教育变革和未来的发展指明了方向。

我国幅员辽阔，东西之间、城乡之间经济社会发展水平差异大。从经济社会发展阶段来看，既有以农业经济为主的地区，也有已经完成城市化、工业化的地区，还有信息化水平较高、知识经济发展较快的发达地区。显然，信息化水平较高、知识经济发展快的地区将率先带动中国教育的转型。

我国发达地区曙光初露的知识经济正在为新型教育的诞生提供经济社会基础。所以，必须依据这些地区经济社会发展特点对教育转型提出的新要求，推动我国基础教育的改革和发展。那么，将来的经济社会制度对知识储备与知识质量及对我国的教育转型又提出了哪些要求呢？

中国现代经济是以知识的产生、知识的分配以及知识的利用为基础的经济。狭义学校教育的人才培养规模和速度正是在新型经济制度的要求下提出的。首先，创新素质会形成 21 世纪公民具有的基本素质。创新的本质就是知识经济，知识经济与工业经济对很多方面都有着不同的要求，其中最显著的是对创新的要求。知识经济时代提出的创新更具有连续性而不是一次性，更具有系列性而不是单一性，更加突出集体的创新而不是由个别专家进行的创新。创新意识与创新精神应该是各行各业的人员都要具备的，是 21 世纪重要要素之一。其次，以科学技术不断创新为支撑的知识经济，将使人们职业变动的周期不断缩短，职业再生能力将成为人们必须具备的生存能力。据专家预测，21 世纪职业的变化将是 20 世纪的好几倍。人力资源专家认为，一个人在有效工作期，职业会发生 5～8 次变化，每次都是一次提升。由此，每个人都应该具备一种可以适应职业本身多样化的能力，为职业本身的各类变化可能会形成的再就业做好充分准备，从而以变应变，谋求发展。最后，处于 21 世纪知识经济的环境中，无论是生活方式还是工作性质都会发生很大变化，现代将会以网络信息为基础形成人们赖以生存的环境。知识经济时代正在向人们走来，人们已经进入网络化时代。网络化城市就是通过远程通信对人们的工作、生活、交通等各个方面进行安排的城市。电信和信息网络将决定一个城市的建筑、规模和特色。在网络化城市里，人们居家上班两相宜。例如，惠普公司有 4 万名员工在家或者在遥远的工作地点上班，日本电气公司继续扩展远程办公网络，把员工联结在一起。这些现象统统表明，生活在 21 世纪的当代人不论是在生活方面还是在工作及学习方面都发生着巨大的变化，生活的各个方面大都可以依靠网络来进行，且更具创新性与个性。创新能力与创新精神在人类的生活中起着巨大作用，将成为决定人们生活水平的最根本因素。

综上所述，未来的学校教育将为知识经济社会的最新目标培养人才，根据全新的人才教育规格促进中国狭义的学校教育的变革和转型。

三、中国教育的转型是响应中华民族伟大复兴的呼唤

中国在悠久的历史上曾留下过深刻的足迹，如 15 世纪之前，中华民族的生产力与科学成就一直处于世界领先地位。一直到明代，全球的发明创造与科技成就最少有 300 个，其中有 170 个源于中华民族。很多项发明连续不断地被欧洲国家引入，为文艺复兴奠定了坚实的地基。时至今日，一些欧洲国家对早年传入中华的文化仍然给予高度评价，欧洲许多著名专家和学者在他们的著作中都对此有所提及。中国复兴的伟业，一定是以科技教育为基础的。教育的目的就是培养人才，而人才的培养规格和速度必须依靠科技的发展。中国的发展必须依靠教育对人才的培养，目前教育的制高点必然是培养受教育者的创新精神和实践能力，并且源源不断地为中国乃至世界输送优质人才。当今，全球各国的竞争归根结底是综合国力的竞争，是创新能力的竞争。一个国家只有具备了强大的创新能力，才会拥有强大的国力。

中国教育者必须接受挑战，适应世界未来的趋势，高举创新教育旗帜，培养具有创新能力的人才，为中国的未来而努力奋斗。

第四节 中国的教育转型

现代的中华民族在新型思想观念的引导下，坚持面向全体人，促进全面发展，深入贯彻党的教育方针，努力培养德、智、体、美、劳全面发展的社会主义事业的建设者和接班人。正如叶澜所说，"教育是直面人的生命、通过人的生命、为了人的生命质量的提高而进行的社会活动，是以人为本的社会中最体现生命关怀的一种事业。"[1] 现代中华民族的教育本质就是培养人，是以人为核心的教育，也是教育进行转型的本质所在。

---

[1] 叶澜：《教育概论》，人民教育出版社 2006 年版。

一、教育的本质要从社会到人

从中国发展的历程、中华民族社会发展的现实状况来看，中国的教育具有非常明显的工具性。一方面，社会看重的是教育的工具价值，被抬高的是教育的工具性作用，被看好的是教育对社会需要的满足。教育成了社会的"消防车"，哪里"失火"，哪里就有教育。教育陷入了严重的功利主义，淹没于社会之中。另一方面，社会把教育作为工具，必然意味着教育培养的是社会的工具人。教育根据社会要求塑造人，使人成为不同时期社会需要的工具，实现教育外在的价值。

中国的教育具有很大的工具作用，这使得中国教育的转型具有强大的外推性。教育转型通常被视为社会转型的一部分，作为其他领域社会改革的一部分，服务于政治、经济发展的要求。新中国成立之后，教育经历了漫长的转变，从教育为生产劳动服务改为为社会主义现代化服务，从将人作为工具到将人作为经济发展的资本。虽然教育一直作为工具存在，但是在不断地发展与革新中，服务社会的改革已经成为教育改革合法性的基础之一。很多专家认为，教育要为当代的政治经济服务，要服务于社会的改革，教育的改革不是因为人要发展，而是因为社会要发展。教育改革表现出强烈的"国家主义价值诉求"和"功利主义价值诉求"。

当代教育必须从之前的教育思想转为现代的思想。之前的教育一直是以社会为中心的教育，以服务于社会的人为培养目标，以致人们成了单纯为了社会而存在的工具，而现代社会注重人的发展，一切都以人的发展为核心，着力培养全面发展的、具有独立个性的人。这里的人不是抽象的人，或者人就是一切，而是指人是社会的根本，社会是人发展的外在条件。之前的教育单纯地认为认识只受到社会的限制，并没有看到人对社会的影响，所以传统的教育强调要使人适应并遵循社会所提出的要求，并没有考虑到应该从人的角度出发，让社会变得适应人的发展，为人的发展提供便利。当今的教育虽然培养出的人依然是为社会服务的，但是这种服务是双向的，是互相服务的。可以说，社会为人的发展提供了条件，而人的发展是社会价值的体现。

二、教育目的的转型：从社会工具人到社会主体人

人是社会的人，人的发展形态离不开社会提供的条件。中华上下几千年，都是国家将人们所赖以生存的社会、经济、政治，甚至更细微的事情进行制约，身为社会中的人，必须按照社会的要求做事。新文化运动提倡的个人主体的启蒙，也很快由于政治意识和社会形势的变化而夭折。新中国成立后，在飞速发展的道路上经历了很多变革，从之前的计划经济转变为市场经济，从之前的农业大国转为未来的工业大国，传统社会已经不能适应当今时代潮流的发展。所以，迫切需要解决的问题即人的发展状态，也从依赖于社会的人转向了拥有个体独立人格的人，未来社会中的人必然是拥有创新精神与实践能力，具有批判精神并且充分发挥个体主观能动性的人。

教育面对的是发展中的人，但政治形态和经济形态的教育以社会需要的满足为本，它们把人作为社会的工具来培养，不仅使人具有社会性，更重要的是以既定社会规范要求人、约束人，使人成为被动的服从者，成为社会的客体。教育轴心从社会到人的转换，意味着教育应当以人的发展为本，以人的发展引导社会的发展。所以，当代教育必须以人为中心，做以受教育者为中心的教育。

主体有不同的形态，包括个人主体和社会主体。个人主体是社会主体的前提，个人没有主体性，只能为社会所湮没，不可能成为社会主体。所以，主体人先要成为个人主体，具有自己的思想，拥有个体自己的想法及做事的自主性，学会控制自己的情绪，积极主动地接受环境带来的心理差异，充分发挥个体的主观能动性。由于主体与客体都是相对而言的，所以主体把客体作为实现"我"之目的的手段，为"我"所占有和利用，具有为我性和占有性。主体的这种特性，容易使那些对于本身过于自信的人，只关注个体发展的自私行为和自己本身的好处，导致在社会生活中各种个体之间的关系紧张。当代人类发展所面临的诸多问题，包括人际关系冷漠、纷争、社会公德缺少、文明冲突与战争、环境污染与生态危机、人与人贫富差距加大等，都源于这种单子式的个人主体性。所以，当代社会批判个人的主体性，呼唤社会

的主体性。

社会是人的载体，是人与人之间交往的背景。交往是社会存在的根本机制，也是人的根本生活方式。孤立的、单子式的个人主体只能导致社会中人与人之间的对立，致使我们的生活环境混乱。社会和个人不一样，人们所说的个体概念指的是个体与主体相互作用时表现出来的，而社会的主体概念指的是各类主体之间的作用表现出来的。个人的主体性一直强调个体的拥有性，拥有了财富就是拥有了一切。社会的主体作用强调社会各个主体之间的作用，每个主体都相互平等地共同发展。所以，社会与个人的主体是两个不同的概念，而不是单子式的个人主体性。社会间存在着很多种要素，社会强调主体性，不单单是想表达要以社会为中心，强调社会是一个各种要素构成的整体，而是强调不仅社会具有主体性，个体也存在主体性，因为个体的主体是社会的一部分，社会的发展以人的发展为基础，人的发展又以社会的发展为方向指引。在我们的生活中，一直在强调要培养为社会服务的主体，即培养每一位受教育者成为公民。这里的公民并不同于封建时期的臣子，之前的臣子唯命是从，而当今的公民是有独立批判行为的人。在封建社会，一切事物都要为统治阶级服务，失去了自我，只有对统治者的责任、义务和服从。现在，公民远远优于之前的臣民，公民是有自身权利的人，是具有自由权利的人。古代的臣民根本不敢有自身的想法或违反统治者的行为，否则就会招致飞来横祸。另外，公民和私民也有区别。公民是为社会服务的，是有一定底线与原则的，而私民是没有底线和原则的。公民是可以为了社会生活中的其他民众而共同奋斗的，而私民只会为个人的利益不择手段，甚至会伤害他人的利益和生命。社会的转型，其根本就是关于人的转型，人的转型具有两个非常重要的特点，即公共性与自由性。当前，我国正在经历漫长的改变过程，既有社会的转变，也有社会中各个因素的转变。所以，公民一定就是中国人的转型所在。当代中国公民应该既有个人的主体性，成为个体的公民，又要超越个体，具有公共性，成为社区、社会、国家和世界共同体的公民。

三、教育内容的转型：从社会形态的教育走向生活形态的教育

在内容上，中国的教育形态还可以划分为社会形态教育和生活形态教育。社会形态教育是为了让人更好地为生活服务，而生活形态教育是为了让人们也就是受教育者能够更好地发展。社会教育是为了社会中人的生存，生活教育是为了生活状态下的人的生存。社会形态与生活形态虽说是两种不同的概念，但是这两种形态进行了相互的融入与渗透，社会离不开生活，生活也离不开社会。生活虽然是人们生存的根本，但是同样离不开社会的指引。为了社会背叛生活或者为了生活而背叛社会都是不理智的行为。良好社会风气的形成是人们生活的必要条件，但不是生活的最终目的。

我国从古至今的教育一直在强调掌握知识的重要性，认为只要掌握了知识就是一个完整的人，就是有涵养的高素质人才，但是，只是单纯掌握知识而不去利用，又有什么用呢？中国的教育形态有社会形态与生活形态。从社会形态方面来讲，掌握知识是为了服务社会。掌握知识是服务社会的工具。所谓"知识就是力量"，是征服自然、改变世界的力量。因此，才有可能掌握财富，提高个人的生活地位，高质量地服务于社会。因而，知识就成了在社会环境中立足的机会，成了追求财富、提高个人身份与地位的手段。人们求知是为了生存，而不是人性的需要。

现代化的认知告诉我们，不是所有的知识都与人的生存状态有关系，"唯有实利的知识和技术"才有谋生的价值。因此，很多知识被认为是没有用的，是被忽略的。社会生活形态的教育形式，完全是为了社会的发展，个人的发展被忽略甚至根本就不会被顾及。这种类型知识的掌握是不理智的，也是不符合当代社会发展的，已经失去了知识原有的价值，在一定程度上束缚着人性的自由发展。

生活形态的教育不是回到生活与教育浑然一体的原始状态，它不否认知识学习的正确性，是想知道学习知识到底为了什么。当代的知识并不仅仅是服务社会，而是以社会与人共同的出发点为中心，是互利互赢的学习。学习知识可以让生命大放光彩，可以让个体生活更加具有品质。因此，掌握知识不仅可以改变个人的发展，还可以解决一个群体的利益问题，甚至

影响整个社会的发展。教育在不同方面都发生着变化，如果生产力需要，那么就要培养人去发展生产力；如果社会政治有需求，那么，教育就要培养为社会服务的群体。虽然与社会有着千丝万缕的联系，但是剖析开来，是忽略人发展的教育。所以，社会形态教育是在人的发展需要范畴之外的教育，并不是促进人的发展的教育。

生活是全面的，既有物质生活、社会生活，还有精神生活。因此，生活形态的教育内容应该是全面的，它超越科学与人文、感性与理性、技术与价值的对立，既要教人"何以为生"的本领，又要给人"为何而生"的人性思考。生活是立体的、有机的，所以生活形态的课程，在组织方式上要超越专门的知识，实现知识的综合与融通，超越书本与课堂，走向社会与生活。生活是人的存在方式，是人与世界的自觉沟通与交往，是"过"的动态过程。所以，学习是源于生活的，同时是运用于生活实践的。

四、教育过程的转型：从被动接受走向主体自觉

社会形态的教育目的和教育教学的活动方法决定了教育是一个方面的单纯供给。根据目标来看，社会形态方面的教育是为了培养服务于社会的人，是工具，也可以说是社会的非主体，依据社会的内容，让人变成社会的工具人。社会化过程是一个被动接受的过程。在内容上，社会方面的教育（如掌握知识的教育）并没有将人看作是学习与受教育的主体，甚至还秉持着"以社会为中心"的观念，并且单纯地认为只要是实验证明的，有事实依据的知识就是正确的、科学的，并不认为一些隐含的知识内容也是很重要的。知识本来是为了提高人的素质，现在变成人为社会服务的方式与手段，这是没有以人为中心的行为。人非生而知之者，因此，人的使命就是要学习更多的知识来拓宽视野。所以，在传统主义的专家看来，知识的教育是灌输式的，是受教育者的被动接受，谈不上知识的创造性。

关于人的方式的教育，不能理解为传统的"培养人的教育"（"培养"对受教育者而言，具有被动性），而应该理解为人之生命自觉的教育、人之自我建构的教育。因此，生命自觉的教育是主体的教育，是生命自由、自主发展的教育。

　　社会形态的教育和人的形态的教育有着几乎相反的概念。社会形态的教育是社会向人强行灌输知识，而且人非常被动接受所学内容。相反，人的形态的教育是以人的教育、是以人的思想为中心的教育，是对知识的主动构建，它深入贯彻了构建主义的理论。首先，在教育教学活动中，不再只是单纯地给予，而是学生自己的动态学习过程，只有受教育者主动学习知识，自主地进行构建才可以算得上是真正的学习主人，实现生命的自觉。主体建构是学生亲身的活动，但离不开教师的帮助。教师的作用不在于教学生如何建构，而在于与学生互动、交流，在师生的双向互动中独立思考、感悟、理解、反思与建构。其次，教育过程是动态生成的过程。传统的教育以传授知识为目的，知识是客观的，所以教育过程成为教师预设的单向知识传递过程。在这一过程中，教师是知识的权威和传授者，学生是被动的接受者。而人之形态的教育，以生命的发展需要为核心，关注学生的生命活动，使学生的主体性得以充分发挥，所以教育教学活动的进程是面向全体的，接收多方面批评的教育，是拥有创新精神并激发学生创新意识的教育。

　　教育经历了众多改革，从强行给予到主动接受，教育方法与内容也有很多不同。第一，教育的着眼点不再只是教育本身，而是更注重人的发展，更注重生命的精彩。人们常说，"知识改变命运"，其实知识本身的作用并不大，关键是知识带给我们的变化。传统知识观是科学知识观，知识特指与客观事物相符合的属性，是非主观的、一定存在的、非柔性的。受教育者接受这样的学习，一定是被动接受，不断重复，位于非主动的境地。当代的知识是让受教育者不断建构的动态过程，学习内容是个体在与环境的相互作用中主动建构的，具有不确定性和多变性。受教育者的教育重视教育过程的对外作用与方式的多元化，但一定要以建构主义为根本宗旨。第二，教育进程中教育本质的改革。之前的教育教学活动总是被动地接受教育内容，是以教育者与受教育者之间的关系为基础的教育。关于人的教育，学生和教师是一个完整的部分，教育的历程是教育者与受教育者之间关于灵魂的沟通，是现实生活中能表现出来的教育。这种显性的教育是个体与社会相互融合的过程，在这种关系中，教育者与受教育者是平等、民主的关系，受教育者可以质疑教育者，教育者可以引导受教育者。更重要的是，素质教育一直提倡以学生为主体，在这样的教育中，学生由知识的被动接受者转变为自我发展的主人、学习生活的主人，在学习中能够创造属于自己的生活，找到属于自己的人生价值和意义。

第三章　高校英语教育转型综述

第一节　高校英语教育转型的背景与目的

高校英语教育指的是高校英语教育中的非专业英语教育，也就是我们通常说的高校公共英语教育。在教育规模上，我国高校英语教育远远超过了专业英语教育。目前来看，高校英语影响范围之广以至于超过了其他任何一门课程。

随着经济全球化和生活信息化的到来，外语和外语教育的重要性日益凸显。人们逐渐形成一种共识，即一个国家的外语水平尤其是英语水平的高低，在很大程度上影响最新信息的吸取和与外界交流的质量，关系到人才培养规格的制定和国民经济的发展速度。在此背景下，高校英语教育的地位和作用越来越受到人们的关注。针对我国高校英语教育的现状及其未来转型发展问题的研究，有助于我国高校英语教育水平的整体提升。

一、高校英语教育现状

改革开放以来，我国高校英语教育受到高度重视，已经发展成为一门系统性较强且相对独立的学科，呈现出可喜的发展态势。21世纪初，高校英语教材第四版相继出版，其编写指导思想、体系、内容等方面都体现了新特色。在教育部以及各级教育主管部门的大力倡导和支持下，高校英语教育中现代教育技术手段的运用也越来越多，包括高校英语网络学习平台、多媒体语言系统、高校英语学习课件等，既丰富了英语的听、说、读、写、译等技能训练形式，也有助于激发学生的学习兴趣、提高高校英语教育质量。随着我国高等教育的迅速发展，高校英语教师队伍的整体水平也有了很大提升，越来越多英语专业的本科、硕士、博士毕业生加入高校英语教师队伍，并成为教育骨干。有的高校还聘请了外籍教师。《高校英语教学大纲修订本》（以下简称《大纲修订本》）于 1999 年颁布施行，此修订本对高校英语教育提出了一些新的教育原则和教育方法，对促进高校英语教育改革有积极的指导作用。2004 年，教育部颁布了《高校英语课程教学要求（试行）》，它取代了《大纲修订本》，标志着高校英语教育转型试点工作的开始。经过几年的修订与完善，教育部于 2007 年颁布了《高校英语课程教育要求》，标志着高校英语教育转型的全面展开。

改革开放至今，高校英语教育的总体水平显著提升，取得的成就有目共睹。但是，在快速发展的同时，高校英语教育依然存在一些问题。

第一，教师教育观念陈旧，过分重视语言知识的传授，忽视高校英语教育的人文价值。近年来，外语教育理论研究强调"以学生为中心"，努力寻找各种新型的教育模式和手段。但是，许多教师并没有从根本上改变"以教师为中心"的传统教育观念，虽然使用新的教育手段组织课堂教学，但仍然保留着"填鸭式"教育模式，对课文进行逐字逐句地讲解，力图把每个单词和语言点都解释清楚，甚至沿用语法翻译法。学生依然被当作灌输知识的"容器"，被动地接受教师传授的语言知识，缺乏实践机会。在课堂上，师生之间的交流方式比较单一，主要表现为一问一答，课堂讨论流于形式。究其原因，一是教师课堂教育组织能力不足。二是学生语言知识欠缺，语言表达能力较差，且不敢开口。在这样的教育情境下，学生主观能动性得不到充分发挥，语言创造性难以提升。

第二，重视教育的工具价值，忽视学生人文素养和人文精神的培养与熏陶。首先，教育部在 1987 年、1989 年分别开始推行高校英语四级、六级考试，以此来考察《高校英语教学大纲》的执行情况，四、六级考试开始对我国高校英语教育产生影响，并逐渐成为衡量各校英语教育水平的标杆。不少学校明文规定，通过高校英语四级考试，本科生才能获得学位证书甚至是毕业证书。其次，在招聘高校毕业生时，社会用人单位将四、六级证书作为人才招聘的重要参考指标，因此四、六级证书成为毕业生应聘成功的重要法宝之一。最后，教育部对高校教育质量的考评标准之一就是毕业生就业率，而四、六级证书对其有一定影响，所以很多高校十分重视高校英语教育，将四、六级考试通过率作为衡量高校英语教师教育质量的重要参考标准，并出台相应的奖励津贴，以提高学生的四、六级通过率。综上，高校英语教育活动主要围绕以提高学生四、六级考试成绩为目标展开，致使高校英语教育成了"过级教育"。受此影响，许多学生也将大量时间放在了准备四、六级考试上。

第三，教育内容与教育方法不尽合理。高校学生已掌握一定的词汇量和语法知识，但是词汇、语法、阅读、写作依然是高校英语教育的主要内容，导致学生学习兴趣不高。另外，教师采用的教育方法仍为传统的"翻译教育法"，只是形式上运用现代教育手段，而内容上还是以讲解教材中的单词和短语、句子和段落以及基本阅读技巧为主。

听、说是多数高校学生的弱项。虽然大部分高校每周都开设有一至两个学时的视听说课，但是想要通过有限的课时提高学生的听说水平是非常困难的。学生听说能力的提高需要在教师的引导下，花费大量的课外时间，通过坚持不懈的努力才能实现。但是，由于一些高校硬件条件相对落后，没有较好的听说教学环境，加之学生自身的自律性、自主学习习惯与能力较差，课外听说训练难以实现。通常，视听说课堂教学主要通过听录音、看视频、做练习、讲解答案等方式进行，在很大程度上能够提高学生的听说水平，值得推广。此外，课堂口语训练主要通过对话形式进行较为机械的练习，但由于不少学生害怕出错，不敢开口对话，所以，经常出现"冷场"局面，导致视听说课程变成听力课程。在写作方面，教师只对写作方法、技巧略作介绍，课后练习也不多，学生写作情况得不到及时反馈，写作水平难以得到锻炼与提高。

综上，目前高校英语教育着重于解决学生语言知识和技能的问题，忽视了与语言有关的文化知识尤其是人文素养的培养。高校英语教育实践往往只着眼于听、说、读、写等基本语言技能的教授和训练，过分关注学生语言知识、语言技能的掌握情况，侧重于语言教育的工具性，忽视语言教育的人文性。从文化哲学的视角看，将工具性与人文性相结合进行高校英语教育，才能使当前高校英语教育理论得到丰富并具有一定的意义。

二、社会发展对高校英语教育的要求

高校英语教育是我国外语教育的重要组成部分之一。英语是高校生的必修课之一，其学习者规模较大，教育涉及面较广，影响较大。伴随着经济全球化，中国与世界的联系越来越紧密。2001年12月，中国成功加入世界贸易组织；2008年，成功举办奥运会；2010年，上海举办世博会……标志着我国将以更加开放的姿态走向世界。在20世纪，我国就提出，到21世纪中期把中国建设成为中等发达国家，实现中华民族的伟大复兴。要实现这一目标，承担培养高素质人才的高等院校就必须实现规模、结构、效益的协调发展，其中，高校英语教育质量必须得到提高，这是由高校英语教育的重要性决定的。早在1978年，许国璋先生就指出"外语教育应担当的首要任务是培养各行各业既懂专业又懂外语的科学文化大军"①。在政治多极化、经济全球化、文化多元化的时代，我国高校生更应该加强外语学习，以满足国家经济建设和对外交流的需要。然而，直到今天，我国高校英语教育依然存在"费时低效"的问题。经过三年或者四年的学习后，学生依然无法熟练地用英语进行交流，高校英语教育面临巨大的挑战。

随着社会的发展，培养全面发展的高素质人才受到教育各界的普遍关注，这对高校人才培养提出了新的要求，即促进学生的全面发展。高校除了要对高校生进行科学素质教育外，还要对其进行人文素质教育，并使二者相互融合，共同促进高校学生综合素质的提高。培养具有国际视野的人才，不但应该具备相应的专业知识，而且还要了解西方国家的语言、历史、政治、经济、文化等方面，这样才能更好地进行国际交流与合作。因此，我们热切呼唤高校英语教育实现工具性与人文性价值的融合，这是高校英语教育转型的必由之路，是更好、更快地适应全球化、国际化人才培养模式的需求。

截至目前，许多国内外教育人士从不同背景、不同层面对英语教育进行了探讨，但从文化哲学视角出发，强调工具性与人文性相结合的英语教育研究还比较少。文化哲学的力量体现在社会的各个领域之中，极大地改变了生存方式和社会运行机制，也为研究高校英语教育转型提供了理论指

---

① 许国璋：《中国英语教学 天津研讨会论文集》，外语教学与研究出版社1996年版。

导。基于此，笔者通过研究高校英语教育本质，批判传统高校英语教育的纯工具性取向，倡导工具性与人文性相结合的高校英语教育。

截至 2022 年 12 月，高校英语是我国近 3196 所高校开设的公共基础课，对学生的综合素质、未来择业或进一步求学都有很重要的影响。改革开放以来，我国高校英语教育取得了令人瞩目的成绩，如英语教师队伍不断壮大，业务水平逐步提高；不同版本的成套教材数量不断增加，质量稳步提高，从过去以语言知识为核心的结构主义编写体系逐渐转变为以学生为中心的任务型、主题型、体现新教育理念的编写体系；教育质量有了明显的提高，学生的听、说、读、写等各方面综合能力明显提升。

但是，世界经济的飞速发展和国际交流的日益频繁，对高校英语教育、毕业生的综合素质提出了更高的要求。高校不仅要提高学生的英语水平，还要增强他们的英语应用能力，尽可能地帮助学生开阔视野，了解英语国家的文化习俗，提高他们的文化品位，帮助他们选择恰当的价值观，成为真正有益于国家和社会发展的人才。英语作为英语国家文化的载体，有着深刻的文化内涵。在高校英语教育中，教师应该注意传授学生有益的文化知识，使学生了解英语国家的传统文化，这也是高校英语教育的目标。但是，从目前高校英语教育现状来看，我们离这一目标还有一定距离。

第二节　高校英语教育转型中存在的问题

随着高校英语教育改革步伐的加快，传统英语课堂教育已很难适应时代的发展。如何对新时期高校英语教育进行有效转型，成了目前急需解决的问题。

一、新时代高校英语教育的特点

互联网技术的发展给高校英语教育带来了诸多影响。新时期高校英语教育呈现以下几个特点。

（一）信息获取渠道越发多样

传统的高校英语教育表现为教师主动讲授、学生被动学习的教育状态，课堂教育模式存在呆板、僵化等问题，尤其是在学习内容、教育方式以及课时安排等方面，模板化严重。而新媒体教育则更多地丰富了教育信息途径，可以增强课堂教育的趣味性，促进学生与文本形成感官上的直接联系，进而提升教育资源的传播以及使用效率。运用多媒体网络技术，学生还能够通过文件夹的设置分类，完整地保存部分优质的教育资源，以便反复地强化练习，力求对重要知识点和易混淆内容的学习做到融会贯通。针对教材不同章节文章的学习，学生还能够借助原版发音进行模仿练习，进而有效地培养听、说、读、写等方面的综合应用能力。

（二）时空限制越发薄弱

本质上，高校英语教育是一个师生双向互动的过程。课堂教育是一个"信息输入—反馈—问题解答"的动态过程，且该过程能够加以调控。区别于其他语言教育过程，英语教育质量的提升尤其依赖于对语言知识的记忆与理解，且需要通过获取、接受大量的语言信息，并加以充分练习，才能完成对知识的消化吸收。但由于在高等教育课堂上，学生的学习时间相对有限，因此要想达到强化知识与灵活应用的教育目标，课外时间的发掘作用显得尤其重要。新媒体教育方式的应用优势之一在于突破了英语教育的时空限制，建构教师课堂讲授与学生在线自主学习、统筹结合的教育模式。根据自身的实际需求，学生能够在任何时间、地点登录网络与教师在线沟通或留言咨询，大大地调动了学生参与英语学习的积极性。

（三）课堂内容越发丰富

高校英语教育要想取得实效，不可能单纯地依赖于某一种教育媒介或教育资源，需借助多种教育资源、教育媒介的合力。教师可以把学习内容提前录入电脑，通过新媒体辅助教育手段加工处理成直观生动的教育课件，用于课堂教育。也可以通过新媒体手段，在线收集不同类型教育资源，辅助线下教育，引领和组织学生进行英语学习，对学生的语调和语速进行矫正。同时，英文电视、广播节目也可以成为高校课题教育资源的有效补充，如

CNN、BBC 广播节目、CCTV-9、《音乐之声》等。教师也可以向学生推荐一些思想性强、可读性高的权威电子刊物进行阅读练习，提高学生的阅读与写作能力，比如《经济学人》《纽约时报》等。

二、高校英语教育转型中存在的问题

（一）高校英语教育转型存在随意性倾向

高校英语教育转型的随意性，至少表现在以下两个方面。

1. 在思想观念上，还没有把外语教育看成是一门科学

高校英语教育作为一门科学，有其研究对象和研究方法，有教师队伍，有学术团体、学术刊物，其学术地位在全世界的高校范围里都得到了认可，如可以授予硕士学位、博士学位。如果我们没有把它看成是一门科学，教育指导性文件的制订就会缺乏科学性，教育转型当然也就存在背离语言学习规律的随意性倾向。

2. 在推行程序上，英语教育转型缺乏计划性

许多院校存在不切实际地强调在专业课上开展双语教育，也称"全英教育"的现象。条件成熟的院校可以尝试，但是要推行这种做法却很不现实。从国外归来的教师中，有一部分人也许可以用英语讲一些专业课程，但存在不少问题，毕竟他们不是学英语出身，讲出来的话都是洋泾浜英语，这样对学生的外语学习也没有太大帮助。其中，也不乏能说一口流利英语的教师。但是，如果要求开展双语教育，实际的教育效果就不那么明显。这里存在一个问题，即母语和外语授课传递的信息量是不对等的。用外语授课，学生会一脸茫然。而用双语教育，可能会使大部分教师完不成专业课教育的任务。

（二）英语教育方法与手段的转型存在片面追求单一模式和计算机辅助教育的倾向

教育有法、教无定法，这是任何学科教育方法转型的铁律。但是，在英语教育方法转型中常常出现片面追求和吹捧一种万能教育法，推行某一种所谓"模式"的情况，结果发生很多邯郸学步的趣事。事实上，没有哪

一种方法是万能的。只有按照不同学生不同的要求，在不同的时间和条件下，从其能力、水平等实际情况出发，才能找出一种较适宜的教育方法。

在教育手段上，计算机辅助教育是有益的补充，但也不能片面夸大以计算机技术为核心的多媒体教育的作用。在高校英语教育中，多媒体技术是解决目前师资水平不高、数量不足问题的有效手段。例如，学生可以自行选择一个角色，进行人机对话。但是，有些教育行政部门和学校硬性规定英语多媒体教育比例不低于 80% 的做法令人担忧。电脑只能替代部分人际交流，无法取代人与人之间的交流。如果学生和教师、同学互动的时间只剩下 20%，那么，提高他们的会话能力就更困难了。事实上，在高校英语师资队伍中，还存在一些年轻教师经验不足、水平不够、过度依赖多媒体等问题。

（三）高校英语教育管理的转型存在认识上的盲目性

1. 对考试认识存在盲目性

社会上应对考试的复习资料五花八门，考试养肥了许多人，而人们往往把应试教育产生的各种消极现象都归结于考试本身。实际上，考试往往取决于社会的需要。有人认为，高校英语教育围绕四、六级考试进行，这样的做法过多干扰了教育，因而建议取消高校英语四、六级考试。但取消考试并不能回避教育质量评价的问题。学校应有自己的考核方式，包括出勤率、作业、课堂表现等过程性考核以及终结性的考试。水平考试不是完全不可取，但是最好能集中到国家考试中心的全国英语等级考试（PETS）中，这样学生可以有选择地参加。

2. 对教育效果的评估存在认识上的盲目性

一些人总是说，我们的学生所学的英语是"聋人英语""哑巴英语"，学生的听力较差，口语也比较差。中国缺乏讲英语的环境，非英语专业的高校生要学习专业知识，达到能读、能写、能听懂大部分内容就已经不错了。在英语学习中，离开了课堂，学生就没有了操练英语的环境。所以，教师应尽量创设语言学习环境，提高学生的学习效益。例如，鼓励学生收听英语电台、观看英语纪录片、加强课堂上的讨论环节、组织课外交际活动、为学生创造与外籍人士交谈的机会等，加强教育效果。英语教育应该在打好语言基础的同时，提高学生听、说、读、写能力，把这四项技能分割开来是不科学的。英语的形、音、义是不可分割的统一整体。

（四）高校英语师资力量不足

据统计，我国讲授高校英语课的教师人数为 5.5 万人，师生比为 1：30[①]，师资力量严重短缺，导致教师普遍超负荷工作。他们学历层次偏低，进修和培训机会偏少。高等教育的快速发展给高校英语师资队伍建设带来的压力越来越大。高校英语教师是高校英语教育转型的主导力量，师资的培养对于当前的转型来说是十分必要的。

三、解决高校英语教育转型问题的对策

高校英语的教育目标是培养学生的英语综合应用能力，使他们在今后的工作和社会交往中能运用英语有效地进行口头和书面的信息交流。同时，增强学生的自主学习能力，提高其综合文化素养，以适应我国经济发展和国际交流的需要。因此，高等院校要采取有效措施和手段，积极推进高校英语教育转型工作。

（一）树立正确的教育思想观念，全面提高学生的英语综合应用能力

高校英语如何适应新世纪社会经济发展的需要，是摆在我们面前的重要任务。这就需要转变教育思想和观念，切实结合我国经济和社会发展的实际，妥善处理好传授知识、培养能力和提高素质的关系，把提高学生的英语综合应用能力放在重要位置。处理好"教"与"学"的关系，树立学生是教育活动主体的思想，重视对学生独立学习能力的培养。处理好听、说、读、写、译的相互关系，强调综合应用能力的整体提高和协调发展。各高校要充分认识到英语学习是一个长期的过程。在英语教育过程中，教师要加强分类指导，分级教育，使不同地域、不同层次和类型学生的英语应用能力都能有所提高。

---

① 李良佑：《中国英语教学史》，上海外语教育出版社 1988 年版。

（二）改变现有的教育方法和手段，落实学生在教育中的主体地位

随着高校英语教育目标由培养学生阅读能力转变为提高学生综合应用能力的深入，我国高校英语教育也在进行以下的转型。第一，改变传统"以教师为中心"的教育模式，突出学生在教育实践活动中的主体地位，注重理论联系实际。第二，将学生被动接受知识的教育方式转变为重在启发、引导以及互动式的语言交流，为学生创造更多的语言实践和交流空间。第三，精心设计课外互动活动，积极为学生提供自主学习和实践的语言环境。第四，利用多媒体和其他现代化的教育技术，积极开展网络教育，创新教育方法。

（三）转型和完善高校英语教育管理，重视与高校英语教育的衔接问题

为了适应和满足英语教育大纲的要求，要逐步调整高校英语的课程设置，推出语言技能类、语言应用类、语言文化类等方面的课程，以供学生有选择地修习。同时，要求学生必须修满一定的学分，在课程的选择上给学生较大的自由度。高校英语教育与高中英语教育的衔接问题一直是制约高校英语发展的重要因素之一，影响着高校英语的教育效率和教育水平。很多在高中就应该掌握的知识，在高校课堂上还要重复讲授，影响了学生学习的积极性，不利于学生综合应用能力的提高。解决好课程衔接问题，将高校英语教育重点转移到培养学生的英语综合应用能力上来，使学生能听得懂、看得懂英文资料。

（四）加强高校英语教师队伍的建设

首先，高校要对英语师资队伍建设进行整体规划，加大财力、物力的投入，放宽教师进修条件，全面提高教师学历层次。重点高校的青年英语教师应在 3 ～ 5 年内全部达到硕士及以上学位，一般高校也应该尽快达到这一要求。其次，鉴于目前全国高校英语语言文学学科硕士点较少，培养能力有限，建议国务院学位办增设面向高校英语教师的教育专业硕士学位，高校现有相关专业硕士点均可申请该学位授予权及申报招生计划。最后，建立高校英语教师在岗轮训制度。高校英语师资培训的目标应与高校英语教育转型相适应。教师应自觉成为学习型教师，与高校英语教育转型进程

同步发展，提高终身学习的意识和能力。同时，还要积极采取措施，提高教师待遇，优化并稳定教师队伍，提高教师教育的动力。

综上，高校英语教育转型使高校英语教育逐渐走向现代化。对于学生而言，认识活动只有亲身参与实践，才能充分发挥主观能动性，进而掌握知识、牢记知识，并将其灵活运用到社会实践当中，这也符合学生的认知规律。因此，与以往的英语教育模式相比，全新的英语教育优势与功能更为突出。总而言之，在高校英语教育过程中，要不断改变传统教育模式，不断完善教育手段，提高教育效率。诚然，高校英语教育模式的转型并非朝夕之功，同样也存在一些不足之处。只要教师、学生相互配合，所有教育活动、方法和手段都以教育质量为核心，合理借助新时期的教育理念，必定能使高校英语教育迈向更高、更远的未来。

第三节 高校英语教育的发展历程与转型分析

历史、现实和未来是紧密相关的。历史和传统总是以种种方式存活于现在和现实当中，而未来又应该是现在的合理延伸。回顾我国高校英语教育的发展历程，不难发现其与社会时代的发展变化息息相关，深深地刻着时代的烙印。同时，我国高校英语教育也逐渐走向转型的必由之路。

一、高校英语教育的发展历程

依据对我国高校英语教育发展历程的研究，并借鉴已有的研究成果，笔者将中华人民共和国成立后的高校英语教育划分为六个阶段。

（一）高校英语教育的低迷阶段（1949—1956 年）

1953 年 7 月，教育部颁发《关于高等师范学校教育、英语、体育、政治等系科的调整设置的决定》，规定全国 8 所高等师范院校中，仅华东师范大学一所学校保留英语专业，其余全部改设俄语专业。半年内，高校院系调整工作基本完成。经过调整，全国 182 所高等院校中，只留有北京、复旦的 7 所院校开设英语专业。在这种背景下，除了复旦高校新闻系有 5 名学生选修英语外，高校公共英语几乎绝迹。语种设置给高校英语教育带来了非常不利的影响，并出现了重专业外语、轻高校英语的倾向。在强调发展俄语教育和专业外语教育的同时，高校英语教育遭受重创。

（二）高校英语教育的缓步恢复期（1956—1966 年）

1956—1966 年，教育部制定了人才培养规划，决定从 1956 年秋季起逐年扩大英、法、德等外国语种的招生规模。各地学校纷纷创造条件相继创建外国语学院，陆续开设了英、法、德、日等语种的课程。1964 年 10 月，教育部会同中央有关部门制定了发展我国外语教育事业的指示性文件《外语教育七年规划纲要》，提出英语为高校教育中的第一外语。"必须扩大外国语言教育"指示的颁布和高校"英语为第一外语"教育方针的公布，对我国公共英语教育的发展起着较大的促进作用。各高校开始大力调整所设语种的比例，学习英语的人数大量增加，而学习俄语的人数相对减少。至此，我国高校公共英语教育跨出了自中华人民共和国成立以来重要的一步。与此同时，教育部为恢复公共英语教育采取了一些重要而积极的措施，如教育部于 1955 年委托高等工业学校外语教材编审委员会制定了英语教育大纲。本教育大纲先由上海交通高校外语教研室提出初稿，再由高等工业学校外语课程教材编审委员会进行审定，又于 1962 年 5 月在高等工业学校工作会议上进行复审、定稿。这是中华人民共和国成立后第一份高校英语教育大纲。此外，教育部还编写了统一的英语教材。

纵观这一时期我国的高校英语教育，与前一阶段相比稍有好转，尤其是 1964 年教育部制定的《外语教育七年规划纲要》将英语作为高校教育中的第一外语，对高校英语教育地位的提升起到了非常重要的作用。

（三）高校英语教育的停滞时期（1966—1977 年）

1966—1977 年，我国高校英语教育发展停滞，在这一时期高校英语教育未有重大的发展。

（四）高校英语教育的恢复发展阶段（1978—1984 年）

1978 年 5 月 11 日，《光明日报》刊登的文章《实践是检验真理的唯一标准》，引发了一场关于真理标准问题的大讨论。在此背景下，全国英语教育座谈会于 1978 年 8 月 28 日至 9 月 10 日在北京召开，在新中国英语教育史上具有重要意义。来自全国 180 所英语院系和高校英语教研室的多位代表出席了会议，总结了中华人民共和国成立以来我国英语教育发展的经验和教训，提出了今后一个时期英语教育发展的方针，并讨论了英语教育质量、师资队伍建设、英语教材编写等方面工作。最后，此次会议形成了《加强英语教育的几点意见》（以下简称《意见》）。教育部于 1978 年年底将其印发全国，并要求各地根据实际情况参照执行。《意见》集中体现了党的十一届三中全会精神，提出了"要办好高等学校高校英语教育"，为国家"培养既懂专业又懂外语的科技人才"。此次会议的重要贡献是使长期以来高校英语教育不受重视的局面得到了改变，为我国高校英语教育的发展奠定了新的基础。

1979 年，教育部委托北京大学、清华大学起草了《英语教育大纲（高等学校理工科四年制试用草案）》（以下简称《大纲》（草案），《大纲》（草案）经编委会审定后由人民教育出版社出版。1980 年，教育部批准成立高等学校理工科高校英语教材编审委员会以及英语、俄语、德语、日语等编审小组。1980—1982 年，先后出版了两套在当时较有影响力的教材，分别是上海交通大学吴银庚教授主编的《英语理工科通用（全一册）》教材和清华大学教授陆慈主编的《英语教程理工科用（全一册）》教材。这两套教材以培养学生的阅读能力为主，同时注重培养学生的语言实践能力，对英语教育中的听、说、读、写能力也提出了一定要求。

1982 年，高校英语教育研究会成立，其成立的宗旨是通过积极开展学术交流活动，促进高校英语教育的提高与发展，为实现社会主义现代化做出贡献。高校英语教育研究会对我国高校英语教育质量的提升起到了功不可没的作用。1982 年 4 月，教育部在武汉召开"高等学校高校英语课教育经验交流会"，提出修订《高校英语教学大纲》的计划。随后，教育部委托理工科高校英语教材编审委员会和中国高校英语教育研究会负责修订，经过两年多的努力，最终于 1984 年 7 月定稿。修订后的大纲是中华人民共和国成立以来我国较为完善的一份高校英语教育大纲。1984 年 11 月，全国高等学校文科高校英语教材编审委员会在上海召开大纲修订工作会议，并成立大纲修订组，历时一年修订后的《高校英语教育大纲（高等学校文理科本科用）》经过高等学校外语教材编审委员会审定通过。

通过对这一时期我国高校英语教育发展历程的回顾，可以看出高校英语教育走过了一段非同寻常的道路，为下一阶段的发展奠定了较为坚实的基础。

（五）高校英语教育的稳步发展阶段（1985—2001 年）

改革开放以来，我国的经济与社会发展逐步提高，取得了举世瞩目的成就。1985 年 2 月，教育部正式批准了《高校英语教育大纲（高等学校理工科本科用）》［以下简称《大纲（理工科用）》］，从此"公共英语"这个名称开始逐步被"高校英语"替代。1985 年 5 月，中共中央颁布了《关于教育体制转型的决定》，撤销教育部，成立国家教育委员会（以下简称"国家教委"）。同年 11 月，国家教委还设立了高校外语教材编审委员会，取代了原来的理工科高校英语教材编审委员会。随后，高校外语教材编审委员会审定通过了《高校英语教育大纲（高等学校文理科本科用）》［以下简称《大纲》（文理科用），并于 1986 年 4 月由上海外语教育出版社出版。这两份《大纲》不但对我国高校英语教育的经验做了总结，同时还吸取了国外语言教育与研究的经验与成果，成为检验高校英语教育工作的依据，也是对提高我国高校英语教育质量的重要尝试。在随后较长一段时间里，这两份《大纲》指导着我国高校英语教育工作。

自 1986 年起，根据新《大纲》理念先后出版了几套教材，主要有董亚芬审定的《高校英语》（1986）、陆慈主编的《新英语教程》（1987）、从范编写的《现代英语》（1987）、杨惠中等主编的《高校核心英语》（1987）等。这些教材丰富了我国高校英语教材的种类。1985—1986 年公布的两份教育大纲，一方面使高校英语系列教材种类多样化，极大地推动了我国高校英语教育的发展，另一方面，大纲把高校英语全国性的统考计划和安排提上了议程。教育大纲规定，高校英语基础阶段各级教育结束时均应安排考试，其中高校英语四、六级应按《大纲》要求进行全国统一考试，学生达到的英语等级和分数要在记分册上注明。1986 年年初，高校英语四、六级标准化考试进入筹备阶段。1987 年 4 月，国家教委公布考试题型和考试大纲。1987 年 9 月，全国各地首次举行高校英语四级考试。1989 年 1 月，全国高校英语六级考试开始实施。高校英语四、六级考试不仅为检查和评定高校生的英语水平提供了统一尺度，也为社会判断高校生的英语水平提供了重要参考标准。

1991 年 12 月，高校外语教育指导委员会建议并经国家教委有关部门同意，对当时理工科本科和文科本科使用的两份《大纲》中的四、六级词汇作了调整，制定出一份文理科统一使用的高校英语四、六级词汇表。1994 年 3 月，上海外语教育出版社出版了《高校英语四级考试大纲及样题增订本》《高校英语六级考试大纲及样题增订本》。

1996 年 5 月，高等学校高校外语教育指导委员会成立了《面向 21 世纪的高校英语课程教育内容和课程体系转型研究与实践》的项目组，其主要任务是在广泛调研的基础上对《大纲》进行修订。1996 年 12 月，在浙江高校召开了第二届高等学校高校外语教育指导委员会工作会议，拟订了今后四年的工作目标。高校英语组的工作重点是完成高校英语面向 21 世纪教育内容和课程体系转型的立项研究、完成高校英语教育大纲的修订、进行“四年不断线”专业阅读阶段教育转型、开展计算机多媒体课件研究、完成高校英语试题库建设及转型高校英语教育模式等。1997 年 5 月，高校外语教育指导委员会英语组在上海交通大学召开了全国高校英语多媒体课件研讨会，确定了高校英语多媒体课件开发的指导思想。1998 年 2 月，高等学校高校外语教育指导委员会还专门成立了《高校英语教育大纲（修订本）》词表工作组，负责词汇表的修订。1998 年，第十五届全国人民代表大会决定将国家教委更名为教育部。1998 年 2 月，高等学校高校外语教育指导委员会英语组在武汉召开会议，推出了《高校英语教育大纲（征求意见稿）》。1998 年 5 月，在杭州召开由高等学校高校外语教育指导委员会英语组主持的扩大会议，会议审定通过了《高校英语教育大纲（高等学校本科用）（修订本）》。至此，《高校英语教育大纲（修订本）》[以下简称《大纲》（修订本）]最终而成。1999 年 5 月，部分城市开始实行全国高校英语四、六级口语考试。

通过对这一时期我国高校英语教育发展历程的回顾可以看出，经过十多年的努力，高校英语教育在三个方面取得了突出成绩。一是教材建设方面成效显著。二是对教育大纲的修订。三是推行全国统一的高校英语考试。从 1999 年起，我国高校进入扩招时期，高等教育由精英教育转变为大众教育。在高等教育逐渐走向大众化的发展阶段，我国的高校英语教育面临许多机遇和挑战。

（六）高校英语教育转型发展阶段（2002 年至今）

随着全球化进程的加快，中国与世界各国的联系越来越密切。2001 年，我国成功取得了 2008 年奥运会主办权并且正式加入世界贸易组织。为了适应新形势的需要，教育部采取了一系列措施，以促进我国高校英语教育质量的提升。2001 年，第八轮新课程转型开始，教育部下发了《全日制义务教育、普通高级高校英语课程标准（实验稿）》。不久后，教育部开始酝酿高校英语教育转型的方针。2002 年，现代信息技术首次在高校英语网络课程中得以应用。2002 年，张尧学在《中国高等教育》杂志上撰文，分析了我国高校英语教育的现状，并提出多条切实可行的建议。

2002 年 12 月，教育部公布了《关于启动高校英语教育转型部分项目的通知》，决定启动高校英语教育转型项目。一是制定《高校英语课程教育要求（试行）》[以下简称《课程要求（试行）》]。二是建设高校英语网络与多媒体教育体系。2003 年 1 月，在南京举行了高校英语教育转型座谈会。2003 年 2 月，教育部成立了"高校英语课程教育要求"项目组。随后，项目组在复旦大学举行了《高校英语教育基本要求》预备会议。2003 年 4 月，教育部正式启动"高等学校教育质量和教育转型工程"，把高校英语教育转型放在四项"质量工程"中第二项的重要位置。2003 年 12 月，教育部下发了《关于开展高校英语教育转型试点工作的通知》，选择部分高校作为高校英语教育转型试点院校。

　　此通知一出，先后有 200 多所高校提出了申请。2004 年 1 月，"高校英语教育基本要求"项目组完成了课程要求试行制定工作，该课程要求的试行在推动全国高校英语教育转型方面起到了重要指导作用。2004 年 2 月，教育部从提出申请的 200 多所高校中，选定了 180 所院校作为高校英语教育转型试点单位。《课程要求》（试行）的颁发和转型试点院校的确定，标志着此次高校英语教育转型的全面启动。

　　《课程要求》（试行）颁布后，各出版社基于新精神对教材进行了重新编写。此外，伴随着现代信息技术的发展，我国高校英语教材表现出媒介多样化特征。同时，高校生英语学习方式也相继进行变革。根据《课程要求》（试行）的新理念，高校英语四、六级考试转型越来越受到人们的注重。全国高校英语四、六级考试转型项目组和全国高校英语四、六级考试委员会在广泛听取高校英语教师和学生的意见之后，反复论证，最终制定了《全国高校英语四、六级考试转型方案试行》。2005 年 3 月 7 日，教育部下发了《关于对 180 所高等学校高校英语教育转型试点工作进行验收的通知》。同年 6 月，四、六级考试报名和考试管理工作改由教育部考试中心负责。2006 年 3 月，高校外语教育指导委员会、高校英语教育转型联络办公室受教育部的委托，考察全国 50 多所高校英语教育转型情况，形成了《高校英语教育转型进展情况的调查报告》。2006 年 6 月，张尧学在《中国教育报》上撰文《吹响高校英语教育转型新的进军号》，分析了近年来高校英语教育转型的成效，认为自 2002 年启动高校英语教育转型以来，高校英语教育转型走过了三个阶段，即酝酿阶段、试点阶段和实施阶段。2006 年 8 月，教育部印发的《高校英语教育转型进展情况的调查报告》，总结了四年来高校英语教育转型取得的成绩和经验，并对今后如何进一步开展工作提出了建议。经过三年多的试行，教育部根据实际情况，于 2007 年 7 月完成了对《课程要求》（试行）的修订和完善，印发了《关于印发高校英语课程教育要求的通知》（以下简称《课程要求》），修订后的《课程要求》成为指导当前和今后一段时期内我国高校英语教育的一份重要文件。2007 年 8 月，教育部高等学校高校外语教育指导委员会英语组在北京召开了 2007 年度工作会议，重点研讨了如何贯彻实施《课程要求》。2008

年 1 月，教育部公布了第一、二批高校英语教育转型拓展项目验收合格名单。2008 年 2 月，教育部高等学校高校外语教育指导委员会英语组在苏州大学召开了年度工作会议，主要内容有《课程要求》的实施情况、高校英语教育转型示范点项目中期检查情况、英语组 2008 年度工作计划等。2008 年 7 月，教育部在北京交通大学组织召开了"教育部高校英语教育转型示范点项目学校工作会议"，为进一步推动我国高校英语教育指明了方向。

2010 年以后，中国在国际事务中扮演着越来越重要的角色，国家对人才的需求也在不断提升。要建设一个信息化的科技强国，需要高校培养集创新型、技术型于一体的国际化人才，因此大学英语教学面临着新的压力和挑战。在国家政策要求和时代背景的召唤下，2017 年 2 月，教育部高教司颁布了《大学英语课程指南》（以下简称《指南》）。《指南》第一次将专门用途英语和跨文化交际课程列为大学英语课程，旨在提升学生的职业素养和跨文化交际能力。经过 21 世纪第一个十年的实践，重视听说教学的理念已根植于广大师生心中，变成了一种自觉的教学行为，教学目标因此由《要求》中强调的"听说能力"的培养转变为"应用能力"的培养。目前大学英语教学在教学模式、教学手段方面既传承了《要求》的思想，又对其进行了创新，如课堂模式由网络＋课堂的模式发展成为基于课堂和在线课程的翻转课堂等混合式教学模式，教学手段也发展成为移动英语学习平台的构建，更强调英语学习的自主性、移动性、随时性等特点。课程设置、教学评估也更为具体、明确。《指南》的颁布标志着大学英语教学进入了一个崭新的发展时期，有了质的飞跃。

第四节　高校英语教育的基本原则

目前，高校英语教育不尽如人意的原因是多方面的，较高的"出口"要求与应试教育影响下的低"人口"之间矛盾凸显，而社会发展快速化，各方面准备不足是矛盾的根源。要解决这些问题，先进教育理念的确立、教育原则和策略的探讨、新的教育模式的构建、考试内容和形式等都是需要认真思考的问题。《高校英语课程教育要求》（以下简称《课程要求》）的颁布，为实施高校英语教育指明了方向，即培养学生的英语综合应用能力，特别是听、说能力。从目前高校英语四、六级考试内容转型来看，《课程要求》也起到了对高校英语教育的正面导向作用。但我国幅员辽阔，各地区以及各高校情况差异较大，在高等教育大众化的新形势下，以什么教育原则为指导进行高校英语教育，《课程要求》并未做出明确规定。基于此，根据时代发展的要求、语言和学习的相关理论以及高校生的身心特点，结合高校实际情况，探讨高校英语教育原则非常有必要。

一、教师与高校英语教育的关系

我国自改革开放以来，高校英语教育经历了恢复、发展和提升三个阶段。20 世纪 70 年代末至 80 年代中期，由于我国大规模开展外语教育，语言技能较全面的高校英语教师奇缺，导致不少非英语专业毕业生走上高校英语的讲台。因此，这一阶段英语教育大纲没有对高校英语教育提出过高的目标，大部分高校毕业生除英语听、说与写作能力较差以外，阅读也仅限于读懂一般文献。

20 世纪 80 年代中后期到 90 年代中期，经过正规语言技能训练的大多英语专业毕业生加入到高校英语教师的队伍，高校英语教育迅速发展，同时社会也对高校毕业生提出了更高的要求。但是，多数高校的英语教育仍然以阅读为主，忽略了听、说、读、写、译等综合运用能力的培养。全国高校英语四、六级考试也对高校英语教育产生了巨大的影响，导致应试教育现象明显。多数学生擅长应付各类书面考试，甚至得分很高，却缺乏有效运用英语的能力，使高校英语教育与学习虽费时耗力却不能满足社会发展的需要。

（一）高校英语教育理念

高校英语教育领域存在多种教育观念。比较流行的是交际教育原则，包括"听说领先，读写跟上""精讲多练""以学生为中心"等。近年来，我国高校英语教育界的一些专家和学者开始推广"以学生为中心，以教师为主导"的教育模式。但许多高校英语教育受到一些因素的制约，仍然沿袭传统的"以精读课教育为主、泛读听力为辅"的教育模式。听说领先，读写跟上，精讲多练，以学生的语言运用为主，以教师的语言输入为辅，这些理念能够体现语言学习规律，符合交际教育法的要求，是高校英语教育过程中首选的基本原则。听、说领先并非否定读、写的重要性，也不会像有些人担心得那样，强调听、说就会导致"文盲英语"。

从我国的英语教育条件来看，学生做到课后自主阅读远远比口语练习更容易。目前，高校英语多媒体教育软件的开发可以帮助学生把听、说训练拓展到课外，但课堂上的听、说练习仍然具有重要作用。

多年来，突出阅读教育，忽视听、说等技能的高校英语教育理念带来不少严重的问题，如教育效率偏低、学生学习兴趣不高等。英语教育应遵循语言教育的规律，以培养学生的语言技能和综合运用能力为目标。

（二）高校英语教育目标

教育目标与该阶段的社会、政治、经济的发展是分不开的，高校英语教育也与我国社会、政治和经济的发展息息相关。我国经济的飞速发展对高校毕业生的英语能力提出了新的要求。培养国际化的人才，不是传统外语教育的延续与扩大，而是要转变培养目标、教育机制与教育环节等各个方面。

我国现行的《高校英语教学大纲》以培养学生的读、写能力为主，容易导致语言能力发展不平衡，这种目标定位是与社会发展需求不相适应的。在确定高校英语教育目标时，应该时刻牢记一点，即英语作为语言，学习它是为了充分发挥其实际工具作用，以达到熟练使用英语进行交流的目的。多数研究高校英语教育的专家以及教师认为，高校英语的培养目标应该是培养学生的听、说、读、写、译等各个方面的综合能力，使学生的各项语言技能得到比较均衡的发展。

（三）高校英语教育模式

教育模式不仅是一种教育理论、教育思想和某种具体的教育方法，而是为实现一定的教育目标，使教育系统中各相关变量在互动中实现的一种组合关系，是一个多维度、多层次的概念。

　　我国高校英语教育模式在不同高校的表现形态不完全相同，而且在具体操作中，不同教师在教育方式、教育程序上也存在个体差异。随着对英语教育研究的深入及教育理念与教育目标的变化，高校英语教育模式也经历了一个变迁的过程。

　　我国传统的高校英语教育模式多遵循"复习旧课—导入新课—讲解新课—巩固新课—布置作业"的程序，基本从教师的角度考虑，体现教育过程及教师上课的规律，忽略学生学习主动性的发挥。特别是在高校英语四、六级备考期间，教育活动主要是以填鸭式的语言点讲解为主，课堂教育中的交际活动极少，课堂内容的组织毫无趣味性，不能充分调动学生的情感因素。高校英语传统教育模式束缚了学生潜能的发挥，主要原因在于，教育环境和学习环境单调呆板，教育过程程式化，填鸭式教育严重。以教师为中心，教师讲解多于学生语言运用，学生参与交际的机会较少。学习内容与成绩测评和四、六级考试挂钩，侧重阅读，忽视口语。将语言拆分成零散的语法、词汇、惯用语等语言点，进行分析、对比。忽视课外学习内容和活动的安排，教师与学生的交流少等等。

　　另外，虽然多数采用传统高校英语教育模式的高校单设听力课，但是学生的听力水平并不高，主要原因在于，除了上课时间之外，学生应用英语的机会很少。听力训练策略欠佳，如过于注意听不明白的单词，而忽略了更为重要的整体意思的理解。缺乏完整系统的听力训练。缺乏对听力材料背景知识的了解，即缺乏英美文化背景知识。某些高校还存在听音设备和听力训练环境不尽如人意等情况。

　　传统模式下的英语教育不注重培养学生运用英语进行交互式活动的能力，忽视了语境、环境对听力理解的作用，忽略了听力训练策略的培养，把听力当成孤立的、分离式的技能，用近乎乏味的方式进行有限的训练，因此，很难达到理想的效果。单设的听力训练效果尚且如此，在口语表达能力训练方面，传统高校英语教育模式的作用就更加有限。原因显而易见，在以教师为主讲的课堂上，学生极少有口语训练的机会。

　　传统高校英语教育模式中存在的问题也同样可以在学生的认识中反映

出来。学生调查结果也存在相似的结论。大部分学生认为任课教师很负责任，但是课堂教育效果一般。听、说技能是英语学习中最困难的部分，并认为四级考试中最大的难关是听力理解。另外一项调查显示，许多学生不知道如何学习英语，包括如何记单词、如何提高阅读能力、如何提高听力口语水平、如何提高写作能力等。

传统教育模式一直遵循以教师为主的原则，衡量教育效果的主要标准是教师备课是否认真、讲课内容是否丰富、讲课是否有条理。在讲课的过程中，有的教师担心学生听不懂，就采取反复举例说明的方式，讲解词语、分析语法点。有的教师逐词逐句地翻译课文，无法给学生提供充分思考和吸收的余地。学生在课堂上忙于记笔记，机械地跟随教师的思路走，很少有参与语言实践的机会，即使有回答问题的机会也往往只需简单的"yes"或"no"，因此，有些学生容易走神，心不在焉，课堂气氛十分单调、枯燥。

当前的高校英语教育中还存在重应试、轻素质，重形式、轻文化导入和文化意识的培养等问题。

（四）高校英语教育策略与方法

近20年来，我国高校英语教育研究取得了长足的进步，但是，许多高校英语教师由于受到教育背景、考核制度、传统教育方法以及教育理念的影响，依然沿用语法翻译法等传统的教育方法。

从理论上讲，根据不同的教育对象、教育内容和教育班级的大小，综合使用不同的教育方法应该是最好的选择，也有望达到最理想的教育效果。有效综合各教育法之长，为不同的教育目的服务是合理运用英语教育方法的最高境界，这需要教师有丰富的经验和深厚的理论指导。然而，在各种教育方法具体的实施过程中，一些教师很容易将某一种方法（例如语法、翻译法、视听法等）作为主要的教育方法而忽略了其他教育方法的使用，使另外的本可以产生更好效果的教育方法沦为辅助性的点缀。一项调查表明，绝大多数学生感觉教师在高校英语课堂教育中采用的是语法翻译法，其次是听说法。

教师受教育的背景也可能对他们选择教育法有一定的影响。调查表明，接受过研究生教育的高校英语教师使用交际法、综合法等教学法的比例较大。这些教学法的实施更加有利于培养高校学生的听、说、读、写等英语技能，使他们的英语综合运用能力得到显著的提高。目前的课堂教育中，许多高校英语教师依然注重词、句的讲解和翻译。因此，所谓的交际法教育、综合法教育只是部分高校英语教师认为的较好的教育理念，而不一定是他们真正实施的教育策略与方法。具体来说，教育策略是关于操作课堂内外活动的问题。例如，如何安排学生的预习活动、课堂上适用的活动、讲解课文的方法、翻译练习的使用等。

高校英语教师在安排学生的预习活动时方法各异，大体包括以下几种：规定学生独立预习指定的课文，要求学生准备回答问题；规定学生独立预习指定的课文，同时背记单词并标记疑难句型和段落；要求学生集体预习指定的课文，并准备课堂上的角色表演；笼统地要求学生预习指定的课文。在高校英语教育中采用以上方法的教师比例是依次减少的，还有极少部分教师不要求学生预习课文。调查结果显示，教师在课堂上安排时间最多的是讲解课文和单词，把课堂大部分时间安排与学生进行讨论或口语操练的教师占少数。

教师在课堂上提问学生时，挑选学生的方式也多种多样。采用最多的方式是随机挑选，其次是为了使多数同学有发言的机会，按照名单依次发言。大部分教师在提问时未考虑到问题难度与学生语言掌握水平的关系，挑选学生的随意性较大，结果问题不能顺利得到反馈，课堂时间也被浪费掉了，以至于最后为了完成既定计划不得不压缩一些本来需要详细讲解的内容。

学生回答错误时，教师的处理方式也很重要，因为纠错的方式不仅是一种教育技巧，还能反映出教师对高校英语教育理论以及教育心理学的领悟水平。教师对错误的处理方式通常有以下几种：无论错误是否严重，一概不予理会；无论错误是否严重，都一一进行纠正；根据错误的严重程度，确定处理方式，如果影响交际则直接指出错误并进行纠正，如果不影响交际则暂不更正。显而易见，前两种处理错误的方式是不恰当的，教师应根据英语教育与学习的基本规律有意识地采用第三种方式。

另外一个教育策略的相关因素是课堂讲解中运用英语的程度。由于多种因素的影响，不同高校英语教师在这一方面表现出很大的不同，大致可以分为四个等级：课堂上，全程使用英语，除非有翻译练习；课堂上，大部分时间使用英语，学生听不懂时用汉语；讲课过程中，英语和汉语混合使用；基本上使用汉语讲课，英语用得很少。为了达到比较理想的教育与学习效果，高校英语教师应该努力做到在课堂授课过程中全程使用英语组织教育活动，给学生提供一个语言环境，对学生的口语训练、听力理解能力的提高等都会产生积极的作用。这就要求高校英语教师具备扎实的语言基本功，有熟练驾驭英语的能力，有使用英语表达的自信，并且有培养学生听、说能力的责任心。

二、高校英语教育原则

根据以上语言、学习理论及高校学生身心特点，结合我们的实践、总结和研究，笔者认为，高校英语教育应遵循"信息、意义、思维"三大原则。

（一）信息原则（information principle）

信息存在于社会生活的方方面面。1948 年，克劳德·艾尔伍德·香农（Claude Elwood Shannon）首次提出了信息论观点。按他的定义，信息就是能够减少和清除不确定性的东西。[①]在信息论中，信息被视为客观世界的第三要素，与第一大要素（物质）和第二大要素（能量）相并列。宇宙间到处都有物质，因此，到处都有信息。这就是信息论对哲学认识论的发展。语言作为信息的载体，记录世界万物的手段、传播信息的主要工具，是人类所特有的。人们学习语言的目的就是要传承文明、传递信息。众所周知，儿童学习母语早期就能从会说的一个词、一句话中达到传递信息的目的。高校英语就不能从此获得启示，并开展信息教育吗？当然可以。从何着手呢？学习掌握一门外语，必须深入理解这种语言的文化。可以说，文化因素是学习者的原动力。胡文仲教授认为，"语言是文化的一种表现形

---

① John Horgan, 机器之心 . 信息论之父香农 [J]. 科技中国 ,2016（7）：72-77.

式，不了解英美文化，要学好英语是不可能的。反过来说，越深刻细致地了解所学语言国家的历史、文化、传统、风俗习惯、生活方式以至生活细节，就越能正确理解和准确使用这一个语言"。有的语言学家认为，用外语交流最不能容忍的错误是其文化错误，这比知识错误更糟。看来，作为高层次的高校英语教育，应从文化着手，进行多方位的信息式教育。比如词汇的文化信息，汉语中"爱屋及乌"的英语表达是"Love me，love my dog"。如果不懂西方文化，学习者就想不通，怎么把"人"与"狗"联系在一起。实际上，在西方文化中，狗的地位很高。"一位很幸运的人"的英语表达是"a lucky dog"。再如，颜色词的使用，"blue pictures"（黄色电影）、"the blue eye boy"（红人）、"to be green eyed"（眼红，妒忌）、"greenhand"（生手，没有经验的人）、"green mare"（母老虎）等。

可见，英语文化因素与汉语文化因素在许多方面存在着差异。因此，不学其文化，难懂其语言，更谈不上交际。从句子层面来看，相同的信息在英语句子中可以有不同的组织方式，如：

A: The cat ate the rat.

B: The rat was eaten by the cat.

从意义角度讲，这两个句子没有区别，传达的信息相同。但主述位理论认为，这两个句子传达的信息是有区别的，A 中的主位是"cat"，"cat"是文章关心的重点，是句子的出发点。而在 B 中主位是"the rat"。从句子层次进入篇章层次时，主位词显得更为重要。因为篇章必须根据已知、未知信息和所期望的主位突出去安排信息，放在前面的东西将影响对后面所有信息的解读。篇章的题目有时候会左右对整个篇章的理解，第一段第一个句子同样会限制对后面段落乃至整个篇章的解读方式。在篇章层次上，每一个句子都是一个发展中的、累加的组成部分，指示我们构建连贯的篇章模式。高校英语教育若能注意这些问题，不仅能增强学生快速获取信息的能力，而且能刺激高校生主动建构的积极性。

当今人类信息传播方式的变化，即从口语到文字、从文字到电子，再从电子到网络的变化，超越了时空，促进了信息的交流。它使人类知识经验的积累和文化传播的质量和效率都获得了空前的提升。因此，高校英语信息教育原则是时代的主流，知识传播仅是为信息传递提供基本手段，其目的是要让接受知识的人学会从口语交际、文字阅读、电子视听和网络浏览中，快速获取需要得到的信息，以备自己所用。

（二）意义原则（meaning principle）

任何事物都存在形式和内容两个方面，它们互为依存，语言也是如此。语言的形式（声音和书写）与其反映的意义是互为依存的关系。形式为语义的传播媒介，语义为形式的实质所在。但社会的发展、人类文明的演化，导致词汇的意义扩大。研究表明，词汇的意义生成过程既丰富又复杂，同一个词既可以派生出相关而又不尽相同的含义，又可以派生出截然相反和毫无关联的若干含义，因而具有非常宽泛的可解释性。在教育过程中，我们经常遇到这类词，比如"sound"，学生都很熟悉，作系动词表示"听起来"的意思，作名词表示"声音"，但很难想象它还有"完整的"意思。如何把握高校英语词汇的意义呢？路德维希·维特根斯坦（Ludwig Wittgenstein）提出了"意义即使用"论，也就是主张意义的确认与其具体使用过程和使用环境密切结合。如此看来，在篇章教育中，根据上下节联系、把握好语境是实施教育的关键。因为脱离语境的、孤立的语言形式，在一般情况下是不能表达完整意思的。因而词汇只有按照语言规律组合成词组和句子，置于特定情景之中，才富有生命力，所以意义教育原则自然成为高校英语的教育原则之一。

（三）思维原则（thinking principle）

思维是人脑对客观事物间接的、概括的反映，它包括分析、综合、比较、概括、归纳、演绎、推理等能力。语言是思维的直接现实。一个人的思维能力如何，可直接从其语言表达能力中反映出来。人类在相互交流思想活动时总是借助于语言，思维离不开语言。高校英语教育属于高层次高水平的教育活动，其真正的教育目的在于运用语言材料附载的信息及产生的意义促进学生的思维发展。因此，要求学生在学习语言基础的同时，学会使用前人使用过的语言和文字，在新情景下创造性地使用时代语言和言语。但传统教育过分重视词、句的讲解，其最大弊端在于不能促进学生的思维发展。由于受应试教育的影响，为了求得一解，往往孤立地讲授词、句的用法，浪费了大量、有限的宝贵时间。其结果便是教师教得辛苦，学生学得累。这种教育模式使学生的思维处于停滞状态，学生无法从学习中获得快感，自然就谈不上学习兴趣，更不用说学习的主动性和积极性了。转型后的高校英语四、六级考试取消了词汇和语法结构的专项考试，突出了应用项目的检测。因此，要应用语言，就得重视思维能力的培养，因为语言集中了祖辈的认识成果，人类才有可能借助语言进行思维活动，在祖辈积累知识经验的基础上，进行认识新事物和产生新想法的创造性思维活动，甚至可以认识人的感官不能直接感受到的事物。所以，高校英语教育中的思维原则不可少。

综上所述，以上提出和探讨的三大教育原则较好地体现了高校英语课程教育要求的精神，也满足了高校英语四、六级考试转型的需要，这是高层次、高水平的语言教育原则。这"三大"教育原则并非孤立存在，他们是互相联系、互相依存的。信息是物质世界三大要素之一，信息无处不在。语言是传递信息的主要手段，语言的形式与其所反映的意义互为依存。语言又是思维的工具。外语教育的过程基本上也是由输入外语信息——通过思维对输入信息进行处理——输出外语信息三个部分组成的，思维是这个过程的核心。按照这些教育原则培养的学生才能满足 21 世纪人才应具备的三种能力，即获取知识、独立思考和创新的能力。

第四章　转型背景下高校英语教育模式的发展方向

第一节　人才需求与高校英语教育转型

高校英语教育担负着培养国际化、跨文化语言沟通人才的重任。"掌握一门以上外语"是实现人才国际化的首要条件。面对经济全球化的发展态势，审视高校英语教育的发展历程，对课程、教育目标进行战略性转型，适应国家"走出去"的战略要求。结合高校的具体情况，参照国际教育标准，致力于以专业知识为背景的英语，建立动态、可持续的质量评价体系，促进高校的跨越式发展，实现我国高校英语人才的培养目标。

自20世纪80年代以来，世界经济趋向全球化。这种趋势，对于高校英语教育全球化，即利用全球最优的高校生源和教育资源，为全球人才市场培养英语人才的教育活动产生了极大的推动作用。我国是科教大国，"有全球最大、最好的高校生源，但由于教育国际化程度低，尽管高校教育规模很大，还远不能满足经济全球化和中国产业发展对人才的需要"。世界产业结构与产业布局的改变，使我国成为全球最大的人才需求市场。

随着中国经济的日益成熟，外企与国内企业的人才竞争不断加剧，跨国公司以各种方式从高校直接培养选拔人才，而"许多中国企业像20年前进入中国的外企一样，正考虑将自身打造成为跨国企业，人才是阻碍实现这一全球战略目标的巨大瓶颈"。这对我国的高校英语教育提出了前所未有的挑战，同时也带来了前所未有的机遇。

一、挑战和机遇

教育部"英语人才的培养计划"是贯彻落实中共中央、国务院 2010 年制定的《国家中长期教育转型和发展规划纲要（2010—2020 年）》的重大转型项目。教育部"英语人才的培养计划"用 10 年时间，培养大批具有国际视野、通晓国际规则、适应国家经济社会对外开放要求、参与国际事务和国际竞争的国际化人才。国际化人才一要有国际视野和世界意识，理解国家间的文化差异；二要掌握一门以上外语，能用某种工具和途径进行跨国交流与服务；三要在某一专业领域具有一定专门知识和能力，并通晓国际行业规则。其中，"掌握一门以上外语"是实现人才国际化的首要条件。不同地域、不同民族产生了不同的语言，形成了不同的思维方式，呈现出不同的意识、文化与科技发展水平的差异。一个改革开放的社会，在国际化进程中为使自己立于不败之地，首先要融入这个多元世界。在不断获取信息、交流信息的过程中使自己的思维更敏捷、更活跃、更智慧。其中，语言起到了"领跑者"的作用。英语作为国际通用语言，理所当然地成为实施国际化语言教育的首选语种。结合专业，采用学与用相融合的方式，培养学习者跨文化的语言沟通能力是实现经济全球化的关键。蔡基刚在对上海地区企业进行的一次需要调查中发现，在回答"高校不仅要培养一般听说读写能力，还要培养与专业岗位有关的外语工作能力"时，91% 企业选择了"完全同意"和"基本同意"。面对经济全球化的发展态势，审视高校英语教育的发展历程，以转型者的勇气和胆识直面严峻挑战，对高校英语课程、教育目标进行战略性转型，将有力地促进国际化人才培养和高校的跨越式发展。

二、过时的高校英语教育的价值取向

（一）英语课程要求与教学大纲

我国高校英语教育目标一直定位在基础英语上。1985 年，我国原国家教委现教育部制订的第一份《大校英语教学大纲》规定，"高校英语基础阶段的教育必须把重点放在语言基础上"。当时高校生的英语水平普遍较低,对学生英语阅读能力要求为每分钟 17 个单词。因此,确定高校英语为基础的语言教育是正确的。1999 年《修订大纲》再次指出高校英语教育目标是"帮助学生打下扎实的语言基础"。1985—1999 年,高校英语教育走过了快速发展的 14 年,"1999 年的《大纲》要求学生的阅读能力达到每分钟 70 个单词,快速阅读为每分钟 100 个单词,逼近英语专业的要求",从而模糊了非英语专业与英语专业的教育目标。2007 年教育部印发《高校英语课程教育要求》提出,"既要帮助学生打下扎实的语言基础,又要培养他们较强的实际应用能力,尤其是听、说能力"。对照《高校英语课程标准》,发现两者之间有很多相近甚至相同之处。

《高效英语课程标准》明确规定了高校英语教育的目标是"培养学生的综合语言运用能力,特别是用英语获取信息、处理信息和传达信息的能力"。"参加四、六级的高校毕业生要达到八级水平,大约为 3300 个词汇量,优秀高校毕业生要达到九级水平,词汇量为 4500。直逼高校英语四级水平"。《高校英语课程教育要求》也提到"高校英语的教育目标是培养学生英语综合应用能力,特别是听、说能力"。"毕业生要达到一般要求水平,词汇量为 4500"。

(二) 知识本位

高校英语教育在往何处变革的反思中探索未来的发展方向。自 1986 年以来,先后制定的《高校英语教学大纲》《修订大纲》《高校英语课程教学要求》等,在制度上规范了高校的英语教育,在课程上过分强调了知识本位的价值取向,盲目扩大了教育与社会联系的间接性特点,使高校英语教育以唯我独尊的态度走向封闭,在一个封闭的教育系统中被动地认同、接受了知识本位的价值观,并据此制定教育目标与学业评价标准。

知识本位片面强调课程的内在逻辑与课程本身的学术价值。反思高校英语的教育历程,因囿于为知识而传授知识的课程教育,忽视了自改革开放以来中国社会和学习者需求的深刻变化,忽视了国际人才市场的中国份额,忽视了为国际人才市场培养优秀国际专业人才的教育责任,毕业生缺乏能在全世界任何地方选择就业岗位，积极促进经济全球化进程的勇气和信心。知识本位的课程价值观认为知识是人的理性源，为善之本，多多益善。因此，必须根据知识自身的逻辑来组织课程和教育活动。这一理论很容易被非功利追求的教育工作者认同。他们相信"知识就是力量"，并由此产生重大影响。这种理念的重大失误在于，它无法回答在无以数计的知识中"什么知识最有价值"这样一个对每一位教师来说都必须面对的重大问题。其实，知识并不一定等于力量，知识本身并不能证明自身的价值，知识的价值只能从它对人和社会发展的促进作用中得到求证。知识对人的理性与真、善、美的促进，对社会发展的促进，是知识价值判断的依据，高校英语的价值判断亦然。知识本位教育模式的最大特点是其封闭性及由此产生的培养高校专业英语人才的低效性，直接或间接地泯灭了教师和学生的创造性与全球化意识。

中国的改革开放，经济迅速发展，对非专业外语人才的需要与外语教育现状的强力冲击，成为高校英语教育转型的巨大推动力量。把非外语类学生培养成为国际化人才的关键是拓宽高校英语的教育范围，即走出封闭的高校英语教育模式，在更广阔的教育环境中探寻为培养国际化专业人才服务的、学以致用的高校英语课程、教育理论与教育方法。

三、"教育质量过剩"和"学习过剩"

事实上，当今高校英语教育的问题在于：一方面，我们的教育无力解决高校英语内容重复造成的教育质量过剩问题；另一方面，为落实《高校英语课程教学要求》"打下扎实的语言基础"，不得不把一大堆用不上的知识强加给学生，造成严重的学习过剩。由于这两个过剩的存在，高校英语教育处于两难，导致高校英语教育无视个人、社会和职业目标，偏重于以语言为背景的语言教育，目标指向取得良好的考试成绩，与真实社会需求相去甚远，与应用所学英语知识解决专业问题相去甚远，由此引发了英语教与学的急情绪，使高校英语教育举步维艰。这样一个极富挑战性的论题催生了高校英语课程与教育转型的思考。高校英语教育向何处去？我们还要在为实现英语教育全球化战略目标这一巨大"瓶颈"面前徘徊多久？

任何一个既成的教育事实，都不可避免地与价值追求相关联。

　　无论是为社会还是为学生，教育都是以未来作为时间维度，以发展作为价值目标。没有价值目标追求的教育是不存在的。课程质量标准是人们在特定社会条件下对课程价值的认同程度。时代变了，社会和个人的判断标准与价值追求也在变，课程质量标准也应随着社会的变化及时作出反应。针对高校英语教育现状，首先，从课程价值角度出发，努力促进社会本位与个体本位价值取向的高度整合，创造一个多元价值取向的生动局面。其次，在课程内容（教材）方面，鼓励使用英语原版教材，加强英语课程与专业课程的深度整合，关注学生的专业未来，激发学生想象的自由、突破的胆量及异想天开的活泼精神，关注国家发展对人才的需求。最后，从教人员应努力学习相关的专业知识，以英语或双语形式教授，克服英语与专业教育分立，改变与国际化人才培养目标相悖的教育理念，克服由单纯语言教育向多语言教育发展的问题，使高校英语教育融入专业人才培养目标，致力以专业知识为背景实施语言教育，拓宽外语与专业的学习域，创造多元的语言（外语）与专业和谐发展的生动局面，促进全球化英语人才教育的发展。

　　高校有必要参照国际化标准调整培养目标，即培养具有宽广的国际化视野。掌握本专业的国际化知识，熟悉掌握国际惯例，具备较强的跨文化外语沟通能力、独立的国际活动组织能力以及较强的运用和处理外语信息的能力。同时，必须培养具备较强的政治思想素质和健康素质的国际化英语人才，这一人才培养目标亦即英语教育转型的目标指向。课程是学校教育的构成要素，"课程是实施教育的手段和途径，课程的价值选择以教育价值为基础，同时又为判断课程质量提供了依据"。课程质量标准的时代性特点表征了社会需求与学生个性需求随时代变化的动态进程。反思高校英语课程的历时性进程，如前述从 1986 — 2004 年间，先后制定的《高校英语教学大纲》《修订大纲》和《高校英语课程教学要求》，虽在形式上做了许多调整，但在本质上则在继续强化在统一制式下的知识本位的价值追求，片面强调"打基础多多益善，基础扎实终身受益"，于是便衍生出不同版本且又千篇一律的高校英语教材，从根本上剥夺了学科教育创新的可能，导致在教育方法上沿袭了昨天的经验教今天的学生，形成了忽视学生未来的孤芳自赏式的传统教学方法，无视课程价值多元整合的国际化教育发展趋势，导致课程陷于困境。

改革开放以来，中国社会发生了深刻变化，中国在促进世界经济全球化的过程中发挥了举足轻重的作用。中国有责任、有义务为世界人才市场培养优秀国际专业人才，使毕业生能在全世界任何地方选择就业岗位，积极推动世界经济全球化的发展进程。高校英语教育"必须把教育的对象变成自己教育自己的主体。受教育的人必须成为自己教育自己的人，别人的教育必须成为这个人自己的教育"。高校英语教育应有助于使自己的民族、国家立于不败之地，成为学生走向世界，成为参与社会事务的桥梁。它的教育目标应定格于国际化专业人才的培养，对高校英语教育更是如此。

第二节 基于互联网技术的高校英语教育模式创新

在高校英语教育方面，现代教育技术与英语教育结合产生的慕课、微课、翻转课堂的应用研究已经成为教育改革的热点。这既是对传统的教育方法、教育手段、学习观念、学习方式的巨大挑战，也是数字信息时代高校英语教育改革的重要机遇。在新时期高校英语学分压缩、课时减少的发展趋势下，高校英语改革应该突出计算机网络在外语课程中的"支撑"地位，探索先进网络技术尤其是移动互联网与高校英语课程教育的有机结合，构建多元的高校英语教育网络生态环境，既有利于激发学生的学习兴趣，也有助于提高高校英语教育效果和教育质量。

一、"互联网＋"时代对高校英语教育的挑战与冲击

"互联网＋"时代强调互联网的普遍性、移动性。信息技术的发展使人们可以利用智能终端（智能手机、平板电脑等）随时随地访问互联网，它在改变人们获取知识、获取信息的方式和手段的同时，也改变了英语学习者的学习观念和学习方式。移动互联网技术的迅猛发展，对于传统依靠"黑

板、粉笔、幻灯片、投影仪的英语教育手段和方式带来了强大挑战",打破了学生学习的时空限制,也要求教师重新思考和定位自己在英语课堂教育中的角色。

(一)挑战传统的教育方法与教育手段

传统的高校英语教育是围绕教材循序渐进地讲授语言知识,开展以教师为主体的"填鸭式"教育。随着互联网的发展和慕课、微课的兴起,教育内容不断拓展和丰富,学生随时随地可以通过互联网获取地道的语言材料和语言专家的权威讲解,语言输入打破了课本的限制,语言学习突破了时间和地域的分隔。在传统教育方法中,教师是教育活动的主体,学生是知识的被动接受者,信息技术的发展使教育方法的改变成为可能。教师充分利用现代信息技术采用任务式、合作式、项目式、探究式等教育方法,实现了"教"与"学"的转变,形成了以教师引导和启发、学生积极主动参与为主要特征的教育常态。以黑板、粉笔为主要教育手段的时代已经结束,取而代之的是依托移动互联网和智能设备的现代化、多样化和便捷化的教育手段。现代教育手段不仅适应"互联网+"时代大学生的学习特点和学习方式,还能提高高校英语教育的效率和质量。

(二)挑战传统的学习观念与学习方式

自主学习、主动学习、合作学习、个性化学习是"互联网+"时代高校英语学生学习的主要方式。互联网的普及增强了知识的开放性,课堂和教师不再是学生获取知识的唯一途径,学生能够通过互联网更加方便快捷地获取多样化的学习资源。课堂不再是知识传递的场所,而是教师引导学生掌握学习策略、答疑解惑的地方。课堂教育与现代技术的结合拓宽了学生自主学习的路径,丰富了学习资源,促进学生由"被动学习"向"主动学习"的转变。学生在资源选择方面具有更大的自主性,针对一项语言技能,他们可以选择本校教师的微课讲解,也可以在慕课平台选择名校名师的授课。学习时间、学习地点、学习进度更具灵活性,只要具备智能设备和无线网络,学生可以随时随地学习,同时可以多次学习,打破了传统课堂教师只讲一遍的弊端。

现代信息技术在英语课堂的应用也增强了学生学习的交互性。网上交互学习平台使师生互动、人机互动、生生互动成为可能。学习平台能全程记录和监测学生的学习过程，教师也可以随时查看学生的学习记录并及时提供反馈信息。师生之间、学生之间可以随时随地参与讨论交流，突出了英语学习的易操作性、可移动性、可监控性等特点。泛在性、自主性、随时性是"互联网+"时代的高校英语学习方式的主要特征，颠覆了传统"机械"和"被动"的学习方式。

（三）挑战传统的教师角色与教育技能

"教师教、学生学"的教育形式将教师的角色固定为知识的传递者和讲授者。但是随着"互联网+"时代的到来及慕课（MOOC，Massive Open Online Courses）、微课（Microlecture）、翻转课堂（Flipped Classroom 或 Inverted Classroom）、移动学习平台的兴起，教师角色更多的是充当学生学习的引导者、帮助者、促进者。教师的主体地位被颠覆，但是，他们仍然是学生进行学习的主要推动者。当学生需要指导的时候，教师便会向他们提供必要的支持。自此，教师成了学生便捷地获取资源、利用资源、处理信息应用知识到真实情景中的脚手架。教师在英语教育中不仅要"授业解惑"，还要与时俱进地不断提升个人的信息技术能力。

传统教育中，教师只要有较好的专业素养，懂得基本的课件制作和计算机操作能力就可以完成授课。但是，在新形势下，教师不仅需要具备很高的资源提炼能力、课堂组织能力，还需要较好的信息技术应用能力。互联网提供海量的、纷繁复杂的学习资源，学生面对这些资源不知如何选择。教师要帮助学生甄别合适的资源，在课前提供给学生，如相关知识讲解的微课视频、教育课件、网络资源等。在课堂上，教师要激发学生的学习兴趣和热情，熟练掌握课堂活动组织策略，如开展项目式学习、合作式学习、游戏化学习等多种学习活动。教师还需要跟上新技术发展，具备使用信息技术的意识、知识和能力，需要具备制作微课视频、监测学习平台、线上线下与学生互动等信息技术。同时，还要处理好传统教育与现代教育手段之间的关系，延续对学生思想、情感、人格等方面的影响作用。

二、构建基于互联网技术的多元教育模式

作为新兴的教育模式——翻转课堂被称为互联网时代的教育革命，颠倒了传统学习过程中的知识传授和知识内化两个阶段，要求"课前学生通过观看教育视频完成知识的传授，课堂上学生通过各种教育形式完成知识的内化"。国内的众多学者也对翻转课堂在高校英语教育中的应用展开了有益探索，他们的研究结果显示，翻转课堂教育受到大部分学习者的认同，并且满足了英语学习的个性化需求，有利于提升学习者的信息素养、自主学习能力和英语综合应用能力。因此，构建并实施基于互联网技术的慕课、微课、翻转课堂、混合教育模式实现了优质教育资源与新兴教育模式的有机结合，是高校英语教育改革的方向与未来发展趋势。

（一）慕课概述

1. 慕课

慕课（MOOC，Massive Open Online Courses）是"大规模在线开放课程"的英文缩写（也译为慕课），其中，"M"为 Massive（译为"大规模"），指的是课程注册人数众多。第二个字母"O"为 Open（译为"开放"），指凡是有学习动机的人，都可以参与学习。第三个字母"O"为 Online（译为"在线"），指的是学习时间、地点不受限制、全天开放的特征；"C"则代表 Course（译为"课程"），这一课程与传统的通过电视广播、互联网、辅导专线、函授等形式进行授课的远程教育不同，也不等同于近年来流行的教育视频网络共享公开课。名校视频公开课只提供课程资源，而慕课可实现教育课程的全程参与。在慕课平台上学员可以完成上课分享观点、互助解决学习中的疑难问题、做作业、参加考试、获得分数、拿到证书的全过程。从这个意义上来说，慕课比一般意义上的国家精品课程、视频公开课程、资源共享课程在教育功能上要强大很多。

慕课是一种将分布于世界各地的授课者和成千上万个学习者通过教与学联系起来的大规模线上虚拟公开课程。这一大规模在线课程掀起的风暴始于2011年秋天，被誉为"印刷术发明以来教育领域最大的革新"。在被《纽

约时报》称为"慕课元年"的 2012 年，斯坦福大学教授塞巴斯蒂安·特龙（Sebastian Thrun）辞去教育职务创建了 Udacity，即 University+audacity，搭建了第一个慕课网络平台。紧接着，他的同事吴恩达（Andrew Ng）和达芙妮·柯勒（Daphne Koller）决定开设一家以营利为目的的公司——Coursera。随后，麻省理工学院和哈佛大学联合出资创建了 edX MOOC 网络平台。Udacity、Coursera、edX 是当今世界上最著名的三大慕课平台。2013 年，世界主要发达国家纷纷推出了自己的慕课平台，如英国的"未来学习"、法国的"数字大学"、德国的"我的大学"、欧盟的"开发教育"、日本的 J 慕课和澳大利亚的 Open2Study 等。在我国，清华大学推出了"学堂在线"，上海交大推出了"好大学在线"，领先进行慕课尝试，为学生提供最优质的教育资源。部分中学已开始通过制作微课程，帮助学生从辅导班、教辅书中解脱出来。只用了一年多时间，美国的 Coursera 已有普林斯顿、斯坦福大学等 100 余所世界一流大学为其提供了 500 多门优质慕课，并吸引了来自全球各国的 550 多万名学生参与其中进行学习。慕课正如一股洪流以不可逆转之势向教育的各个层面渗透，使学生瞬间拥有前所未有的选课自由性，足不出户就可以享受到海内外最优质的教育资源。

2. 慕课的基本特征

网络课程是一个大的概念，慕课和视频公开课都包含其中。网络课程由网络课程资源和网络课程活动两部分组成。传统的网络课程大多放在某个校园网或局域网上，是为学校或特定机构的教育服务的，需要专门注册登录才能进入。一般学校内的网络课程大都是辅助课堂教育的，有时候也以远程教育课程的形式独立存在。

慕课包含资源和活动两部分，因而也属于网络课程的范畴。不过，它具备许多传统网络课程所没有的特征。

（1）开放性

慕课平台一般是基于互联网而不是某个局域网的，它不仅限于某个学校或机构的正式学习者使用，而是对全体大众开放。有的慕课无须缴费学习。当然，如果学习者想要进入课程的核心领域或获得学分和证书，一般需要缴费。开放性还体现在课程建设和活动组织方面，即人人都可以为慕课提供学习资源和话题，并且参与各种学习交流活动。

（2）时效性

慕课课程具有时效性，一般开课周期为 2 ~ 12 周。一门慕课结束后，未注册者不能访问该门课程。一般来说，慕课每周都有作业，学习者必须在规定时间内完成。按照要求完成学业者能够被授予课程完成证书或结业证书。

（3）交互性

慕课课程具有很强的交互性，尤其是视频与学习者的互动、学习者之间的互动频率比传统网络课程要高很多倍。这是因为一门慕课中的学习者数量可能达到成千上万，教师精力有限，不可能对所有学习者的作业进行评估。因此，学习者进行自评、互评就成为慕课评估的一种重要形式。

（4）规模大

传统网络课程的学习者人数非常有限，少则几十人，多则上百人，并且以正式学习者为主。慕课的学习者可能成千上万，既包括正式学习者，也包含各种临时学习者。

（5）灵活性

传统的网络课程一般由学校课程移植而来，强调学科和专业的系统性、逻辑性，其视频课件往往参照课堂教育形式录制，长度一般较长。慕课在内容和形式上具有更大的开放度。许多慕课的视频片段一般为 15 ~ 20 分钟，在视频播放过程中可能会插入问题供学习者回答，类似于闯关游戏，学习者可以尝试多次作答，直到回答正确，一般系统也会给出相应的解释。这个设计一是为了吸引学生的注意力，二是为了帮助学习者消化学习内容。慕课的内容不只局限于传统的学科和专业，而是更贴近学习者的生活和需求，更注重综合性、普适性、生成性，更重视学习过程中的互动。慕课视频一般短小精悍，体现出微课的特征，评价方式也更灵活多元。例如，同伴互评就是一种非常实用的慕课评价方式。

一般意义上的视频公开课通常是一种公开的网络视频资源，不包括学习活动，大多以独立形式存在，不提供学分和证书。而慕课除了提供教育视频之外，还规定开课和课程结束时间，提供丰富的学习资源、布置作业，组织在线交流和讨论，对学生的作业进行评价，组织考试，甚至颁发学习证书，授予学分。

3. 慕课为我国高校英语教育带来的机遇

慕课的最大优势是名校名师的优质课程全球共享，从而使学习者能够自定步调地学习课程内容。学有余力的在校学生亦可学习自己感兴趣的课程，完成作业，在全球网络社区讨论课程内容，交流自己的学习体验。在我国高校英语教育陷入极大发展困境的今天，慕课给高校英语教育带来了难得的机遇。

（1）依托国际慕课课程，激发学生学习高校英语的动机

如前文所述，调查发现，语言障碍是阻止 55% 的学生完成慕课学习的主要原因。教师可以抓住这个机遇，鼓励学生通过学习国际慕课来提高自己的英语水平。在需求导向语言学习中，教师可以激发学生学习高校英语的兴趣，鼓励学生将学习慕课过程中遇到的问题带到课堂，通过与老师、同学讨论，协商解决这些问题，提高学生的批判思维能力。

（2）借力国际慕课学习，提升学生的英语水平

通过国际慕课课程的学习，学习者不但可以进一步提升自己的语言水平，还可以提升自己的专业知识或人文素养。

高校在进行高校英语教育改革时，可以综合考虑本校学生的具体情况，把某些慕课课程直接引进来为我所用（如转变为本校学分课程）。学生在课下自主学习某一门慕课，教师课上答疑，通过"翻转课堂"的教育模式来组织教学和考核。通过这种灵活运用的方式，可以将优质的海外课程资源与本校的实际发展情况相结合，真正实现慕课的本土化。

4. 慕课课程在重构高校英语教育体系中的作用

慕课是教育信息化在 21 世纪的集中体现，它对高等教育的影响不可估量。高校英语在我国高等院校人才培养课程体系中扮演着重要角色。但是，近年来，传统的高校英语课程不断遭到研究者、专家和学生的质疑。首先，高校英语教育费时低效。正如果壳网的调查结果显示的那样，当前高校英语课程体系培养出来的学生并不具备相应的综合英语应用能力。其次，传

统的高校英语教育一直是以通识英语教育为主，注重培养学生的人文素养和跨文化交际能力，学生的英语学术素养没有得到体现，学生听英文报告、做英文演讲、撰写英文论文的能力几乎得不到锻炼，致使学生的慕课英文课程学习困难重重。因此，蔡基刚等人认为高校英语课程教育的内容重点应该转变到专门用途英语（ESP）和学术英语（EAP）上来。还有的教师提出"逐步实现国际慕课"校本化、高校英语"慕课化、高校英语"选修化、高校英语教师"专业化"的建议。

为贯彻落实全国教育大会精神，顺应新时代我国高等教育的发展要求，教育部高等学校大学外语教学指导委员会（2018–2022）根据《中国教育现代化 2035》和《关于加快建设高水平本科教育 全面提高人才培养能力的意见》等文件精神，对《大学英语教学指南（2015 版）》进行了修订，形成了《大学英语教学指南（2020 版）》。

可见，以"慕课、微课、翻转课堂、移动学习"为代表的现代教育技术不仅成为我国高校英语教育改革的技术推手，而且得到了专家和教育权威部门的认可，成为高校英语教育改革的利器。2014 年《大学英语教学指南》是网络多媒体和现代教育技术在英语教育中得以应用的进一步深化。纵观 2007 年《高校英语课程教学要求》，当时的提法是"基于计算机和课堂的高校英语教育模式"，而在 2014 年《大学英语教学指南》中的提法则是"基于课堂和在线网上课程的翻转课堂等混合式教育模式"，不但改革的措施和规定更加具体、深入，而且进一步表明了高校英语的教育改革一直秉承和现代教育技术相融合的趋势。并且，随着网络多媒体技术的飞速发展，这种融合的范围不断加大，程度不断加深。

我国传统的高校英语课程一般执行教育部 16 个学分的规定，主要有两种课程设置模式。其一，综合教程 2 课时／周，视听说 2 课时／周，一共开设 4 个学期。其二，综合英语 4 课时／周，一共开设 4 学期。自 2002 年开始，教育部指导各个高校进行高校英语教育改革，并组织了国内四家大型出版社开发新的高校英语教材和基于校园网的高校英语教育系统，其中包括上海英语教育出版社开发的"新理念高校英语（全新版）网络教育系统"、英语教育与研究出版社的"新视野高校英语教育系统"、高等教育出版社的"大学体验英语教育系统"和清华大学出版社的"新时代交互英语教育系统"。这四套教育系统在设计上都要求遵循现代英语的教育理念，充分运用先进的现代教育技术，为学生创设自主式学习环境，从而培养学生的英语综合应用能力，特别是听说应用能力。使用这些网络教育系统的学生可以通过计算机网络自主完成视听说教程的学习任务（各个出版社均配有高质量的视听说网络教程），然后在综合英语课程上去完成阅读、写作的学习任务，并接受教师的指导和评价。从此，第三种课程设置模式应运而生，即综合教程4课时（课堂面授）+视听说2课时（课后自主）。

经过十余年的发展，第三种课程设置模式逐渐成为大部分高校英语课程的主流模式。它缓解了我国部分高校英语教育课程任务繁重和课时相对紧张之间的矛盾。但是，第三种课程教育模式和前两种一样，还是无法满足当代大学生对英语语言学习的个性化需求。普通高等院校由于受办学条件限制，没有能力给那些有特殊需求的学生开设他们需要的课程。慕课的出现能够在很大程度上帮助缓解这一矛盾。

因此，基于慕课的高校英语课程体系重建必须考虑到各校的不同情况，因校制宜，根据各校的办学特色、资源（硬件、软件、师资和学生素质）等综合因素，并结合学校办学定位，综合分析高校英语课程在该学校人才培养中的作用，重构高校英语课程体系。

（二）翻转课堂

1. 翻转课堂的含义

"翻转课堂（Flipped Classroom or Inverted Classroom）"是相对于传统的课堂上讲授知识、课后完成作业的教育模式而言的。它指学生在课前观看教师事先录制好的或从网上下载的教育微视频以及拓展学习材料，而课堂时间则用来解答学生的问题、修改学生的作业，帮助学生进一步掌握和运用所学知识，传统教育过程通常包括知识传授和知识内化两个阶段。知识传授是通过教师在课堂中的讲授来完成，知识内化则需要学生在课后通过作业、操作或者实践来完成。而在翻转课堂上，这种形式受到了颠覆，知识传授则通过信息技术的辅助作用在课前完成，知识内化则是在课堂结合教师的帮助与同学的协助来完成。自"翻转课堂"第一次出现,一系列的硬件、软件和应用程序制造商已经开发出产品,实现了混合学习。因为在很大程度上战略依赖于技术的顺利操作,翻转学习先锋和支持者们总是在寻找工具,以便帮助他们更智能、更有效地工作。

因此,所谓翻转课堂,就是教师创建教育视频,学生可以在课外观看视频中教师的讲解进行学习,再回到课堂上与教师和同学面对面交流和完成作业的一种教育形态。

2.翻转课堂的构成

很多学者对翻转课堂模式进行研究,将其构成要素分为三个层面:课前教育内容传达、课堂活动组织和课后效果评价。下面对这三个层面进行分析。

（1）课前教育内容传达

在翻转课堂模式中,其教育的基础在于课前教育内容的有效传达。就目前而言,我国翻转课堂模式往往会采用教育视频与纸质学习材料两种模式来传达教育内容。其中,教育视频被认为是最基本的形式。教育视频的来源主要有以下两种途径。

第一,运用现有的教育视频。

运用现有的教育视频是教师进行翻转课堂教育的最佳选择。这主要有两方面的原因。一是由于教师的教育任务非常繁重,并没有多余的时间来制作新的视频。二是教师在面对视频录制仪器时,往往比较紧张,因此会严重影响教育效果和进程。可见,如果教师能从网上找到现有的教育视频,那么必然会节省教师自身的时间和精力,且网上的教育视频资源非常丰富,教师只需下载就可以使用。

第二,制作新型教育视频。

对于翻转课堂模式中运用的视频,教师除了运用现有视频外,还可以录制新视频。当然,这需要教师有多余的时间和精力,他们可以运用计算机、录音软件、麦克风、手写板等进行制作。

（2）课堂活动组织

在翻转课堂模式中,教师需要对课堂活动进行组织。在组织课堂活动过程中，教师需要注意如下几个层面。

首先，对于高校英语教育而言，导读类课程比较适合翻转课堂教育，这类课程通过网络多媒体展开。在课下，学生按照教师的安排习得内容；在课堂上，教师解释重难点问题，进而通过网络多媒体实现在线测试。完成测试后，学生可以即时获取网络背景知识和学习资源，同时还能与自己之前的测试结果进行比对，从而加深自己的认识。其次，英语课程涉及语言与文化两大因素，教师在安排学生学习时，需要从初级认知的识记理解开始，转向高级的综合应用，完成一系列的递增过程。同时，教师在安排学生学习时还需要组织与此相适应的学习活动，让学生在固有知识的基础上加深对不同文化知识的理解和掌握。最后，在合作学习的基础上结合个体学习，因为个体学习有助于学生充分领会和识记。

（3）课后效果评价

在翻转课堂教育模式中，教师需要重视课后效果评价。翻转课堂模式常采用个性化学习测试，依靠的是教师与学生在接触过程中形成的评价。也就是说，教师需要依据自身经验，对学生的知识掌握程度进行判断。这种即时的评价有利于纠正学生对知识的误解，且能够根据不同学生的差异，为他们提出合理化建议和指导。但是，由于翻转课堂兴起时间较短，其评价与测试形式并不完善。因此，翻转课堂模式的学习评价主要是要求教师与学生之间进行及时交流与沟通，并根据学生的不同个性特征加以引导。另外，教师还需要提供更多渠道为学生展示学习成果，让学生建立起足够的成就感和自信心，加强学习的动力。

3.翻转课堂对高校英语教育的创新意义

第一，树立了大学生的"进阶意识"，树立了"自主学习"的重要性。很多学生进入大学之后，难以区分中学学习与大学学习的不同，因而选择延续旧方法；且由于缺失了家长和教师"保姆式"的监管，还存在"效率低"和"自主性差"等特点。而翻转课堂重新分配了课堂和课下时间，把"主动性"交给学生。学生可以合理安排自己的课外时间，在课前通过网站、手机应用观看"慕课""微课"教育视频，这种"半自主"的学习模式有助于培养学生高阶思维和体现个体差异化。

第二，建立了新型师生关系，提高了学生的课堂参与积极性。在传统教育模式下，很多中国学生表示英语课堂一直是教师的"一言堂"，教师是"讲台上的圣人"，很多学生只满足于记笔记。这种"只有输入，没有输出"的学习模式会使学生产生抗拒情绪。同时，教师也鲜有机会对学生发音和表达进行纠正。因此，在传统的英语课堂上，教师和学生面临着共同困境。而在翻转课堂上，教师可以基于班级或者课堂实际情况设计课程，采取多样化的学习模式，如自主型学习、问题式学习、课堂讨论法、探究性学习法、合作学习法等。"集体式"的输出方法在良性环境中重新定位了"教师"和"学生"，消除"等级观念"把学生从"输出个体"的压力中释放出来，全身心投入在集思广益的"小组输出"课堂模式里，这有助于减轻学生学习的焦虑情绪，加强师生之间的交流，进而锻炼学生的语言表达能力和沟通协作能力。

第三，活跃课堂气氛，促进大学生对语言文化的认知。高校英语课堂有条件成为以"英语语言应用和文化探索"为核心的"人文课堂"。因此，大学课堂不应拘泥于书本知识，而应搭乘"新载体"拓宽学生视野，将"语言"回归到"文化"的基础层次。通过"翻转"，教师为学生提供文化探究的课题和导向，鼓励学生探究、发掘语言背后的文化魅力，将学生感兴趣的话题带到课堂上，如"苏格兰着装礼仪""欧美人的爱情观""中华美食的西方之旅"等，学生可以在轻松活泼的氛围中讨论、对比语言中的文化现象，从而挖掘课堂材料中的文化内涵，联系实际，对语言文化和应用产生兴趣。

第四，教育模式与时俱进，学生能够灵活地利用课前时间。在翻转课堂实践中，大量应用新的信息载体，引导学生充分、灵活地利用课前时间，利用图像、音频、视频的网络交互的多模态信息获得多元化知识。这种新颖的平台打破了传统的组织结构和资源渠道，符合大学生"碎片化""网络化"的学习习惯，学生可以随时随地获得世界范围内的优质资源，将英语学习与英语国家文化结合，既补足了中国学生英语学习中"听"和"说"的短板，也为学生今后的英语学习提供了可行性参考。

（三）微课

1. 概念

在当前的教育实践或相关文献中，根据不同的应用实践，立足不同的视角，许多研究者常把微课与微课程、微视频等概念混用，这就很容易让人误以为这三者可以画等号。事实上，在这三个概念当中，微视频与微课、微课程的区别是显而易见的。前者属于技术概念范畴，本身与教育没有直接关系，同后两者不是一个维度概念。再来看后两个概念，微课是一个教育论概念，重点强调学习者以微视频资源为介质，与教师之间产生直接或间接交互的过程；而微课程却是一个课程论概念，重点强调与"微目标、微教案、微讲义、微练习"等课程要素共同构成一个完整课程。苏小兵等人对比总结了国内学者对微课的不同定义，并将其归为三类。

①对应"课"的概念，突出微课是一种短小的"教育活动"。

②对应"课程"的概念，包括课程计划（微教案）、课程目标、课程内容（学科知识点）、课程资源（微课、微练习、微课件）。

③对应"教育资源"的概念，如在线教育视频、数字化学习资源包等。

尽管不同学者对于微课的定义在表述上有差异，但在内涵上却有共同点，即"目标单一、内容短小、时间很短、结构良好、以微视频为载体"。目前，在中、小学实践或各类微课大赛中所出现的"微课"基本符合这些特征。从媒体形式来看，微课是一段简短的、与教育相关的视频。但是，如果这些微视频没有提供给学生使用，即缺乏学习主体，就不会产生教师与学生的交往过程，只能称作微视频，而不能称为微课。因此，微视频本质是一种支持教师教和学生学的新型课程资源。当它与相匹配的"微目标、微教案、微讲义、微练习"等课程要素结合时，就共同构成了"微课程"，成为一个课程论概念。当学习者通过微视频开展学习时，学习者就以微视频为介质，或者与教师之间产生间接的交互，或者通过在线讨论、面对面辅导等不同形式进行直接交互，就构成了"微课"，成为一个教育论概念。虽然笔者在这里对微课的概念从教育论、课程论和媒体资源三个方面进行了清楚的划分，但是由于大部分研究文献和媒体在使用微课这一概念时并没有考虑到这三个角度的区别，因此，对微课概念的准确把握仍然需要结合具体情景和使用场合。

2. 微课的优势

随着手持移动数码产品和无线网络覆盖的普及，微课在移动学习、远程学习、在线学习、泛在学习等领域大放异彩，为全民学习和终身教育体系的构建提供了优质、丰富的资源和环境。

（1）微课的形式更加契合移动学习的特征

从知识的呈现方式来看，微课的内容聚焦于特定的知识板块，或包含若干更细化的知识点。微课所承载的知识虽然有限但形式完整，知识体系被细化成知识分子甚至原子，化繁为简，变抽象为形象，从而使知识体系变得更加生动、具体，使教育过程更容易操控，使学习过程更加轻松、愉悦。当学习者从一个微课进入下一个微课时，知识得以渐进积累，语言习得体系和技能逐步得以发展。如果教师想要了解学生是否掌握了某个知识点，可以布置微课程作业，让学生通过作业来呈现他们的学习情况。例如，教师可以指导学生随时随地拍摄自己的口语报告和小组互动情况，然后上传到教师管理终端，接受教师和同学的评价。

（2）微课形式简短，更加容易融入其他学习环节

教师可以将微课用作传统课堂的预习材料，可以将其作为课程开始之前的课程主题引入，可以将其作为呈现知识点的工具，也可以将其作为课堂活动或者课后作业的一种呈现形式。因为形式简短，教师随时可以对微课资源进行修改。当前，平板电脑、智能手机等移动、高效终端设备基本普及，电子形式的微课视频与之高度契合，学习过程自然而然地融入学生生活，学习不再局限于教室，指尖上的课堂成为新的趋势。因此，学习过程具备高度情境化、建构化、自主化特征，充分体现了人本主义的教育理念，具有高度的科技含量和鲜明的时代感。

（3）微课有利于培养学生的自主学习能力

微课有助于培养学生的自主学习能力与反思能力，是因为微型教育资源的设计是模块化、工具化的；学生必须根据自己课堂上的学习情况来确定自己需要学习的内容，自主选择学习资源，进行专题化的、模块化学习，

并针对自己的薄弱环节进行相应训练。因此，微课的引入可以极大地提高学生自主学习能力。

（4）微课能够节省大量的教育资源

微课以数字视频的形式传播，便于复制。因此，微课是一种可重复利用的资源，在不同的时间和地点，可以无限制地被使用。如果将一个问题的讲解制作成视频，那么教师只需要讲一次，学习者就可以在需要的时候随时、随地播放，这就在一定程度上避免了重复性劳动，减轻了教师的负担，便于教师集中精力，对学生进行个性化指导。

（5）微课能够聚合最优秀的教育资源

微课的制作意味着优势资源的集中和整合。可以邀请学校里各个领域的专家对其最擅长的领域，尤其是该领域最前沿和核心的问题进行解答，并以微视频的形式呈现给学生。这样，微课就聚集了各个方面最优质的教师资源，方便学生随时随地调用，充分体现了现代教育技术带给用户的方便和快捷。

（四）混合式教育

混合式教育充分利用网络、多媒体等线上资源丰富的优势，并结合线下传统的面授课程的优势，两者相互补充、相互促进，达到了教与学过程"线上"和"线下"联结的最佳效果。在教学的同时，教师还要注意学生的独特性和差异性，因材施教。混合式教育是英语教育中的一种新途径、新方法，近几年广受好评。

1. 混合式教育的意义与优点

在混合式教育过程中，更强调的是学生作为学习过程主体的主动性、积极性与创造性，将传统传授知识的过程转化为师生共同探讨研究问题的过程。教育模式的改变，使学生由原来的"老师要我学习的被动状态"变成了"我要积极学习的主动状态"。只要有了主动性，学生才能真正地全身心投入学习中，从学习中获得乐趣，提高学习效率。

此外，知识的学习过程主要在线上完成，这为学生的个体差异提供了良好的学习模式。基础好的学生在掌握了所学知识点后可以有更多的时间去学习其他课程。基础差的学生可以根据需要反复播放没有听懂的内容，没有看明白的课件也可以慢慢揣摩。

在完成线上学习后，学生可以带着疑问和问题进入课堂。在课堂上师生之间、生生之间可以就有关问题进行交流、相互探讨，以达到最终的教育目的。由此可见，混合式教育有以下优势：第一，发挥和利用了课堂教育与在线自主学习的优势，形成以学生为主体的学习和以教师为主导的教育形式。学生的自主性将得到充分发挥，学生的主体地位也得到进一步加强。第二，突破了传统教育模式在时间、空间上的限制，充分提高教育效率，解决多校区办学师资乏、师生交流不充分的问题。利用网络教育综合平台的大数据统计、分析功能，及时发现网上教育过程中有待改进的地方，迅速更新、完善课程的网上教育资料，及时查看学生学习过程中遇到的难点和易错点，有针对性地设计或调整课堂上的教育互动环节。

2. 高校英语教育中的混合式教育

在高校英语课堂中，混合式教育模式体现了"四位一体"理念，即教师、学生、教材、教育媒体紧密相联，不可分割，发挥不可忽视的作用，强调学生的主导地位和教师的指导地位，其形式主要表现在以下方面。

（1）教育工具的混合式使用

很多大学教师选择在自己的教育实践中采用两个及以上的在线平台来辅助教学，有学科网络，QQ群或微信群，超级明星学习等。这些平台使教师更方便发布一些与教育相关的内容，帮助学生实现自由自主学习。在学习过程中遇到任何问题都可以及时和教师取得沟通或与更多的伙伴互相讨论以及搜索相关资料，这在扩充教育资源的同时大大提高了教育效率，增强了学生学习的积极性。学生主要通过自学相关材料、观看指定视频、讨论相应问题等形式实现知识的汲取，最终通过教师答疑解惑、作业研讨、成果汇报等形式来消化和内化知识。

（2）教育设计的混合式过渡

混合式教育模式主要围绕高校英语教育任务进行。任务分为三个部分，即课前、课堂和课后。课前任务是鼓励学生基于学习任务自主搜寻相关资料或浏览教师所发布的课前资源为课堂做好充足准备。在课堂上，学生被邀请展示他们的课前准备时，演讲既可以多样化，也可以单一，主要是为了达到分享学习资料和培养学生自我学习意识的目的。展现后，学生进行互相评价，然后教师可通过观看相关教育资源式课堂陈述的方式针对一些难点、易错点提供建议和总结。课后主要是在学习完规定课程后通过实践活动扩宽知识视域和丰富学习经验，同时，教师也会对学生进行差异分析并统计相关学习情况，从而有针对性地有效实施教学。

（3）教育评价的混合式呈现

高校英语混合式教育模式有效地结合了过程性评价和终结性评价两种方法。在线上，教师主要通过一些在线平台，准确了解学生的在线学习时间、学习进度、学习内容、学习困难等情况。在线下，学生参与课堂学习活动是受教师监督或观察的，其课堂参与度即是评价方式中的一项参考内容，主要是为了更好地贯彻"以学生为中心"的教育理念。过去用期末考试来定生死的评价方式早已被淘汰，多元化评价方式或者混合式评价方式正在不断发挥其积极的作用。

3.高校英语混合式教育存在的问题及建议

（1）存在的问题

首先对于高校英语学习者而言，混合式教育模式主要应用于高校英语通用课型中，在其他课型中的应用不明显，具有一定的局限性。其次，搜索教育资源方式的多元化使得教育内容庞杂，学习任务加重，且对学生的学习能力和整合能力要求很高，对于数据或者相关资料不是简单地罗列，而是变为自己的东西。最后，正是因为学习要求变高，学生学习的积极性和参与度会有一定程度的下降，学习效率并非最佳。而且很大一部分学生主要依靠互联网来答疑解惑，逐渐形成封闭式性格，自我批判和反思能力有所下滑，缺乏考试能力，相应的教育目标也不能很好地实现。对高校英语教师来说，这种教育模式需要更高水平的能力，不仅要具备较强的专业知识，还要具备较强的计算机操作能力、资源整合能力、课堂控制能力等。教师还需要有效结合学生英语学习的实际情况为其提供更加有效的学习指导，通过科技化手段来解答学生的部分学习问题，逐步提高学生的学习积极性。

（2）对应的建议

第一，紧扣课标，合理规划教育内容。混合式教育模式深受大学教师的青睐，能在某种程度上提高学生的学习兴趣和加强学习投入度。但其教育资源的多样化使学生眼花缭乱，感受到需要接受的东西很庞杂，一片茫然。这就需要教师和学生都要采取合理的方法来删减部分内容，取其精华，去其糟粕，根据课程标准对纷繁复杂的教育材料进行合理整合、合理规划，实现有效教育，从而完成相应的教育目标。

第二，注重实际，精准明确教育目标。在高校英语教育实践中，实践应用能力受到高度重视。因此，在课堂教育中会出现学生自己给自己讲课的教育方式。同学之间、师生之间也会进行相互评价、相互讨论从而提出改进方案。在这个过程中，教师和学生要始终围绕教育目标展开各项教育活动，实践能力培养和理论学习要并重，使学生努力做全面发展的、优秀的学习者。

第三，关注学生，逐步改善师生互动。由于混合式教育模式的发展，高校里的大部分学生主要依靠网络进行学习活动，如搜索资料和进行探讨等，这使得师生之间的积极互动活动有所减少。教师需要与学生积极主动沟通，除了要关注学生课堂表现，还要在课前和课后及时与学生联系，获取学生的学习反馈，从而进行相应的学习指导。学生在课堂之外，要主动大胆地提出问题，积极和教师探讨等。

第四，鼓励创新，积极引导批判思维。混合式教育模式要求在线学习和离线学习相结合，以更好地提高教育质量，激发学生的学习兴趣。但部分学生只注重搜索或收集资料，过于依赖网络和同伴分享的资源，其批判性思维能力有所下降。这就要求教师需要在学生学习过程中给予学生有效恰当的指导，鼓励其进行创新活动，发扬个性等。

总之，混合式教育模式在高校英语教育中的作用不容忽视，不仅可以提高高校英语教育质量，还可以有效地提高学生的自学能力，这是一种顺应要求的教育模式。但在具体教育实践中仍然有很多问题需要引起关注，不断改进，使其更有效发挥积极作用。

第三节 高校英语教育模式的 ESP 转向

我国高校英语教育在过去的 40 多年间里得到了长足的发展与进步。高校英语教育与研究到底应该朝什么方向发展？这个问题成了当前国家教育主管部门及外语教育界共同关注的热点话题。

在转型发展的大趋势下，高校英语作为地方普通高校中的重要学科也面临着机遇与挑战。如何在转型发展过程中定好位，更好地服务于重点专业的转型发展是高校英语教育必须考虑的迫切问题。

一、高校英语从通用英语向专门用途英语转型的大势

高校英语教育改革的讨论走过了从通用英语（EGP）到专门用途英语（ESP）的讨论，再细分到通用学术英语（EGAP）和专门学术英语（ESAP）的过程。

以前 ESP 教育主要是在重点大学和专业性较强的职业类院校开展。2017 年，专门用途英语教育已经被明确写入教育部的《大学英语教育指南》。其对高校英语课程性质的描述中明确提出："就工具性而言，高校英语课程是基础教育阶段英语教育的提升和拓展，主要目的是在高中英语教育的基础上进一步提高学生的听、说、读、写、译能力。高校英语的工具性也体现在专门用途英语上，学生可以通过学习与专业或未来工作有关的学术英语或职业英语，以此获得在学术或职业领域进行交流的相关能力。

从 2017 年开始，高校英语教育从通用英语教育向专门用途英语教育的转型成为一大趋势。

（一）ESP 名称由来

1969 年，国际上召开了首次特殊用途语言大会，开启了特殊用途语言研究的大门。之后约十年的时间里，出现了大量与特殊用途语言相关的术语，包括 ESP。在这十年之中，这一术语也经历了名称的变化，由最初所代表

的 English for Special Purposes，变成了现在研究者们普遍采用的 English for Specific Purposes。因为研究者们认为用 Special 一词不妥当，有暗示特殊语言之义，即受限语言，对于很多人来说这只是 ESP 的一个狭义理解，而用 Specific 一词则让这一语言教育方法的关注点落到了学习者的学习目的上，指向整个语言资源，是一种更广义的理解。

（二）ESP 兴起原因

20 世纪 60 年代末至 70 年代初，一大批语言学家质疑高度抽象的语言结构观，开始关注语言学习的社会观和语义观。同时随着心理语言学和社会语言学的快速发展，以及对语义学和语用学研究兴趣的增长，语言学领域的研究者开始强调语言使用者和真实世界语言的使用。此外，这一时期第二外语习得研究呈现爆炸性增长，研究者坚信学习者可以更独立地构建自己的语言能力，不必完全依赖设计好的大纲步骤来提高自己的语言能力。上述语言学领域研究兴趣的变化，促使语言教育开始更多关注学习者在教育过程中的角色和对自己学习的看法、动机。在这个过程中，语言学家开始寻找更具灵活性、开放性、个性化、更贴近真实生活的语言教育方法。专门用途英语这种英语教育方法也就渐渐进入研究者的视野中。

语言学领域的变化，是催生 ESP 的一个重要原因。但是 20 世纪 70 年代语言教育法的新发展，也是 ESP 兴起的一个不可忽视的原因。70 年代兴起的第一种教育法是交际法。欧洲委员会当时有一个叫"现代语言项目"的课题。此课题第一次系统地尝试将教育建立在特定学习者群体的交际需求基础上，并根据情境、社会角色、意念和语言功能开发出了一个语言课程。此课题首次对交际教育法概念进行了具体解释。第二种教育法是内容本位的教育法。这一教育法早在 20 世纪 60 年代就在加拿大通过实验进行了论证，并于七八十年代扩展到整个加拿大，也称沉浸式教育法。沉浸式课堂强调的不是语言本身，而是实际使用中的体验语言。这种方法的潜在理念是将语言学习者置于为真实交际而使用目标语言的情境中，而不是演练、扮演虚假的角色或模拟。这两种教育方法的出现，为专门用途英语课程设计和课堂教育实现提供了更具体的参考，因为研究者认为专门用途英语课

程致

（三）ESP 的概念

ESP 是 English for Specific Purposes 的缩写，也就是平常所说的"专门用途英语"或"特殊用途英语"，如旅游英语、商务英语、财经英语、医学英语、工程英语等。第二次世界大战以后，全球经济迅猛发展，科学技术日新月异，国际贸易、金融保险、邮电通信、国际旅游、科技交流等全球范围内的各种交往空前频繁。国际大交流呼唤一种能担当此重任的交流工具。由于种种原因，英语成了国际交往中的主要通用语言，随着经济和科学文化的发展，英语作为国际语言的地位正在日益加强，世界出现了学英语热。为满足各类人员学习英语的需要，ESP 便应运而生。学英语热的持续升温导致了 ESP 的迅速发展。

ESP 是一种目标明确、针对性强、实用价值高的教育途径。它有两个明显的特点。其一，ESP 学习者均为成年人，要么是正从事各种专业的专门人才，如科学家、工程师、企业家、医师等；要么是在岗或者正在接受培训的各类人员，如从事商业、金融业、旅游业、航空、航海等行业的各级各类人员；要么是在校大学生，包括学习高校英语的非英语专业学生，也包括学习对外贸易、国际金融、涉外保险、国际新闻等课程但同时又学习英语的英语专业学生，还包括部分将来需要经常使用英语的中等专业学校（如对外贸易学校）或职业中学（如旅游职中）的在校学生。其二，ESP 学习者学习英语的目的是把英语作为一种手段或工具，以便进一步进行专业学习，如各类大学的非英语专业学生，或把英语作为手段和工具以便有效地完成各项工作。ESP 的精髓是分析和满足不同学习者的不同需要，以提高教育效果。

（四）ESP 的种类

ESP 业已发展成为一个大家族，其主要成员包括：

① EOP/EVP——职业英语：学习者为远洋船员，国际航空工作人员，外经外贸人员，国际旅游工作人员，以及医生、技术员等。他们在工作和专业活动中经常使用英语，他们要学的也是与他们工作或职业密切相关的

内容和技能。有的着重学习英语听、说，有的着重学习阅读，有的可能着重学习写作。目前许多在职英语培训班和岗前英语培训班就属于 EOP 的范畴。在 EOP/EVP 教育中，首先要考虑学习者学英语的目的，使所教的内容与从事的工作和专业密切相关，以提高和保持学生学习英语的积极性，也要考虑他们的英语基础和工作、专业经验，同时还要考虑他们在实际工作中所使用的主要技能，并在教育中加强这些技能的训练。

②EAP/EEP——学术／教育英语：学习者主要为大学非英语专业学生和其他在学习中需要使用英语的学生。在教育中，重点是打好英语语言基本功，同时也要适当地结合他们所学的专业。在高校英语的专业阅读阶段，或外贸英语、旅游英语、国际金融英语等的中后期阶段应尽量阅读一些英语原文或接近原文的文章，以帮助他们过好专业阅读关。

③EST——科技英语：EST 是 ESP 中最重要的一个分支，不但量大，而且特点鲜明。EST 也是近年来发展最快，从业人员最多，研究最广泛、最深入，成果最丰硕的一个语言学领域，相当一部分语言学家常用 EST 代替 ESP。凡是与科学技术有关的英语文献（书面的或口头的）均属科技英语范畴。科技英语学习者为各级和各类科学工作者、工程技术人员和大中专院校的理工科学生、科技英语专业的学生等。他们学习英语的主要目的是以英语为工具获取专业所需信息，提高自身的业务水平，促进科学研究和科技交流。在科技英语课程的设置、教育大纲的制定、教材的编写中要非常注意分析学习者的需要，要很好地考虑语言教育自身的规律，科学地组织教学。EST 包括数学英语、化学英语、计算机英语、生物学英语、地质学英语等，有多少门自然科学就有多少种科技英语。从语言技巧上看，科技英语包括听、说、读、写、译。科学技术日新月异，科技资料、科技信息大爆炸，各种科技书、报纸杂志，各种计算机数据库，各门类文摘，各种科技资料缩微胶片等现代化信息储存手段记录，存储着从古至今的科技成果。这是人类社会有史以来最辉煌、最宏大、最有价值的遗产，是人类的共同财富。知识无国界。加强对科技英语的研究和科技英语的教育，对繁荣科学技术、促进人类进步都具有非常重大的现实意义和深远的历史意义。

二、专门用途英语教育对高校英语教育的促进作用

将高校英语教育与专业课教育结合起来，培养复合型人才，提高大学生的专业英语应用能力，是提高大学生英语应用能力的需要。与通用英语不同，专门用途英语教育得到了越来越多专家学者的重视。

我国的英语教育一直以通用英语为主，教材注重文史题材，词汇基本是通用词。在这样的教育方式下学习的学生，大多具有扎实的英语基础，听说读写能力样样具备，能应对各种各样的英语测试。如今社会对大学生的要求越来越高，企业要求他们一上岗就能承担起与自己专业相关的英语工作，能直接进行专业领域里的国际化交流。但是，很多学生毕业后在从事自己专业领域的工作时，发现平时的基础英语学习对付各类英语水平考试没有问题，但是难以运用于工作实践中。

高校英语教育除了进行基础英语教育外，也应对专业英语教育给予关注与重视，只有这样才能使社会对专业领域国际化人才的需求得到满足。章振邦曾说："现在的问题是我国的普通英语教育太长，对专业英语重视不够。高校英语教育迟迟不与专业挂钩，怎能要求学生毕业后走上需要专业英语的工作岗位愉快胜任？"[①]

在经济全球化背景下，各个领域几乎都存在跨文化交流现象，各行各业对专业精通且外语应用能力强的复合型人才的需求量增多，要求具备多元化、专业化的外语能力。面对市场的需求，仅掌握通用型外语技能是远远不够的。

外语的工具性和应用性特征越来越明显，与过去相比，现在的学生学习外语呈现出很强的目的性与实用性，或为了出国深造，或为了进入国际化大公司等。

为了提高大学生的英语素质，使学生满足社会的实际需求，有必要对当前的高校英语教育模式进行改革，使之与学生学习、工作的实际需要更加贴合，使学生英语水平与实际需要脱节的问题得以解决。

专门用途英语教育则是与这一需求相符的一种教育理念，把专门用途

---

① 章振邦：《新编英语语法教程》，上海外语教育出版社1983年版。

英语教育引入高校英语教育，将有利于改善高校英语教育现状，提升学生的英语素质，培养优秀的英语实用人才。英国学者保琳·罗宾逊指出，语言本身的教育并非专门用途英语的终结，专门用途英语教育的目的在于实现一个确定的目标。[①]高校英语教育的本质任务在于提升国家的国际竞争力，其教育目标主要是培养一批创新卓越的国际一流人才。专门用途英语教育引入高校英语教育是促进高校英语教育改革的重要手段。

三、高校英语与专门用途英语课程的整合

专门用途英语教育对高校英语教育具有积极的促进作用，为了进一步优化教育效果，有必要将两者整合。

（一）高校英语与专门用途英语课程整合的可行性

随着高中新课改的不断进行与深入，中学生在高中毕业时的英语水平已有了整体提高。蔡基刚教授指出："对照《高中英语课程标准》，人们不难发现高中英语的教育目标、课程设置、教育要求和高校英语基本上没有什么区别。前者的教育目标是培养学生的综合语言运用能力，要求高中毕业生词汇量达到 3300～4500 个；后者提出高校英语的教育目标是培养学生的综合应用能力，对大学生提出的一般要求的词汇量只是 4500 个。"[②]

刚步入大学校园的学生，其英语水平较 20 世纪的学生有了非常大的提高。正是由于学生英语素质的提高，高校英语与专门用途英语课程的整合才变得有可能。

（二）高校英语与专门用途英语课程整合的策略

在了解专门用途英语教育的策略之前，有必要处理好专门用途英语教育中的几个关系。

在高校英语与专门用途英语课程整合过程中，需要认识到开展专门用途英语教育并不意味着要削弱普通英语教育。基础英语教育与专门用途教育实际上是为实现同一教育目标的两个层面。所以，要坚持基础英语教育

---

① Peter Robinson：《认知与第二语言教学》，世界图书出版公司北京公司 2007 年版.
② 蔡基刚：《学术英语课程大纲与评估测试》，上海交通大学出版社 2018 年版.

和专门用途英语教育的先后关系，课程设置要做到实事求是。对于那些基础还不扎实的学生，应以基础英语作为其学习的重点，对于那些基础较好的学生，则应保证他们尽可能早地学习 ESP 课程。

在学校层面，对于一般性的院校，基础英语教育可以偏重一些，专门用途英语可以作为选修。而国家重点建设大学应该倾向于接受双语教育的方式，也就是说，高校英语教育应逐渐引入专门用途英语教育，并将其作为重点。

为具备一定基础的学生提供各种专门用途的英语课程，这种做法对于语言学习效率的提高十分有利。语言学习的理想模式就是通过学习专业知识来习得外语。专门用途课程和双语课程（用英语讲授的专业课程）需要各有侧重，两者相互补充。专门用途英语教育应主要由外语教师来承担，而双语课程可由专业教师授课。前者注重语言方面的知识，后者注重专业知识。专门用途英语课程不仅要为对口专业开设，如医学英语、新闻英语等，而且要开设一些适用面较广的、带有共性的课程，如计算机英语、科技英语等。

所以，专门用途英语教材和双语教材也不同。专门用途英语教材的内容专业性不能太强，但是要使用有代表性的语言。练习编写既有专业知识的问答题，更要有突出英汉翻译和摘要写作等语言练习题。在某种意义上，这种专门用途英语课程"应是从基础英语课程到双语课程之间的过渡性课程（不一定有先后），是为顺利进入双语课程做好准备，是在学习专业知识的同时，继续提高英语水平的课程"。具体而言，高校英语与专门用途英语课程的整合可以参考以下策略。

1. 教育目的要以需求分析为基础

高校英语教育并非专业性的课程，而是具有工具性的学科，应同时满足专业性与社会性的需求。

高校英语教育需要结合专业教育顺利达到教育目的，也就是培养出既有学术素养，又有职业素养的优秀人才。成功的高校英语教育应能培养学生专业英语学习能力和工作后的专业英语能力。高校英语教育中开设专门用途英语课程，首先应该以学生和社会的需求为基础定位教育目的。

明确教育目的后，需要选取教育内容，教师要根据本学校的具体培养方向与自身实际情况来选择教材。教育内容体现于教材中。专业用途英语课程的开展有很多途径，如根据学生的基础英语水平，组织学生分层次参加专门用途英语学术活动。

教育内容的选取需要结合需求分析原则，结合学生需要与社会需求，采取合适的手段进行目标情景需求分析、当前情景需求分析和学习者情景需求分析，了解未来工作场景对学生语言能力的要求、学生已有知识结构及其掌握程度、学生需求和渴望掌握的知识、学生易于接受的教育方法和主要学习障碍等信息。通过分析这些信息明确教育内容，从而使教育更具针对性，达到预期效果。

2. 教育设计要以学生为中心

专门用途英语作为高校英语教育的一个分支，将专业学习和语言教育相结合，以学生为中心，从而培养学生的专业英语应用能力，提升学生的综合素养与能力。专门用途英语课程设置可结合学生的大学学术英语水平，根据语音、语调、语法、语用水平分层次地开展课程，将学生分成 A、B、C 三级。A 级学生可以占学生总数的 25%，他们的英语程度较好，在完成高校英语基础课程后，可以选修一些专业英语课程，如商务英语、法律英语等。该层次的教育目标是"提升综合应用能力，提高学术英语教育，加强学生自主学习能力，培养学生具备英语进行专业学习、专业研究和专业学术交流的能力"①。可以将高校英语课程、两门专业英语课程作为教育内容。B 级学生可以占学生总数的 60%，他们英语程度一般，基本上能完成高校英语基础课程。C 级学生可以占学生总数的 15%，他们英语程度较差，很难完成高校英语基础课程。

教师在设计专门用途英语教育活动时，应注意将教育内容与语言提高紧密地结合起来。可以鼓励学生通过小组合作学习的方式学习。合作学习强调知识建构，所以教师在对教育内容充分了解的基础上，要创设一定的语言情境，让学生在小组谈论过程中积极建构专业内容，不断提高语言应

① 张喜华：《有效的基础英语教学》，旅游教育出版社 2021 年版。

用能力。当然，合作学习中的活动需要在英语环境下展开。

高校英语教育逐渐从侧重语言技能型，转变为语言技能与知识内容并重型，甚至侧重知识内容型教育。专门用途英语要促进学生的语言顺应与迁移，离不开真实的语言环境。创设教育情境能帮助学生明确英语学习的目的，激发学生学习的兴趣，培养学生发现问题、解决问题以及提高学习效率的能力，达到专门用途英语教育的目的，提高高校英语教育效率。

3. 教育方法要做到丰富多样

高校英语与专门用途英语课程的整合要求高校英语教师重视教育方法的选择与灵活运用，从而激发学生的学习兴趣与信心。具体而言，可以从以下几点入手。

①教师选择教育方法时要注意多样性与针对性，使专门用途英语课程教育形式丰富多样，使学生多反思，多互动，激活专业英语语言思维。

②在教育方法的具体选择上，教师应采取案例教育法、角色扮演法、多媒体教育法等方法，注重学生的实践参与，体现学生的主体性地位，让学生积极参与到教育活动中。

③教师要重视分层教育法的应用，学生基础不同，专业英语学习的需求也有所不同。教师首先需要对学情有所了解，对学生进行合理分层，制订合理的教育目标、教育内容、教育方法以及评价方式，使教育面向全体学生，充分满足学生多样化的学习需求。

4. 教材体系建设要结合专业属性

教材体系的编写与开发建设直接影响教育质量。在开发专门用途英语教材体系时，应根据本校的专业设置情况与专业属性，以全面调研岗位需求为基础，确定专门用途英语教材的编写方向，保证英语教材的工具性功能，使教育更具针对性，培养学生对英语专业知识的应用能力，保证专业用途英语教育的"职业性"，使学生未来职业发展的需求得到充分满足。

5. 师资建设要以能力提升为导向

我国高校英语教师大多是英专生，他们所掌握的知识是由大学期间或研究生期间的英语专业教师所传授的。这些教师使用的知识、理念和教育方法对于专门用途英语教育任务的完成具有一定的负面影响。鉴于此，有必要研究专门用途英语教师的发展，培训专门用途英语教师。

专门用途英语教师师资队伍的建设不仅要求教师掌握相关的专业知识，还要求教师掌握专门用途英语教育理念与方法。教师应转变观念，学习研究某个学科专业的基本知识和原理，掌握专业知识理论框架，了解各学科之间的联系。教师还要钻研 ESP 教育方法。在教育实践中，教师应提供学生与专业相关的学习材料，设计符合学生语言水平、专业水平的任务。对于学生已经完成的任务，教师需要及时做出评价并给出意见。

总之，高校英语教育应积极培养满足国家和社会需求的高素质人才。传统的通用英语已经不能完全满足这一需求，高校英语教育应与专门用途英语教育在教育目的、教育设计、教育方法、教材编写及师资建设等方面有效结合起来，实现教育效果的优化与提升。

第四节 高校英语教育跨文化交际模式研究

英语语言文化是高校教育内容的重要组成部分，跨文化语言交际能力在高校英语教育中具有十分重要的意义。高校英语教育不能只停留在机械传授语言知识层面，而是要深入研究英语的语言文化背景，培养学生的思维探究能力和语言应用能力，不断提高学生跨文化交际的能力。高校教育注重培养的是全方面发展的高素质文化精英。因此，在英语教育过程中，教师要树立理论与实践相结合的教育理念，在打好语言知识基础的前提条件下，注重培养学生英语语言的实际应用能力，不断提高英语教育的效果和水平。

高校英语教育的最终目的是培养学生跨文化交际的能力。由于世界各民族文化存在鲜明的差异性，不同的语言文化自然会呈现出不同的语言形态。因此，在高校英语教育过程中，教师不仅要指导学生认识中西方语言的差异性，还要积极引导学生探究中西方文化的差异性，只有联系语言环境，把握不同文化与语言之间的内在发展规律，才能更好地掌握英语语言，学以致用，有效地进行跨文化语言交际。

一、高校英语教育引入跨文化交际的必要性

（一）英语教育和跨文化交际

英语教育的最终目的是使学生运用所学的语言进行交际，跨文化交际既是英语教育的目的，也是英语教育的手段。在英语教育中应体现交际性，不但要传授语言结构知识，而且要将语言结构运用到一定的交际情景中。美国外语教育协会在其提出的外语能力学习中已将文化教育列入交际能力内容。他们认为语言首先是一种"社会实践"，交际能力应包括语言、功能、语境和交际者之间的关系。语言是指掌握语法知识，功能是指运用听、说、读、写四方面能力。语境是指选择与所处语境、话语场合相适应的话语。交际者之间的关系是指根据对方的身份、地位、社会距离，说出合乎自己身份的话语。后三个方面综合起来就是语言交际的得体性。交际能力指在与对方交流中，根据话题、语境、文化背景讲出得体恰当的话语的能力。因此，在英语教育中，跨文化因素的导入能够使学生更清楚地认识到英语的结构和本质，能够预测、解释、改正和消除母语对英语学习可能产生的错误，极大地提高英语教育效率。

（二）语言教育和文化教育

语言是文化的一部分，是一种民族文化的表现与承载形式，文化是语言的底蕴。人类通过语言沟通彼此的思想和感情，同时，语言也存储了前人的劳动和生活经验，记录民族的历史，反映民族的经济生活，透视出民族的文化心态，蕴含着民族的思维方式，是文化的载体和结晶。"我们可以用我们已经用以定义文化的完全相同的措辞来定义语言。它包括一个人想要理解的一切，以便能够以一种他们可以接受的、与他们自己的方式相对应的方式，与其他语言使用者进行像他们彼此间那样进行的充分交流。从这个意义上来说，一个社会的语言是其文化的一个方面。"[1] 人类在创造

---

① 张永泉:《"语言与文化"关系及其对外语教学的意义 ——以跨文化交际为视角》，《辽宁教育行政学院学报》，2021 年第 5 期，第 28-33 页。

文化的过程中必须交流思想、协调行动，而语言则是人类最主要的交际工具。与此同时，语言作为思想的直接现实，又是信息和知识的载体。

一个民族各层次的文化必然会在这个民族所说的语言上留有印记，由此体现了语言的文化载储功能。而文化作为语言表现的基本内容，制约着语言的形式，不断地将自己的精髓注入语言之中，丰富和更新着语言的文化内涵。语言是随着民族的发展而发展的，语言是社会民族文化的一个组成部分，两者密不可分，世界上不存在脱离语言的文化，也不存在脱离特定文化背景和内涵的语言。因此，不了解文化就无法真正学好该语言。

（三）语言能力和交际能力

从广泛意义上来说，交际能力包括语言能力和语用能力。交际能力是语言的构成规则和语言的使用规则在一定情景中的具体运用，作为交际工具的语言不能成为脱离交际活动实践的绝对自足的封闭系统，交际能力的培养必须建立在语言能力的基础之上。从狭义上来看，语言能力也不是指自说自话，它既指规范语言本身，又指规范语言的合理应用。正是在这个意义上，人们同意在性质上对同一事物做以下双向度的区分和描述：语言能力、交际能力。我们应充分留意 20 世纪 50 年代以来在世界范围发展起来的一门学术及应用学科——"跨文化交际"，又叫"比较文化"，它强调对语言进行整体研究，强调语言的应用，强调反映语言和语境的关系，注意说话者、听话者、话题、交际方式、时间、地点的统一。

交际能力正是语言的基本结构在语境中的复现，它使语言知识在语境中得以应用。任何话语的运用，往往同时完成三种行为：一是言内行为，一切以语音表达的有意义的话语以及按句法规则联结的词所表达的概念、意义。二是言外行为，依照说话人和听话人之间存在的特定关系而进行的言语行为。三是言后行为，其功能并不直接体现于话语之中，而取决于言语的情境。在这里，言内行为已超脱传统意义上的语义学、句法学的范畴，而是视言外行为和言后行为的需要呈现出语言所固有的丰富品格。也就是说，三者协调一致，共同完成话语的表意功能。

（四）语言、文化与交际"三位一体"的关系

文化被视为"信仰、价值观、习俗和行为举止的一个共享体系，人们用其与他人和世界交流，并通过学习的方式将其传承"。这就说明，文化由共享的行为模式（交际）和意义系统（语言）组成。另一种观点则认为，文化包括物质实体、价值观、行为模式等要素。文化"是一个社会成员共同拥有、所思考和所做的一切"。也就是说，语言和交际是文化的一部分，即语言、交际和文化是不可分割的整体。

在由语言、文化与交际共同构成的人类活动体系中，语言是重要的交际模式，文化是交际依存的环境，交际是信息传递的过程。交际不仅传递思想内容，而且传递有关交际双方之间关系的信息。前者主要通过语言传递，后者往往通过非语言手段传递。在整个交际过程中，语境起着非常重要的作用。语境包括两方面，即地理位置和周围布局等客观环境、场合特点和人际关系等社会文化环境。这些环境因素不仅直接影响语言的使用和非语言行为，而且对所传递信息的感知和理解也产生影响。而环境本身蕴含丰富的文化内容，来自不同文化背景的人会对相同的客观环境和社会文化环境持有完全不同的理解，因此，可以说，文化决定着语言和交际。

语言的使用反映了人们的价值观念、生活方式和思维习惯，而社会文化的发展变化是语言赖以生存和发展的基础，交际则是联系语言和文化的纽带。因此，语言、文化与交际之间是一种水乳交融、不可分割的"三位一体"的关系。

总之，在语言、文化、跨文化交际三者关系中，语言反映文化，文化影响语言的使用和发展。在以一种语言为媒介的跨文化交际中，交际者应遵循该语言的文化语用规则。英语教育的最终目的在于使学生掌握并熟练运用地道的语言，并能结合目的语国家的文化规范，运用准确的目的语进行交际。在英语教育中，必须将跨文化的交际性作为教育的主导原则，以语言的应用及交际能力为出发点设计教学。教师应意识到跨文化交际教育是英语教育过程的一个重要环节，教师有责任提高学生的跨文化意识，在传授语言的同时同步传授文化知识。在英语教育中，不仅要注意语言结构的教育，而且要注意将比较文化引入英语教育中，注重英语的功能、交际

和语用方面的教育，以帮助学生正确熟练地学习使用英语母语者普遍接受的英语，即地道的英语。

二、高校英语教育跨文化交际转向的意义与作用

（一）满足英语教育发展

人们的语言表现形式总是受到各种社会文化因素的制约，中国人在跨文化交际的语境中因为文化障碍而产生的"文化冲击"现象时有出现。据统计，"文化错误"要比语言错误严重得多，语言错误至多是言不达意，无法清楚地表达所想。文化错误往往使本族人与异族人之间产生严重误会甚至敌意。只有具备了一定的跨文化交际能力，说话者才能有效地避免由于不同文化背景而造成的交际障碍和交际摩擦，顺利达到交往的目的。因此，英语教育不仅是语言教育，而且应该包括文化教育。董亚芬指出："任何一种民族语言都是该民族文化的重要组成部分和载体。在语言材料中，篇章、句子甚至每个词无不包含着本民族的文化信息。"① 将英语教育与文化教育相结合，有助于学生开阔眼界，扩大知识面，加深对世界的了解，借鉴和吸收外国文化精华，提高文化素养，这已成为广大英语教育工作者的共识。

（二）适应新世纪中国社会经济发展

随着中国改革开放的深入，国际交往日益频繁，中国需要越来越多的国际人才从事国际贸易，处理国际事务，加强国际文化交流。国际化人才的标准不仅是知识结构的优化和语言能力的强化，更重要的是文化理念的国际化，了解外国文化传统和交往礼仪，具有跨文化的交际能力。跨文化交际能力是在对双方文化相互理解的基础上，通过文化的双向交流、互动实现的。要顺利、得体地与外国人交往，仅有丰富的词汇和地道流利的语言表达能力是不够的，还必须了解他们的历史、习俗、生活方式和价值观等。为了培养能胜任对外交流，具有国际竞争能力的英语人才，以满足我国科技、经济和文化等发展的需要，在高校英语教育中要重视跨文化教育，把高校英语教育的重点，由原来培养学生的听、说、读、写能力转变到培养学生

① 董亚芬：《大学英语·泛读》第 5 册，上海外语教育出版社 1997 年版。

全面交流的实用交际能力。在高校英语教育中，要重视文化差异的导入，加强学生对不同文化背景的了解，拓展学生的知识面，它有助于形成学生的跨文化交际能力，为国际化人才的培养打下良好的基础。

（三）促进大学生社会性发展

人是社会中的人，并承担一定的社会角色。个人与社会之间是相互依赖、相互影响的。人在社会中生存和发展，必须学习，而学习又离不开社会的方方面面，通过学习引导学生认识与自己生活密切相关的社会环境、社会活动和社会关系，不断丰富和发展自己的经验、情感、能力、知识，加深对自我、他人和社会的认识与理解，并在此基础上养成良好的行为习惯，形成社会的道德观、价值观和判断能力。大学教育就是大学生社会性发展的推动力。今天，我国青年的社交对象更为多元，社交方式更为多样。应通过跨文化教育来培养学生与不同的人进行合作的意识，提高跨文化交际、交流的能力，这将有利于他们认识世界。所以，跨文化教育与当前青年学生实现社会化的目标不谋而合，其目标与理念是追求平等、尊重差异和倡导合作，使每一个学生的知识与能力都得到最大限度的发展，充分发挥他们的聪明才智。我们应该认识到，英语教育中的跨文化教育不是空泛的。社会发展也必将使跨越不同文化的人类交流愈加频繁。注重跨文化教育，能增强不同文化的认同感和包容性，能够懂得互相尊重、平等合作的精神和能力，这是他们在现代社会和未来社会生存与发展的最基本的能力，这样才能更好地促进语言和文化的发展，以及不同语言、文化间的交流和沟通，它也是大学生社会性发展的需要

（四）实现中华民族自立自强

要实现中华民族的伟大复兴和民族的自立自强，就要以学习英语为途径，博通西方智巧，辩证吸收，强大自我。同时，应当清醒地看到西方文化给中国带来的巨大冲击。这个文化急流是一把"双刃剑"，在文化科技交流、三外（外资、外贸、外债）等外事来往上起着积极的作用，又给意识形态领域带来了严峻挑战。随着改革开放的深入，中国综合国力增强，国际交往增多，国家所需要的是面向世界、对异国文化有深刻理解力的人才。

这就要求我们在高校英语教育中重视跨文化教育，将之提高到应有的高度，使学生在实际交流中具备多元文化的包容性。鉴于此，在英语教育中进行跨文化教育，其意义极其深远。

（五）顺应高等教育国际化发展趋势

凝练、提升世界高等教育的主流意识，是进一步深化高等教育办学理念的基础。实施跨文化教育已成为高等教育发展的必然趋向。它有助于我们学习国外的先进教育理念与办学模式，理性地看待中国高等教育与民族文化，综合考虑全球性与民族性问题。找到本土经验与国际经验的交融点，从而把握主流意识，创新发展，突出特色，进一步促进我国高等教育的发展。随着全球经济一体化进程的推进，中国高等教育中外合作办学不断发展。在办学过程中，由于教育主客体的多元化、教育环境的多元化、信息来源的多元化、思维方式的多元化以及社会习俗的多元化等特点，其人才培养的过程必然受到不同文化的影响。由此，研究中外合作办学过程中的跨文化教育意义重大。首先，我国高等教育面对的不仅是国内市场的挑战，还有世界范围大市场的挑战。现在对国际型人才的需求在全球范围内日益增加，这无疑对世界各国高等教育发展与改革起到了推波助澜的作用。其次，中外合作办学是一种世界各国文化平等、双向碰撞、交流融合的有效形式。跨文化教育已被世界各国特别是经济开放型国家视为促进本国与国际社会经济交流、迎接国际经济竞争挑战的一种战略性手段。全球一体化对各国的商品、服务、信息，尤其是人员的跨境开放，已经使大学成为加速全球一体化进程、增加相互了解的最有效途径。办学多元化的发展使越来越多的高校通过多种方式不断增强自身的软实力，逐步从培养各类高级人才的全球意识和国际交往以及跨国工作能力出发来关注、推动跨文化教育发展。英语作为一种文化载体，代表着先进的科学技术发展成果。中国并不缺乏创新思想，而是缺乏用英语表达创新思想和研究成果的能力。其次，无论是教育家还是科学家要取得国际认同的成果都必须进行国际交流，在这种交流中必然伴随思想文化的交流与融合。英语作为交流的工具就要顺应这一潮流。因而，在加强英语教育的同时，必须强化文化教育，使这种文化载体和传播媒体充分发挥传播、融合不同区域、不同属性文化的功能，促进国际经济交流、科学技术的发展。所以，在英语教育中要鼓励采取比较研究方法，增加交叉学科开设和人文社会科学教育，加强各院校、学科、专业、课程之间的沟通与交流，增进互补。将英语语言教育与英语文化教育有机结合，培养的人才要朝着复合型知识结构的方向迈进，使跨文化教育发挥应有的功能并促进社会经济效益发展。中国高等教育部门与学校要重视并加强跨文化教育，使我们培养的大学生既了解世界文化，又成为中华民族文化的传播者、宣传者。最后，突破文化差异的障碍、掌握不同文化差异背后的共同本质和规律，也是高校牢记跨文化教育的重要使命，使培养出的人才具有世界创新意识，在建立世界文化新格局中发挥应有的作用。世界范围内，文化差异仍然存在，不同文化背景的人在交往中因缺乏对不同文化的了解而产生误解，甚至还可能产生文化冲突，有效的方法就是跨文化教育，增加国际的互相理解与尊重，加强与世界先进国家之间的沟通与交流，迎接高等教育国际化的发展新趋势。这就要求在英语教育中将跨文化教育提高到应有的高度，尽快转变观念，提高认识，采取措施。

三、高校英语跨文化教育模式的构建

（一）教师教学方面

作为英语教师，自身应具备较强的跨文化意识，这需要教师通过各种方法丰富自己的英语文化知识，对跨文化交际和比较文化差异有深刻的造诣，不断提高自身的文化修养。高校英语教师是高校英语习得的主要引导者，是沟通学生个体和英美文化的桥梁。高校英语教师所具有的跨文化知识和意识的强弱，将从根本上直接影响学生的跨文化素质及其最终的跨文化习得及运用。虽然，目前高校英语教师已经在高校英语教育过程中意识到了跨文化教育的重要性，并且也尝试着在高校英语教育过程中进行跨文化教育，但是由于缺乏跨文化教育理念的指导和实践经验，步履维艰。

1.英语教师必须不断提高自身的文化修养

作为一名英语教师，必须不断学习，可以通过结交外国朋友，涉猎各种形式的文学作品，观赏精彩的外国电影录像，欣赏格调高雅的外文歌曲等渠道了解外国文化，不断提高自身的文化修养，提高自身跨文化教育的能力和水平。首先，教师要熟悉教材中的语言文化知识及文化特点。尤其是英语国家的典型文化背景知识。其次，英语教师要具备对双重文化的理解和教授能力。既不能死抱着本民族文化不放，也不能只注重对英语国家的文化讲解。教学中要注重培养学生的社会文化洞察力。在课堂上，教师在教授英语知识的同时，应引导学生注意作品的社会文化背景，揭示关键词的社会文化含义，或组织小范围的讨论，以培养学生对社会文化的敏感性和分析能力。

2. 对教师继续教育的内容和方式进行改革，拓宽英语教师的跨文化教育知识

首先，在英语教师培训的基础课程中增开人类学、民俗学等课程，以及国内外的历史、地理、文学等知识，通过东、西方思想方式和文化差异的介绍、东、西方文学的比较，分析文化现象背后的原因，帮助教师认识、理解外来文化，树立多元文化和跨文化视野。其次，在英语教育专业课程中，增加"多元文化教育"和"跨文化教育"等内容。这样有助于发展教师的多元文化性，在课程和教育中，消除习惯使用的、带有文化歧视和文化偏见的内容，对不同文化间的差异广泛包容和接纳。最后，英语教师继续教育的内容要丰富，教师应具备全球一体化的理念，拥有广博的基础知识，同时，在教育与辅导中多与学生交流探讨。可见，英语教师只有在继续教育中必须具备扎实的英语专业知识、语言学基础知识、本民族的语言知识，以及英语教育法知识和英语教育相关的知识，才能担当跨文化教育的重任。

另外，在继续教育模式上，可以采取灵活多样的形式。比如将短期培训计划与长期培训相结合，进修学习与访问学者形式相结合，常规交流与专题跨文化教育研究相结合，国内学习与国外进修相结合，脱产教育与远程网络教育相结合等。

（二）学生方面

胡文仲先生指出："一般来说，一个人学习异国的语言、习俗和社会规则等虽然不易，但并不是不可达到的目标。只要花上足够的时间，具有一定的条件，还是可以做到的。但是，要真正了解另一种文化的价值观（更不用说接受或获得）却极为困难。一个人可以在另一种文化中生活很长的时间，掌握其语言，了解其习俗，但是，仍然可能不理解其价值观的某些部分。"① 这就要求教师在实际教育过程中，不仅要帮助学生将从外部世界获得的知识转化为自己内在的知识，还要培养他们对外国文化的鉴赏能力和判断能力，并运用所学的知识灵活应对跨文化交际的实践，也要让学生达到对外国文化不仅"知其然"，而且"知其所以然"的境地。只有这样，他们才能正确理解外国文化，取长补短，将外国文化中优秀的、对祖国建设有用的部分吸纳到我们的文化中来，进而弘扬中华文化。另外，教师必须帮助学生克服"本民族文化"对英语学习的障碍，使学生在认识上有一个提高，克服不自觉的民族中心主义。由于受本民族文化的影响，在接触另一文化时，人们往往以自己的文化为出发点进行判断，有时表现为文化上的"文化偏见"，有时表现为民族中心论，即认为自己的文化是最好、最先进、最标准的文化。因此，教师要使学生提高对外国文化的认识，抛弃偏见，克服民族中心主义，做到心胸宽广、态度开明，对外国文化采取一种开放、客观的态度。不仅要尊重，还要努力学习、理解、适应，不将它们当作荒唐可笑的东西加以贬低和排斥。但我们也不应以外国文化为标准，全盘接受而贬低自己的文化。对待外国文化，我们应理解、适应，而不是被它同化。因此，教师不但要帮助学生以开放的心态学习认识英语国家的文化，还要鼓励学生通过英语了解世界万象，培养国际意识和合理的跨文化心态。

（三）教育大纲

尽管英语教育大纲指出"英语教育的目的，是通过听、说、读、写的训练，使学生获得英语基础知识和运用英语进行交际的能力"，但是大纲对跨文化交际能力和文化素养的培养未作具体要求，如应该掌握哪些情景下的哪些语言功能、哪几种语篇类型、哪些交际策略，应该了解哪些目的语的非

---

① 胡文仲：《外语教学与文化》，湖南教育出版社1997年版。

言语行为，应该学习哪些目的语的交际习俗、礼仪、社会结构、人际关系及价值观念等。还应在大纲现有的四、六级词汇表中增补学术研究和对外交往中常用的词汇，在词汇释义中加入一些实用性很强的释义，在母语文化和目的语文化中有不同联想意义的常用词汇、习语、谚语等要注明其联想意义，对某些词汇还要注明其语体。还要规定向全体学生开设英美文学欣赏、英美文化、跨文化交际学等选修课。一份细致的教育大纲不但为整个教育活动指明方向，也是检查和考试的依据。任何教育都离不开检测和考试，但由于跨文化教育本身的特点，英语跨文化的检测形式应有别于语言技能的检测方式。

（四）教材

1. 优化课程内容

英语课程可供选择的内容繁多，因此，教师所选择的内容尽最大可能鼓励学生积极参与，对事件的反思和分析也要有利于揭示各民族文化的共性与个性，同时应增加体现本民族文化特色的内容。

2. 对英语教材教育内容进行科学的选择

如何有效选择英语教育内容，笔者认为应该遵循以下几个原则：

（1）教育材料真实化和语境化原则

所谓真实的教育材料，是指真实交际环境下所使用的，不是专门为教育而设计的材料。真实的教育材料之所以重要，是因为它们将学习者的英语学习与现实生活和真实的社会环境和历史背景联系起来，这样不仅有利于激发学习者的语言学习兴趣和积极性，而且使他们在面对真实社会交际环境时，能够从容面对，学以致用，从而提高学习效率。与材料真实化原则紧密相关的是语境化原则。语境化有两层含义，一是避免将语言形式从其使用的环境中脱离出来，进行孤立的、纯语言的分析和学习。二是避免将文化信息从其文化意义系统中抽取出来，作为知识进行分析和学习。因为语言和文化必须是一个系统学习的过程，语言和文化的意义只有在一定的社会环境和历史背景下才能够准确、充分地被理解，所以语言与文化教育材料的呈现必须语境化。

（2）对各民族文化尊重的原则

要尊重目的语的民族文化传统。重视目的语国家民族的文化以及民俗民风，尽可能全面、准确地对目的语国家的民族文化知识进行介绍，不能回避、乱解或生硬更改内容，应以跨文化教育目的为出发点，有目的地介绍目的语民族文化的特点和值得我们学习、吸收借鉴之处，引导学生获得全面准确的目的语民族文化知识，并具备不断更新知识的能力。还要尊重母语与民族文化传统。虽然全球化潮流势不可当，英语的影响在不断扩大，但并不是用英语来一统天下，各民族特色文化在与之抗衡中相互影响。因此，尊重民族文化的原则应包括尊重同一目的语为通用语的民族文化传统、不同区域民族文化传统和母语的文化传统。这就要求在教育内容上科学选择。首先，要增加非目的语国家民族的文学作品，只有多阅读，在交际中才能准确表达非目的语国家的文化。其次，扩大包含目的语和非目的语民族的政治、经济、文教、历史、社会风俗内容。再次，音、像教育的内容要多样化，让学生听到和习惯各种不同的语音、语调。最后，扩大具有中国历史文化特色的英语词汇、短语、句子以及中国的成语等，促进中华文化传播。

（3）注重培养跨文化意识、能力原则

教育内容应将文化内容和英语语言教育紧密结合起来，选择有异国文化习俗、历史背景、民间故事、传说内容的教材，这样有助于学生形成有效的跨文化意识，具备跨文化的比较、参照、取舍、传播能力，也有利于培养学生实际运用英语的能力。

（五）改革跨文化测试内容与形式

跨文化测试的内容应包括具体文化和抽象文化两个方面以及文化知识、文化意识、文化态度及文化行为等多个方面。所以，采用的评价方法和手段也应多种多样。跨文化知识的测试可以采用填空、选择、正误判断等传统的客观题形式。重要的是将学习者应该掌握的文化知识全面、系统地通过各种测试手段予以体现。跨文化行为的测试既可以采取笔试形式，通过设置模拟现实的任务让学习者书面应答，也可以通过直接观察学习者真实的行为表现来进行评价。目前，高校英语口语考试已在全国推广，在英语四、六级考试试题中，检测学生语言运用能力和目的语文化知识，测试跨文化交际能力的内容有很大增加，这说明英语语言运用能力的测试迈出了可喜的一步。但是仍有许多工作要做，如现在评分体系中缺乏"语言的得体性"的标准。没有针对非英语专业学生为对象测试目的语文化知识的内容，考生文化创造力的测评也是一大难题等，影响了跨文化教育的发展，应尽快组织人员进行专题科研，攻克这一难关。

四、高校英语跨文化教育模式的实施原则

（一）以学习者为中心，以引导学习者进行自主学习为主要教育模式

学习者是教育过程的真正主体，教师的教育、教材的编写和教育方法的设计和选择都必须围绕学生的实际需要进行。在跨文化英语教育中，不仅学习者的英语语言学习需要受到应有的重视，在整个教育过程中，他们对母语和本族文化的体验和理解、对目的文化和其他文化的态度、个人综合素质的提高，包括立体思维方式的形成和跨文化交际能力的培养，甚至对整个人生的态度等很多与学习者过去、现在和未来密切相关的主题都是教育设计和教育活动的考虑因素。就教师而言，引导学习者进行自主学习是其主要任务，虽然知识的传授和规则的讲解仍然必不可少，但是，教育的中心应该转向培养学习者自主学习的能力。这一点对于跨文化英语教育非常重要。原因之一是，当今世界信息爆炸，知识不断更新，培养终身学习的思想，掌握独立学习的方法成为教育界普遍关注的课题。另一个原因是跨文化英语教育的目标和内容相对于传统的英语教育而言扩大了数倍，而教育时间基本不变。因此，学习者在校期间无法接触和学习到更多的教育内容，教师只有通过授之以渔的方法，才能确保教育目标的最终实现。这也是将学校中的英语和文化学习纳入整个教育体系的原因。

（二）语言教育与文化教育有机结合

语言和文化在跨文化英语教育中互为目的和手段。英语发展成为国际通用语的原因之一是跨文化交际日益频繁，来自世界各地、各民族、各文

化群体的人们需要这一通用语作为沟通和交流的媒介。因此，英语学习的目的之一就是进行有效的跨文化交际。而且由于英语语言学习本身涉及文化的学习，所以英语语言学习是文化学习的手段，文化学习和跨文化交际是英语学习的目的。反过来，文化学习为英语语言学习提供丰富多彩、真实鲜活的素材和环境，大量文化材料被引入英语教材和课堂，不仅使英语学习生趣盎然，而且是英语交际能力培养的重要保证。总之，跨文化英语教育包含语言教育和文化教育两个方面，它们相辅相成、不可分割。

所以，在教育设计和课堂教育中，语言教育和文化教育必须有机结合。这种结合体现在英语教育的各个阶段、各个环节。虽然根据学习者的认知水平和学习需要，在不同阶段和不同课程中，语言和文化各有侧重，但是在跨文化英语教育中，没有单纯的语言课或文化课，只要具有这种意识，总能找到两者的结合点。

（三）调动学习者的各种学习潜能和机制，多层次、多渠道地进行教育

学习者具有多种学习潜能和机制。跨文化英语教育包含态度、知识和行为多个层面。教育可以通过听、说、读、写、感觉和思维等多种渠道进行。

学习者内在学习机制需要外部条件（包括教育手段）的配合和刺激，才能有效发挥其促进学习的作用。科学技术的飞速发展和社会文化环境的不断改变为此提供了条件。多媒体和网络技术的发展有利于视听教育材料的开发，使虚拟现实成为可能。同时，丰富多彩的社会文化环境和不断发展的国际、国内旅游和文化交流，都为学习者发挥个人、学术、情感和自然等学习机制创造了条件，他们不但能够调动多种感官学习语言和文化，还能获得语言交际和文化交流的亲身体验。总之，跨文化英语教育要求各种学习机制和多重外部环境和手段同时起作用，实现内因和外因的有机结合，才能使语言教育和文化教育达到最佳效果。

多种机制和多种手段并用之所以重要，是因为跨文化英语教育强调，学习者要在认知、情感和行为各个层面上共同进步。教师在制订课程计划和设计教育活动时，必须考虑这三方面的教育需要，有助于学习者实现跨文化交际能力和个人综合素质发展所要求的知识的积累、态度的转变和能

力的提高。

（四）充分考虑学习者的认知发展水平和语言与文化学习的规律

在此原则下，让学生逐渐从具体、直观的、与学习者日常生活联系紧密的实用主题过渡到间接、抽象的意识形态领域。不同年龄层次的学习者在认知水平、情感发展和经历、经验上都有很大差别，这些差别必然导致教育内容和教育方法的不同。一般情况下，年龄较小的学习者适合选择与他们的生活和学习息息相关的、具有可比性的、具体的、直观的教育材料。随着学习者认知水平的发展，心理承受能力的增强和人生体验的增加，语言和文化教育内容的深度和广度逐渐扩大到一些间接的、复杂的、需要进行抽象思维的意识形态领域。就文化教育而言，这种相关性和适当性的原则至关重要。跨文化交际能力的培养是一个漫长而复杂的过程。在这个过程中，由于学习者对母语和本族文化的理解和体验是学习过程中不可缺少的一部分，学习者在学习外国文化的同时，还一直处于一种自我认识、自我反省、自我批评、自我完善的状态，任何与他们的经历和认知能力相去甚远的教育内容和方法都将背离以"自我"与"他人"比较对照的文化学习原则。

（五）平衡教育内容和教育过程

任何教育活动都涉及教育内容和教育过程两个方面。为了取得最大的教育效果，教育内容的安排和过程（教育活动）的设计必须考虑到对学习者的挑战和支持程度。理想的教育应该平衡挑战和支持，如果内容复杂、难度较高，那么教育活动或过程就应该相应降低难度，给学习者较多的支持。相反，如果内容简单、难度较低，教育活动就应该具有较强的挑战性。只有这样，才能保证学习者从教育中得到最大的收益。否则，复杂的教育内容如果被置于挑战性很强的教育活动中进行学习，学习者就会有很强的恐惧心理和挫折感，不利于调动他们的学习积极性。相反，如果内容简单，教育活动又缺乏挑战性，那么学习者的学习潜力不能得以发挥，也会觉得学习乏味。

处理好教育内容与过程、挑战与支持之间的辩证关系，是跨文化培训的一个重要理论和原则，它对于跨文化英语教育来说同样适用。教育者应该根据学习者的发展水平确定什么样的学习环境能够为他们提供所需的支持，哪些方面构成挑战。如果学习挑战性太大，学习者就会退缩。所以，教育者有必要了解学习者的需求，尽量平衡给予他们的挑战和支持，以最大限度地促进学习。

（六）说教式的知识传授法与体验探索式的教育方法相结合

说教式和体验式是两个相对的概念。说教式的方法是一种通过讲座、讨论等形式进行知识传授的方法，它主要促进学习者的认知和理解，有利于学习者学习和掌握语言和文化知识，分析和理解文化差异，这种方法与逻辑推理中的演绎法类似。不足之处在于：在说教式教育中，学习者很大程度上处于一种被动接收的状态，知识的获取和对概念的分析理解是其主要形式。在这样的教育活动中，跨文化英语教育所要求的学习者在态度和行为层面上的进步和发展的目标就难以实现。正因如此，跨文化培训研究者主张采用一种类似于归纳法的体验式教育法。这一方法以学习者为中心，创造真实或模拟的跨文化交际情景，让他们去感受、体验其过程，从而使认知、情感和行为各个层面受到刺激，弥补了说教式教育法的不足。

当然，我们不能盲目地对这两种方法作孰优孰劣的判断，因为它们各有所长。理想的做法是将两者有机结合，充分发挥各自的长处。这就要求我们的课堂教育活动要多样化，既要有注重语言和文化知识传授的讲座和讲解，又要有触动情感、培养行为能力的角色扮演、模拟活动和参观访问等。值得注意的是，学习者的学习风格也是影响教育方法设计和选择的重要因素。

（七）跨文化意识和敏感性培养是文化教育的重点

文化学习方法的探索是跨文化英语教育的重要内容。跨文化英语教育中文化教育的目标和内容非常广泛，如果将这些目标和内容作为可细分的知识范畴一一进行教育，在学习者有限的学习生涯中显然不可能穷尽。如果不授之以渔，教给学习者独立学习的方法，帮助他们树立终身学习的思想，恐怕有些目标他们一辈子都无法实现。所以，跨文化英语教育特别强调跨文化意识和敏感性的培养，强调学习方法的探索。

学习者从否认文化差异的存在、逃避或抵制文化差异、弱化文化差异，逐渐发展到认可文化差异的存在、调整适应文化差异、灵活应对文化差异，自由徜徉在不同文化之间，从而完成从民族中心主义阶段到民族相对主义阶段的转变，这就是跨文化意识和敏感性培养的全过程。跨文化英语教育自始至终都应该对照这个发展模式，对学习者目前所处的跨文化意识发展阶段做到心中有数，并以此为依据，设计和实施教育活动。

文化教育的另一重点是对文化学习方法的训练。虽然英语教育中的文化教育不同于文化人类学和社会学等学科中关于文化的教育，文化学习的目的不是使学习者成为人类学家和社会学家，但是，掌握一定的文化研究和学习方法非常必要。教师在教育过程中，必须有意识地引导学习者对文化现象进行分析、解释，对不熟悉的文化内容进行探索，并不断地对自己的学习过程进行反思，及时总结经验，这就是所谓的元认知学习过程。

文化学习的方法很多，其中文化人类学采用参与观察法，以其体验式、探索式的优点而成为一种广泛推崇的方法。

（八）教育内容和过程应该情景化和个人化

跨文化英语教育的特点之一是将语言学习和文化学习与学习者的个人体验和发展需要紧密结合起来。与其说它是形形色色的课程教育中的一员，间接地影响学　，不如说它是紧紧伴随学习者个人成长的一根拐杖，不断地促使个人对自己的态度、行为、价值观和人生观进行反思，直接影响他们的综合素质。跨文化英语教育对个人综合素质培养的作用通过教育内容情景化和个人化来实现。因为只有置于具体的情景之中，文化内容才会焕发活力，才能显现文化对社会和个人的调节和指导功能，才能使学习者身临其境地感受文化，才能刺激学习者的多种学习机制。只有将教育内容和过程与学习者的个人经历结合起来，才能激发他们对目的文化和其他文化学习的兴趣，为他们将本族文化和其他文化进行对比创造机会，促使他们反思自己的态度、行为和价值观念。此外，情景化和个人化也是语言教育的需要，它有利于保持学习者的学习积极性，情景英语教育还将语言教育内容置于真实的社会文化环境之中，使学习者不仅学到了语言知识，更重要的是掌握这些语言知识的具体应用规律，英语教育思想正是以此为理论基础。

（九）对本族文化不断反思，并将本族文化与目的文化以及其他文化进行比较

跨文化英语教育的一个突出特点是将本族文化从学习背景中凸显出来，通过与其他文化进行比较，形成一种跨文化氛围。这种跨文化氛围有三方面好处。

①联系本族文化和个人体验进行外国文化和语言的学习，不仅能刺激和保持学习者的学习积极性，而且学习者对所学内容记忆更牢固，理解更透彻，应用更灵活。

②跨文化交际要求学习者了解本族文化与其他文化接触时可能发生的冲突和可以采取的相应措施，只有在外国文化学习过程中不断反思和对照自己的本族文化，才能对文化差异的具体表现有一个全面、深入的了解。

③增强对本族文化的意识和反思，有利于学习者消除或减弱民族中心主义思想，客观认识自己的价值观念和行为习惯，从而培养一种开放、灵活的思维模式。

由于人们对本族文化大多处于一种潜意识接受的状态，不经过有意识的引导和刺激，人们很少会对自己赖以生存的文化进行反思，即使偶尔有这样的冲动，也会因为文化因素纷繁复杂，常常无从下手。跨文化英语教育的任务之一就是增强学习者对自己本族文化的意识和理解，比较和对比是达到这一目的的重要手段。

（十）尊重学习者，注意因材施教

虽然尊重学习者和注意因材施教的原则几乎对所有的教育活动都适用，但是，对于跨文化英语教育而言，这一原则有特别重要的意义。这是因为学习者的文化体验和价值观、世界观和思维等个人因素在跨文化英语教育中起着重要的作用，它们是文化教育（在一定程度上也是语言教育）的基础，因为跨文化交际能力的培养需要从学习者现有的文化体验出发，通过将本族文化与目的文化和其他文化进行对比来增强跨文化意识。正因如此，在教育过程中，我们一定要尊重学习者的个人体会、文化背景、价值观念、

思想感情等，不能对学习者及其思想感情持有轻视、否定及批判的态度。

此外，任何学习者都有自己的学习风格和方法偏好，在以学习者为中心的跨文化英语教育中，因材施教就显得尤为重要。不同的学习风格对应不同的教育方法，所以教师应该对学习者的学习风格有所了解，并相应选择和设计合适的教育方法。

当然，学习风格并非一成不变，教师可以在迎合学习者学习风格的基础上，有意识地向他们介绍一些其他适合的教育方法，让学习者了解不同方法的优点和不足，鼓励他们尝试其他方法，拓展他们的学习风格，增强学习的灵活性。因材施教和培养学习者自主学习能力两条原则实际上是相辅相成的。

以上十条原则从不同角度反映了跨文化英语教育模式的特点。将这些原则应用到各个阶段、各个环节的教育实践中，就能促进跨文化英语教育目标的实现。

第五章　教育转型背景下英语教学模式的创新

第一节　高校英语听力教学模式创新

在教育转型背景下，英语教育工作者和学者们对高校英语听力教学模式不断创新。下面笔者就对几种高校英语听力教学的新模式进行研究。

一、高校英语听力混合式教学模式

（一）混合式学习在高校英语听力教学中应用的条件

随着互联网技术的飞速发展，各行各业都开始朝着与互联网融合的方向发展，教育自然也不例外。目前，教育界的很多学者都致力于学科教学与互联网技术融合的研究。聚焦当前的高校英语听力教学，很多问题日益凸显，然而，在互联网技术的辅助下，一种全新的教学模式——混合式学习开始应用于英语听力教学中。这种教学模式集 E-Learning 与传统学习方法于一身，有效弥补了传统教学模式的不足。混合式学习模式强调英语听力教学除了要发挥教师的主导作用之外，还要重视学生的主体地位。因此，它对教师和学生都提出了比较高的要求。

就教学内容而言，在"互联网＋"时代，教师在准备课程时需要更多地借助互联网的资源，因此，教师必须具备的能力之一就是善于从海量的互联网资源中搜索有效资源，并对这些资料进行综合整理，从而形成学生需要的学习资料。在教学中教师可以使用互联网进行教学资料的搜索，然后将搜索出来的资料保存在互联网上，将这些教学资料在课堂上呈现，即实现现代教育技术的辅助教学，这也是新时代教师的必备素质之一。另外，教师还需要具备熟练使用现代教学设备的能力，教师在课堂上将视听工具灵活使用，还要将一些英语听力方面的视频和音频资料上传到教学终端，为学生的混合式学习提供充足的资料。但是，这些多媒体技术的信息设备在混合式听力教学中仍然存在一些问题，这种教学模式对学生的自控能力要求较高，因为混合式教学是一种先学后教的方式，学生需要主动并且管理好自己的学习，在学习中可以控制自己的学习和娱乐时间，这样才能使混合式教学取得更好的效果。在这种学习模式中，最开始主要是学生的自主学习，因此，学生需要排除一些干扰因素，使自己能够投入到自学中。学生在自主学习过程中，可以锻炼自己的思维能力，提高问题分析能力，并且可以与同学进行交流，互相分享学习成果，互相评价学习成果，从而促进小组合作能力的提升。就听力学习而言，学生需要积累大量词汇，并且反复听一些听力资料，找到其中的诀窍，这需要学生利用课余时间进行自主练习。学生只有经过大量的练习，才能由量变达到质变，最终提高自己的英语听力水平。学生在课下自主学习时经过了独立思考，课上可以答疑解惑，课后进行问题总结，这是混合式学习中比较重要的环节。

混合式学习模式对英语听力教学具有很大的促进作用。因为在这种学习模式中，会使用很多教育技术和工具，现代信息技术以及多媒体技术的融合使用对教学十分有利。学生在学习过程中，不仅自学一些英语听力的基础知识，还能使自己的听力得到很大的锻炼。在课堂教学中，学生具备一些基本的知识结构，通过教师讲解，可以对英语听力知识有更深刻的理解。在自主学习中，学生可以将自己的学习成果提交到网络平台，与其他学生进行互评或者请教师评价，使学生发现在英语听力学习中的一些问题并及时改正。在混合式学习中，一些现代技术应用软件以及一些学习策略都是实现良好学习效果的保障。

（二）混合式学习在英语听力教学中的应用

1.混合式学习在英语听力教学中的应用步骤

英语听力教学与其他科目一样，需要按照一定的步骤进行。下面笔者对英语听力教学的步骤进行分析。

（1）课前阶段

课前阶段是英语听力教学的第一个步骤，也是非常关键的教学步骤。在课前阶段，学生主要是进行自主学习。教师将准备好的教学资料上传到网络教学平台或者移动终端，让学生下载这些学习资料，然后让他们利用课下的时间对这些资料进行自主学习。教师在上传听力学习资料之后，还要给学生布置听力任务，使学生在自主学习中有目的地学习。对于听力自主学习的重点知识、听力练习内容，教师需要针对学生的实际情况合理安排。学生在收到教师布置自主学习的听力任务后，可以灵活选择学习的时间和地点。学生可以选择头脑清醒的时候练习听力。在练习听力内容时，一些听力材料十分简短，学生可以通过智能手机进行练习，然后将练习结果上传到教师指定的交流平台，如微信群、QQ群等。课前阶段的自主学习给予学生更大的自由性，让学生灵活安排学习时间，有助于提升听力教学效果。

（2）课中阶段

在课中阶段，比较重要的是反馈与策略归纳。教师在课堂上可以对学生听力自主学习中遇到的问题进行集中处理，这个阶段可以通过四个环节进行。首先，教师对学生在自主学习中遇到的问题进行答疑，并且将听力内容的正确答案告诉学生。其次，知识归纳精讲环节，教师对学生理解的重点与难点进行讲解，学生对自主学习的知识进行内化，然后通过推理归纳找到听力学习的策略。再次，进阶训练环节，学生对教师讲解的知识有了更深刻的理解，可以通过一些难度略高的练习进行检验，教师提出一些有难度的听力题目，学生自主完成，使英语听力的基础知识得到强化，真正实现从知识到技能的转变。最后，新课导入环节，完成新课程的听力学习之后，教师引入新课程，使学生自然进入新课程的学习，深化听力学习的内容。以上四个环节可以使学生对知识有更系统的认识，从而建构知识体系，轻松地学习英语听力。

（3）课后阶段

在课后阶段，学生主要是对知识进行自测以及开始下一阶段新知识的学习。为了更加了解学生的听力学习程度，教师在课后通过布置一些自测题目让学生完成来掌握学生的听力学习情况，这是混合式学习中教师的重要职责。教师将一些检验学生学习成果的题目上传到测试平台，学生根据自己的学习进度灵活选择完成的时间。在测试平台上，教师可以看到学生的听力测试结果，测试平台给予学生的听力测试进行打分。学生在听力测试中遇到的问题可以通过测试平台的群组进行讨论，从而及时解决疑惑。另外，教师还会在测试平台上传一些延伸练习题目，供学生自主选择练习，从而巩固学生的英语听力基础知识。在测试题完成之后，教师在网络教学平台发布下一阶段的任务，并且上传下一阶段的学习资料，方便学生进行下一阶段英语听力知识的自主学习。

2. 混合式学习在英语教学中的应用策略

（1）课前拓宽教学来源，构建学习交互通道

课前阶段是教学与学习的准备阶段，这一部分不仅包括知识的准备，也包括学习情境的铺设以及学习心理的准备，做好课前准备工作对教学任务的顺利完成具有事半功倍的效果。

首先，要拓展教学资料来源，立体化听力材料。

英语学科由于其自身的学科特性，有较强的文化性，作为文化的重要组成部分，英语具有丰富的语言内涵，同时又被刻上了深刻的文化烙印。随着课程改革的不断推进，高校英语教材收录了更多以英语为母语国家的政治、经济、文化、风俗等相关内容，这就对高校英语教学提出了更高的要求。因此，在听力教学开展之前，为了保证教学目标可以在有限的时间内顺利完成，教师应帮助学生克服由于背景文化知识缺失或者知识面过窄而造成的听力学习障碍，使学生在走进听力教学课堂之前就对所听主题丰富的背景知识有一定的了解，这样学生不再是空着脑袋进课堂，而是带着课前激发的求知欲望和学习兴趣进行学习，传统听力教学费时低效的困难将迎刃而解。

教师可以通过优质的英语学习网络平台，如普特英语听力网、大耳朵英语、可可英语等为学生进行背景知识的介绍和求知欲的激发，导入相关基础词汇和语法内容，克服单纯的语言基础知识上的障碍，扩充学生信息

库的容量，利用多样辅助手段实时异地听力策略的指导，培养学生对听力材料进行预测和联想的意识和能力。

听力材料不局限于文本材料、音频资源，丰富多样的视频也可以为听力教学服务，达到多感官刺激学生的目的，学习的趣味性得到显著提高。然而，无论是文本、音频还是视频听力资源的选择，都应该遵循短小切题、概括性强的原则，避免学生产生较大的学习负担，要让学习在轻松愉快的氛围中进行。另外重要的一点就是保证材料难度呈阶梯状分布，难易合理搭配，满足不同层次的学生对学习的需求，方便学生根据自己的实际情况自定步调，进行自主学习，营造学习的自主性环境。

听力材料应尽量坚持实时性、新颖性、知识性以及趣味性的统一，但不能为了追求新颖和趣味而丢弃教学的主题和目标内容。教师可以选取VOA、BBC的时事新闻、近期的影视片段、采访、广告、演讲、英语歌曲等真实的听力材料，不要局限于常规的测试听力训练材料。

其次，合理筛选听力教学材料，保证学生有效认知。

网络平台为教师提供了丰富多彩的教学软件和教学课件，面对丰富的听力教学资源，教师应该根据已经确定好的教学目标、教学任务、班级学生的听力实况以及学校多媒体设备的情况去精心筛选、设计和编制教学内容，把丰富的网络听力资源作为面对面听力教学的补充，切不可贪多、贪新。心理学有研究指出，学生的记忆是在有效理解材料的基础上进行的，如果教学材料超出了学生的认知负荷，不仅不会达到预期的教学效果，反而会增加学生的认知负担，使其产生心理恐惧与排斥。教师应注意电子听力材料的启发性，把学生的认知规律和注意特性考虑在内，切不可将多媒体的听力教学演变为新式的人机灌输的"填鸭式"教学。理想的教学模式应该是学生积极主动的自我获取、自我提高，最终达到自我实现。

最后，延展社会网络，构建学习交互通道。

随着互联网技术的不断成熟与普及，各种社交软件走进了我们的生活，改变着我们的生活方式交互渠道。这些社交软件使人们的交流变得"透明化"，人们越来越信任这些交互平台与软件。因而，在此基础上，信息和知识的互换愈加频发，内容越发丰富。我们将这些社交软件应用到教学中，可以增加师生、学生之间交互的机会，方便课下的异地交流，帮助学生从单一的自我学习圈中走出来，融入到整个学习网络中，达到丰富个人节点的目的，避免"回音壁"效应的产生。

教师可以建立一个英语听力学习平台，平台的管理者可以是教师，也可以是在计算机方面比较精通的学生，在上课之前教师将下节课想要讲授的新内容划分为几个子模块，设置好学习任务，通过网络交流平台布置给每位同学或者事先划分好的学习小组（小组内各成员学科基本能力、认知风格、学习风格互补），每位同学可以通过学科资源库或教师建议的网络平台所提供的"情境""协作""会话"条件去完成自我知识构建，实现个体化、自主化学习。如果遇到难点或完成不了的任务，学生可以在网络学习交流平台上或学习共同体中与同组同学交流，利用教师事先设定好的学习情境完成个人学习任务和小组作品报告。

教师是网络学习共同体中的组织者，应根据学习内容和学习者的特点对学生搜集到的资源进行组织与设计，保证学习资源的有效性。教师也是这个平台的监督者和秩序管理员，如果遇到不和谐现象，教师应在群里做好引导，帮助大家"重回正轨"。同时，教师对各成员节点的健康状况应做到心中有数，实时查看网络各节点的联系情况，并做好各节点间联结关系的梳理工作，以保证各成员节点都能积极融入网络学习共同体中信息知识的流动中，真正发挥这个学习共同体的积极效力。在这个学生线下互动的过程中，教师要关注学生的活动，保证学生互动方向的正确性和高效性，做到松而不散，活而不乱。

（2）课中集结信息节点，完成协作学习

完成了课前的准备工作之后，教师对于课堂教学应该有了设计的蓝图，准备了丰富的听力资源。学生也不是"空着脑袋"走进课堂，他们已经完成了相关认知图式的建立，上课对于学生来说是激发与扩充已有知识网络的动态过程。教师需要做的就是适时地利用多媒体手段呈现高吻合性和知识性的听力资源，在开放的、灵活多样的教学形式中帮助学生保持学习注意力，顺利完成学习任务。

第一，合理选择听力教学媒体，保证听力教学的教育性。

教学是一个知、情、意、行统一的过程，因此，教学媒体的选择要考虑教学过程的教育性。多媒体课件、音频视频听力材料以及网络平台固然可以给学生提供更加丰富的学习材料，但是我们不可以忽略必要的师生互动、生生互动以及课堂教学氛围给教学带来的积极影响。语言的学习就是一种交际的过程，具有极强的实践性、人文性和文化性，师生之间的有效互动和学生之间的探讨交流可以为语言学习提供具有真实性、灵活性以及创造性的交际环境，促进习得语言的输出和传递。我们应时刻注意教师的言传身教对学生产生的影响。

第二，营造轻松活跃的课堂气氛，交织灵活多样的教学方式。

人的注意分为无意注意、有意注意以及有意后注意。所以，我们应该努力利用刺激物的强度、刺激物之间的显著对比关系和刺激物的新异性去开展教学。运用注意的外部表现去了解学生的听课状态，适时调整教学节奏，运用无意注意的规律去组织教学，音量适中，做到语音、语调抑扬顿挫，遇到重点、难点还要加强语气，伴以适当的手势和表情，保持学生的注意力和学习兴趣。

混合式英语听力教学应该综合采用情境教学法、任务型教学法、交际教学法，将以教师为主导和以学生为中心统一起来，优化组合，力求教学效果最优化。教师应该努力营造一种轻松活跃的听力课堂，运用灵活多样的教学方式，如师生对话示范、同桌对话、分组讨论等教学形式的混合，使学生的注意力集中起来，这样，其学习兴趣和积极性也会得到明显提高。

第三，培养良好的听力习惯，保持积极的学习心态和愉悦的学习体验。

在听力过程中，学生的注意力应该放在信息的理解上，而不是死抠听不懂的词汇和短语。然而，目前学生对于听力的认知出现了偏差，大部分学生会刻意要求自己听懂材料的每一个单词、理解每一个句子，认为这样才会理解整个材料，才能完成教师的作业。所以，教师在听力教学过程中，应该不断培养学生的预测和联想能力，教会学生对听力材料进行自我信息加工，抓住关键词，对重要的时间、地点、任务进行记录，通过推测抓住文章的中心思想。

在听力教学过程中，学习者的心理情感因素起着非常重要的作用。影响听力教学效果的心理因素很复杂，大概包括学习动机、学习风格、自我效能感和性格特征等，积极的心理因素使学生在听力过程中处于积极向上的心理状态，降低了大脑皮层神经活动产生的抑制性反应，使学生保持较高的注意力和记忆力，帮助学生建立持之以恒的学习态度和坚忍的意志品质，提高听力效果。因此，教师在教学过程中应该根据课前对学生的了解，多采用有针对性的鼓励性语言鼓励班级学生积极参与课堂教学，帮助学生明确听力学习的动机，调动学生的积极性，树立其自信心，让学生敢于在课堂上张开嘴去表达自己，不畏惧错误，教会学生正确认识和面对错误。在大部分的英语课堂上，同学们纠结更多的是自己的表达用词是否得当，语法是否准确。然而，语言表达的目的在于听者是否可以听懂，所以，表达的唯一标准就是流畅，教师应引导学生正确认识错误，减少焦虑害怕的心理。

以多媒体技术为依托的英语教学课堂改变了传统教学的单向活动性、知识传授性和教师"一言堂"的弊端，实现了基于多媒体技术的多方向的互动教学。

（3）教师线下异步指导

教师课堂上几十分钟教学的结束并不真正意味着学生学习的结束，新时期的学习不受任何时间和地点的限制，这就需要学生在课下利用教师设置的"云学习"环境进行知识的归纳与总结，同时，教师也要通过交流平台在课下对学生进行异步异地的指导，建立学生的多元评价模式。

第一，帮助学生利用"云学习"环境，完成自我知识管理。

根据学生的能力、成绩、性别等因素而确立的听力学习共同体或者学习论坛，增加了学生学习的参与感和主人翁意识，学生根据自己的实际需要参与到课程的学习中，由之前的旁观者变为现在的主人翁，学习的使命感和荣誉感将会有所提高。学生通过教师精心筛选的听力网络链接资源补充学习课上的听力教材内容，既可以降低被网络其他内容吸引、分散注意力的可能性，又可以高效利用优质的资源，节约了筛选信息的时间和精力。在这种情况下，学习的资料不再是简单的听力教科书和配套练习册，听力学习资源实现了立体化、形象化、多样化，其既有传统练习册来保证新授知识的练习和巩固，又有多媒体课件、影像资料、扩充听力习题库来拓展学习能力。这种模式满足了不同听力程度以及不同学习风格学生的学习需要，拓宽了学生的视野，增强了其举一反三、融会贯通的能力，将个性化教学、因材施教落到了实处，每位学生的特殊才能和个性品质都得到了有效发掘，最大限度地保证了学生的全面发展。

第二，教师通过网络社区，获得听力学习反馈与非实时指导。

教师授课的结束并不意味着整个教学过程的终止，学生课下的评价与反馈以及复听情况也是听力教学必不可少的组成部分，具体包括学生对听力教学资源库和教师布置的听力网络课程的学习和利用、听力输出作品的完成和上传、自主测试、新课预习以及基于听力特定项目的小组学习等环节。

知识的获得并不是学习的终极目标，知识的应用才是检验知识掌握与否的标准，也就是说，"管道"比"管道中流通的知识"更有意义，所学知识要转变为学习者解决新问题的辅助手段和工具。所以，在课下，学生的自主学习都采用问题导向式或任务驱动式的方法，把问题的求解作为学习目标，在学习过程中提高学习者对知识的实际应用能力。

教师借助网络进行多媒体课件的制作、网上非实时指导、网上布置任务、网上组织学生自主学习和小组协作学习。学生借助教师创建的学习共同体或学习社区完成教师布置的作业，通过网络提供的博客、电子邮件和QQ以及微信等聊天工具获得教师的同步或异步指导。遇到难点问题和同组同学讨论或者去资源库查找资料，让学生意识到学习行为是发生在小组间的，这样能培养学生分享学习结果的意识和团结协作的意识。

第三，采用多元评价模式，实现学生全面发展。

听力课堂教学方式和学习方式的转变必然带来教学评价方式的变化，新式的英语听力课堂要求教师必须采用多元评估方式对学生进行评价，混合式学习所关注的不仅是结果性评价，学习过程的评价也是教师和学生所关注的对象，让教学评价贯穿于教学过程的始终。学生所展现出来的各种学习行为的变化都应该被教师记录在案，如学生在小组讨论中的积极程度、在教师提问中的踊跃度以及用英语与教师、同学交流的频率，这些与听力习题的正答率一起构成了一个全方位的评价，保证了学生的全面发展。同时教师也要注意学生在听力学习中的及时反馈，在教学过程中及时修正教学进度和教学事件，把教学反思穿插在教学过程中。

教师通过课前、课中以及课后三大阶段教学策略的设计，可以全方位地保证教学效率，使教学过程中教师的主导性作用和学生的主体性地位得到切实保障。课堂教学与课后扩展相互补充，既巩固了听力课堂的教学内容，又可以实现学生在课下自定步调的自主性学习，学生根据自己的实际情况选择听力练习内容，也可以通过教师帮助搭建的交流渠道进行合作学习。线上线下高频率的互动，把听力的教学与学习环境镶嵌到整个学科知识网络中，构建了一个充满个性化的学习环境。

二、多元化跨情景英语听力教学模式

高校英语教师需要根据英语听力教学的目标以及学生对英语听力学习的要求制订合理的英语听力教学计划，引导学生将英语听力能力的培养作为自身实现英语应用的重要基础，并且充分利用互联网多媒体技术实现英语听力跨情景教学，不断提升学生的英语听力能力和英语综合应用能力。

（一）以应用为导向构建多元化跨情景英语听力教学模式

当前高校英语听力教学方法单一，传统的多媒体课件教学并不能为学生的英语听力带来实质性效果，反复的英语听力练习反而会造成学生学习的倦怠感，从而降低英语学习的质量。高校英语教师要以明确的英语听力学习目的和应用目的帮助学生构建科学的英语听力学习规划，并且引导学生重视英语听力学习的重要性，将英语听力能力作为英语应用能力的重要基础。高校英语教师在英语教学大纲的要求下，要不断深化英语听力教学的应用特性，以多元化跨情景教学为学生的英语听力学习和练习搭建不同的应用化场景，这种体验式教学能够增强学生对英语听力学习和实践的效果。教师要以自身的专业能力和综合素养推进学生跨情景英语听力学习的有效性和科学性，不仅向学生传递相应的英语听力技巧和知识，同时也要根据英语听力情景的应用需求，给予学生不同的实践建议，帮助学生理解英语听力背后所遵循的语言逻辑和文化背景，让学生更加全面地掌握英语听力技巧。同时借助英语听力的不同情景应用要求开展相应的英语词汇、语法、文化等方面的教学，使学生不断提升自身的英语应用能力。高校英语教师要不断提升学生对于英语听力应用的正确认识，引导学生明确英语听力能力同英语应用实践之间的关联性，并且根据学生未来的职业发展规划制订具有专业特色化的英语听力跨情景教学方案，让学生在专业实践和职业发展的不同情景中灵活运用英语听力能力，这能够增强学生在专业发展和职业发展中的竞争力。

（二）深化英语听力教学跨情景模式之间的关联性，实现学生英语听力能力的综合提升

高校英语教学是一项复杂的教学工程，它的每一个环节都是相关联的。高校开展英语听力教学，应当将英语听力教学同英语中的说、写、读紧密联系起来，以良好的英语听力教学效果带动学生的英语交流、写作、阅读能力的同步提升，从而实现英语教育教学的目标，不断推进学生英语综合能力的发展。高校英语教师应当构建跨情景英语听力教学模式，通过英语听力情景的交织化，推进学生听力学习思维的发散发展。在传统英语听力教学中，英语教师往往根据既定的学习内容和考试内容引导学生开展英语听力学习和练习，这样容易造成学生在听力能力上的狭隘，导致学生只会掌握一种应用情景的听力能力和听力语言。当转换实践场景时，学生往往因为无法理解特定场景下的英语思维而造成听不懂的情况。英语教师需要在英语听力教学中重视学生对英语文化思维的理解，并引导学生通过英语听力学习掌握一定的语言推测能力，让学生理解听力和语言背后的潜台词和文化内涵，这样能够引导学生在跨情景的英语实践场合中以英语式的逻辑思维理解相应的听力内容。英语教师要根据英语应用情景的特殊需求，引导学生对听力内容进行选择性获取，从而降低学习难度，并且帮助学生培养良好的英语听力技巧，使学生能够更加清晰地分析出不同情景下英语听力的主要内容，从而提升学生的英语听力理解能力，帮助学生根据英语听力内容构建明晰的思考逻辑和框架。

（三）引导学生开展自主需求导向下的英语听力情景任务学习，提升学生的英语学习质量

高校英语教师需要引导学生端正正确的学习态度，用学生英语学习的自主驱动发现英语听力学习的重要性，推动学生开展相关英语基础知识的学习，为学生英语听力的提升打下基础。英语听力的教学包含多个方面，英语教师要根据学生的专业实践需求和英语应用要求制订合理的教学方案，既要让学生掌握基本的英语词汇、语法，不断夯实学生的英语基础，同时也要引导学生学习和掌握具有专业学科背景的英语词汇、技巧等，从而不断强化学生对于英语听力学习和专业实践的需求性。英语教师在开展英语听力的课堂教学中，要充分运用网络多媒体技术，以学生的自主化英语听力学习需求为导向，构建多元化跨情景的英语听力教学和实践场景，引导学生根据自己的英语能力和英语听力学习要求开展具有个性化的英语听力学习，同时情景化英语听力教学能够引导学生开展英语听力在专业实践中的应用，从而不断推进学生在专业实践导向下的英语听力学习，不断提升学生的英语听力应用能力和英语综合能力。英语作为一种语言，其作用在于沟通与联系，英语教师要引导学生强化学习目的，在教学中以特定的情景任务不断强化学生英语听力学习的效果。同时，根据不同学生的专业实践需求，构建相应的英语听力应用情景，以英语听力推进学生的专业学习和实践，从而充分发挥英语听力的应用价值，不断促进学生的综合学科和综合能力发展。

三、基于微课的高校英语听力教学"翻转课堂"模式

（一）基于微课的"翻转课堂"概念

时代的发展与科技的不断进步，使微课"翻转课堂"的教学模式应用于高校英语教学成为可能。在"翻转课堂"教学模式下，教师逐渐从传统教学中主导者的角色变成课堂教学活动的组织者、监督者、测试者和反馈者。微课的应用为学生提供了更多的学习资源，学生可以利用微课观看小视频的方式进行课程预习、要点重温等。教师也可以针对学生课前微课的学习

情况进行相应指导，这种学习模式，可以有效促进学生完成课前预习和课后反思。

1. 微课的制作

微课是针对某个课程要点或某一单元的知识点制作小视频供学生学习的形式，主要目的是通过简明扼要的讲解向学生传授知识，以便学生进行课前预习或内容回顾。微型课程的创建必须考虑到学生的接受程度和相关兴趣以及特定的启发。课前信息输入完毕，教师应及时回答学生提出的问题，同时组织相应的课堂活动，帮助学生完成自主学习。

2. "翻转课堂"的设计

"翻转课堂"相较于传统课堂教学模式具有很大的区别，它是一种新型的教学模式。在传统的教育模式中，学生的学习过程多为被动，教师在课堂占主导地位，大部分课堂时间都由教师来支配，学生的积极性难以调动，课堂上师生互动不足，致使教学效率偏低，严重影响了学生英语应用能力的培养。微课"翻转课堂"的应用，有效地调动了学生的学习积极性，有助于学生自主学习能力的培养。学生在课前不能有效地学习和消化微课的内容，就难以在课堂上提出相关问题，和同学教师之间的交流互动也会受到阻碍。因此，微课"翻转课堂"能促使学生认真完成课前预习并进行问题反思。此外，"翻转课堂"教学模式改变了教师的角色，在教育模式改革创新形势下，教师成为课堂活动的组织者和解惑者，课堂中增添多种多样的互动环节，有效激发学生学习知识的主动性和积极性，课堂的教学效率得到了极大提升。

（二）基于微课"翻转课堂"模式的应用价值

1. 满足学生个性需求

在高校英语课堂教学中，课堂班容量较大，有时候还会存在不同班级一起上课的现象。在这种情况下，学生的个性需求将无法得到满足。传统教学中，教育工作者在大学英语教学中发挥了主导作用，完全控制了课堂进度，无法满足课堂上学生的不同需求。基于此，"翻转课堂"教学模式的应用可以有效带动学生主动学习，自行找到解决问题的方法，培养获得相关知识的洞察力以及做好课前准备。在课堂上学生才能更加准确地表达自己的观点，促进学生的个性化发展。

2. 强化学生自主意识

在传统的教学过程中，教师以教学大纲来设计课堂教学目标，学生只是被动接受知识讲解，教学任务的完成情况以教师通过检查作业的方式检测。而"翻转课堂"教学模式有效改善了上述情况，学生可以自由支配时间进行学习，学习过程不受地域限制，利用视频随时进行学习，教师可以详细解答学生的困惑。在此基础上，学生的独立学习意识可以得到有效提升，并帮助教师科学地改变教学方式，使学生更加准确、深入地掌握英语知识。

3. 活跃课堂教学氛围

基于微型课程的"翻转课堂"在一定程度上改善了现有的教学方法，有效地激发了学生的学习兴趣，活跃了课堂的氛围，提高了课堂教学效率。当学生在课堂处于主导地位时，他们会主动探索和积极参与学习。在课堂活动进行中，这种教学模式使学生能够独立发现并处理问题，不仅可以满足现代学生的发展需要，还可以大幅提升学生的创新能力。

（三）"翻转课堂"模式的应用要求

1. 强调学生主导教学

在"翻转课堂"教学模式下，学生可以更好地参与到课堂活动中，积极参与每一项活动，使课堂气氛变得更加活跃。进行英语听力教学时，需要学生主动做好课前准备，"翻转课堂"教学模式很好地体现了这一功能。教师需要为学生准备大量的学习资源，然后对学生提出的问题进行解答。在教师的组织下，学生可以对自己的学习任务进行合理安排，为所学内容创建科学计划，为学习行为和学习方法创建合理计划。在"翻转课堂"教学模式下，以培养学生的学习兴趣为起点，从而有效地提高学生的学习技能，并提升英语听力的学习效果。

2. 使用任务驱动教学方法

"翻转课堂"模式中使用的教学方法是以任务为导向的，教师为学生设置作业，学生在需要完成任务的驱动下积极学习。"翻转课堂"教学模式可帮助学生更有效地训练思维能力，并提高学生对英语知识的理解。在完成作业的过程中，学生将专注于区分发音和理解文本。学生可以反复听练课堂的听力材料，学习不理解的内容，弥补自身的不足，有效提升听力能力。

3.设置多元评价体系

学习的自由性是"翻转课堂"教学模式的最大特点，但教师无法及时、全面地掌握全班的学习状况。因此，教师应建立一个多元化的评估体系，使学生和教师能够及时沟通，以全面了解学生的学习情况。教师进行听力教学时，所涉及的知识点包括语法、词汇和句子模式等，仅使用"翻转课堂"模式无法让学生精确掌握关键知识点。教师需要通过评估系统重新强调知识的要点，使学生能够将知识整合到评估过程中。

4.设置多样化教学内容

"翻转课堂"中的学生不仅可自由掌控学习进度，还可以通过独立学习获得更多符合自身需求的知识。因此，教师在设置教学内容时，应具有更广阔的空间，将教学内容进行多元化设置，使学生接触到的知识面更加广泛，学生即使不在课堂上依然可以掌握更多的知识。例如，教师可以在体育、社会、技术和生态等许多领域增加听力内容，以便学生通过听力在各种语言环境中学习听力技巧，提升学生听力学习的兴趣。

（四）　"翻转课堂"教学模式在高校英语听力教学中的应用

1.教学目标

在新的教学模式中，教师需要根据学生的实际情况设置课程目标。由于学生的学习能力各不相同，教师需根据学生实际情况进行分析，在分配学习任务时，做到以能力划分，使学生具有不同的学习目标。教师使用在线渠道为学生分配学习任务，学生应用在线平台按照学习水平自由学习和预览。这种教学更具针对性，更适用于不同学生的发展需求，有助于教学效率的提高。

2. 教学设计

教师进行英语听力教学时，应合理制订教学计划，以便更好地使用"翻转课堂"的教学模式。首先，教师需合理分析学生的学习情况，全面了解学生在课堂学习英语的能力、动力和方法。同时，还要研究学生的学习条件和需求，从而了解学生对英语资源的获得能力。其次，教师必须设计教学流程。第一，需要设计学习支持系统，开发教学资源并发布作业清单，让学生带着问题去预习课程，为课堂活动做好准备。第二，有必要创建一个知识内化的课堂。课堂的前15分钟交给学生，用以展现其预习效果，中间30分钟的课程可让学生就课堂上的关键问题进行结构化讨论。在课程的最后15分钟，学生用来完成教师布置的任务，巩固所学的知识，并为下一节课做好准备工作。第三，建立过程评估。建设一个用于课堂过程的评估系统，包括评估不同阶段作业的完成水平、学生的独立学习能力以及学生处理问题的能力。

3. 教学模式

（1）整合课程资源

"课堂翻转"教学模式提倡的是一种课前学习和课堂交流的形式。这种教学形式迫使教师将英语知识的教授放在了课外，学生必须积极主动地进行学习研究，教师应根据学生的听力知识点建立一个听力教学资源库，使资源库中的内容和材料能够满足全班学习的需求并适应不同水平的学生。例如，教师可以通过创建英语听力教学网站，把 PPT 教程、视频材料、听力材料等上传于网络，学生则可以通过使用学生 ID 和密码登录网站自由使用网站上的资料学习，教师可以通过后台对学生的学习情况得以掌握。

（2）课前准备

在课程设计中，听力部分的知识被安排在课下进行，教师预先向学生发送音频、视频、PPT 和其他材料，使学生可以独立学习课前的听力练习。比如，在课程开始前，教师会向学生发布作业列表，以便学生使用在线学习平台的资源预览听力知识，并总结自己遇到的问题或困难。教师要鼓励学生将自己的问题带到课堂上，为课上进行听力学习打好基础。

（3）课堂交流

在学生进行课前准备的同时，课前 15 分钟内，教师将组织学生查看网络教程浏览结果，然后利用半小时的时间组织学生对线上学习所遇到的问题进行讨论，对相关知识点展开探讨。在课堂最后阶段，需要教师进行作业讲解，以巩固知识点。另外，教师还需准备第二堂课的预习任务。在师生交流中，教师应使用多种教学方法，包括公开讨论和场景教学法。鼓励学生勇于提出问题，积极参与到教师与学生的互动中来，获得充足的听力训练。例如，教师根据学生的水平和能力分配不同级别的预习任务，在课堂上随机选择几个学生解释听力知识，并在此过程中讲解听力技巧。教师对学生线上学习遇到的问题和困难加以整理并体现在媒体课件中。然后，教师将学生分组，针对展示的问题进行分析讨论，并选出小组代表进行详细的知识讲解。

（4）课堂评价

经过课堂上的练习及讨论，教师要求学生对教学情况进行评估。对知识点进行课下预习、课上练习，是"翻转课堂"教学模式的核心。教师要清楚了解学生的学习状况，应将学生发现问题和解决问题的能力以占成绩百分之五十的比例计入课程评估，课堂评估包括课堂问题、讨论和交流、在线活动以及课堂测试。课后评估目标也应与学生的学习成果相匹配，剩余的百分之五十用于学习成果评估。学生成绩评估系统包括学生自我评估、学生互评和教师评估，最终获得学生的综合成绩。

（5）效果考核

从学生的独立学习技能、知识应用技能、沟通技能和团队协作技能等方面，对学生进行全面的评估，检测"翻转课堂"教学模式，对学生能力和基础知识的提升进行了解，总结"翻转课堂"教学模式的优缺点，优化教学模式。

随着中国教育信息技术的发展和高校对教育模式的不断改革创新，学校全套硬件设备已满足实施翻转课堂教学的要求，为大学英语听力教学的改革奠定了基础。基于微课的"翻转课堂"教学模式的英语听力教学具有资源丰富、科目分类灵活性强、更新容易、多种方法和多模式输入的优点，比传统教学更具优势。

第二节 高校英语口语教学模式创新

从我国高校英语口语教学现状来看，英语口语一直是高校英语教学中的一大难题，这个难题甚至在整个教育界也显得尤为突出。所以，教育工作者必须重视这一问题，努力发现问题，改善教学模式和内容，探索出新型的教学方式。只有逐渐完善英语口语教学模式，才能很好地解决这一问题，为我国高校英语口语教学提供帮助，培养出更多出色的大学生。

一、高校英语口语混合式教学模式

（一）混合式学习对英语口语教学的影响

随着信息技术的快速发展，我国教育领域创建了一种新的混合式学习理论，该学习理论的充分应用对我国高校教育产生了深刻影响。笔者通过分析很多国际以及国内学者对混合式学习理论的研究发现，混合式教学和我国的传统教学有很大差异。混合式教学理论是一种很先进的理论，它是被大量实践证明过的符合高等教育规律的学习理论。将混合式学习理论应用到英语口语教学中，不仅能够提升学生的学习效率，还能改善师生之间的关系，从而逐步提升学生的英语口语表达能力。混合式学习理论对英语口语教学的重要意义主要体现在以下四个方面。

1. 有利于设置科学合理的英语课程

众所周知，2000年教育部颁布的《高等职业教育英语课程教学基本要求》明确指出："高职英语课程的教学目标是培养学生在职场环境下运用英语的基本能力，特别是听、说能力。"因此，自《高等职业教育英语课程教学基本要求》颁布以来，我国高校开始逐渐重视起英语听力以及英语口语方面的教学。在未来的发展中，各个高校应该大力倡导设置专门的英语口语课，从而使学生接受比较专业的口语教学。

2.有利于建设混合式学习的英语口语教学平台课程

在实际的英语口语教学中，高校应该紧跟时代的步伐，依托先进的网络技术不断开发和建设相应的英语口语网络教学平台，并调整传统的授课形式。高校对英语口语教学可以采用课堂教学和网络授课教学这种线上和线下相结合的模式，从而不断丰富英语口语教学的途径和资源，为学生提供更加真实和多种多样的英语学习环境，从而促进学生的个性化发展。

3.有利于全面优化英语口语测试和评价反馈系统

在学生的英语口语教学中采用网络教学和测试平台，能够使学生更加熟悉正式的口语测试模式。学生可以充分利用网络资源提供的听力训练和口语训练不断提升这两方面的能力，然后采用网络平台提供的测试和评价体系对自己的英语口语水平进行测试，并找出自己的薄弱环节，加强练习。高校也应不断调整和优化英语口语测试和评价反馈系统。

总之，混合式教学理论在应用于高校英语口语教学过程中应充分依托先进的网络平台和网络教学资源，以便可以有效地优化高校的英语口语课程设置，使高校不仅重视学生的英语阅读教学，还重视学生的英语口语教学，不断提升学生的英语综合应用能力，同时提高学生的英语自主学习能力和实践能力。

（二）混合式学习理论在英语口语教学中的应用

1.在高校英语口语教学中实施混合式学习的培养策略

文秋芳的输出驱动理论指出，在实际教学中，学生学习一门外语的内驱力更多来自输出，而不是输入。也就是说，学生把语言的输出作为主要驱动力不仅可以提升其语言的应用能力，还可以使其对没有接触过的新语言知识充满好奇心和学习的欲望。然而，在我国很多高校的英语口语教学中，由于受到英语课时、班级人数以及学生的听、说素质等因素的影响，我国高校在教学中很难满足学生提升语言输出的需求。

我国高校传统的英语课堂中开展听、说教学时，教师在课堂上大部分时间都是在讲课，而学生大部分时间都是在听讲，都在接受教师的语言输入，并没有很多语言输出机会。然而，把混合式学习理论应用到高校英语口语教学中后，教师需要根据实际需求不断调整教学设计以及课堂的各个环节，从而使学生更加积极主动地参与到课堂的互动中，这能够加强学生的语言输出。在建构主义的学习理论中，学习环境通常是由如下四个要素构成的，即情境、协作、会话、意义。而在混合式学习中，教师会把这四种不同的要素重新进行调整。在实际教学中，教师可以通过观摩和分析一些比较优秀的混合式学习课例来分析和研究教学中涉及的各个要素，然后把自己的英语口语教学设计应用到英语口语教学实践中，从而提升学生英语语言输出。在具体实践中，我们可以按照如下环节实施：第一，教师在教学中合理制订混合式学习的课程计划表，计划表要清晰具体，也要突出教学的重难点。第二，在实际的课堂教学中，教师要对教学活动进行分类，从而准确定位活动的训练主题。

将混合式学习充分运用到英语口语教学中可以按照如下三个步骤实施，即课前、课中和课后。

第一步（课前），在上课之前，教师可以根据学习内容鼓励学生自主组队开展学习活动，每个小组都可以自主控制学习速度，自主选择小组学习的主要内容。对于网络平台上的教学部分，教师需要在课前提前将所学内容的基础知识以及考试重点知识整理后上传到网上，从而督促学生在网上自主预习。学生可以根据自身的实际情况制定学习任务。在课前准备过程中，教师也可以为学生提供适当的教学指导，并适当监督学生的课前学习活动，从而全面提升学生各方面的能力。在这个过程中，教师的主要角色就是学生学习的指导者。

第二步（课中），在我国的传统英语课堂中，教师往往占主导地位，学生几乎没有开口说英语的机会。而在混合式学习的英语课堂中，教师要转变教学的思路和方式，运用提问等方式增加教师与学生之间的互动，鼓励学生开口说英语。在教学中，教师还可以运用任务型合作学习的方式开展教学，使学生在各自的小组内用英语表达自己的看法，并与其他同学用英语进行交流等。学生课前的准备也为学生课堂中的语言输出活动做好了铺垫。在此过程中，教师的主要角色是学生学习的促进者，而学生的主要角色是意义知识的建构者。

第三步（课后），在我国传统的高校英语听、说教学中，教师采用的主要评价方式是听力笔试测试。在混合式教学中，教师对学生的听力以及口语水平的评价方式应该更加多元化，也应该看重对学生的过程性评价。因而在课后，教师可以采取一些措施（如在网上布置一些作业、在网上开设相关课程的讨论区等）来鼓励学生进行语言输出，提高学生的英语表达能力。在期末考试测试时，学生的成绩构成中应该包括口语成绩和听力成绩，同时也要提升学生的平时表现在最终成绩中的比例。

2.英语口语混合式教学生态模式建构

（1）有形课堂与无形课堂的混合式建构

在信息技术快速发展的时代，教师应该在英语教学中充分应用和发挥先进的网络技术和互联网平台优势，把线下英语课堂教学和线上虚拟的英语网络教学结合起来，大幅提高英语的教学水平，尤其是英语口语教学水平。将互联网应用到语言学习中，可以使语言学习的过程更加有趣，能够吸引学生的注意力。

在高校传统的英语课堂中，学生都在教室内上课，这样，学生之间就可以进行面对面的英语交流和沟通，而在网络平台上开展英语教学也具有显著优势，具体体现在：第一，网络平台能够为学生的英语学习提供海量的英语学习资料。第二，在网络平台中，师生之间以及学生之间有多种不同的交流工具和方式，他们之间的交流不受时间及地域的限制，学生在网络中可以自主学习并自由地与教师或同学交流看法。有形课堂与无形课堂的混合式建构可以充分发挥传统课堂和网络平台的优势，提升教学效果。在教学中，要想提高学生的英语口语水平，教师除了要在课堂中为学生讲明白口语相关的基础知识之外，还需要为学生提供大量真实的语言训练环境和机会。教师可以指导学生以小组为单位在真实生活中进行英语练习，并建立一些微信群、QQ群等，及时为学生的练习提供适当的帮助和指导，从而加强学生的英语口语训练。

（2）多样化教学方式的混合式建构

在信息技术时代，高校英语口语教师在教学中可以尝试多种不同的英语口语教学方式，如合作教学、探究教学等。英语教师采用多样化教学方式的混合式建构不仅能够大幅提升学生的英语口语水平，还能够激发学生学习英语的兴趣和主动性，这是师生之间的一种良性互动和发展。

在英语口语课堂教学开始之前，教师把自己制定的本节课的预习任务发布到相应的英语口语网络教学平台上，这样学生可以自主下载本节课的预习任务。学生既可以单独完成教师布置的预习任务，也可以和其他同学合作以小组为单位来完成预习任务。这能够使学生在英语口语课堂教学中有足够的时间练习口语。在学生的预习过程中，教师要通过各种渠道为学生提供及时的指导。在具体的课堂教学中，学生可以根据自己从网络平台上下载的和本节课学习主题相关的视频或音频资料进行口语学习和练习，学生在课堂上可以选择多样化的口语练习方式，如为经典的剧集配音、模仿名人的英语发音和风格等，从而训练和优化自己的发音技巧。学生在课堂上还可以以小组为单位分析和讨论一些具有争议性的话题，如热点新闻等，这样每个小组成员都能运用英语各抒己见，练习口语表达。在这个过程中，教师要仔细观察每位学生的口语输出情况并及时提供有针对性的指导意见和点评。在英语口语课结束之后，教师应充分利用网络平台监督学生的英语口语学习活动。教师可以在网络教学平台为学生适当布置一定的英语口语学习任务，并通过微信群或 QQ 群等方式与学生进行及时互动，解答学生在英语口语学习中遇到的困惑并时刻监督学生的口语学习。这样，在互联网技术的帮助下，教师就逐渐成为学生英语口语学习的引导者和督促者。

（3）多形态教学资源的混合式建构

在传统的英语口语教学中，教师通常在课前下载相关的教学资源，在"互联网+"的背景下，师生之间不仅可以共享大量实用的网络教学资源，教师也能自行制作一些相关的微课视频，方便学生自学。学生在课下也可以把自己英语口语的对话练习、口语模仿短片等资源上传到网络教学平台上，供其他学生参考和学习。随着信息技术的飞快发展，英语教师在口语课堂中还可以实现远程直播等，为学生的英语口语练习提供真实生活中的语言环境。在课堂之余，英语教师还可以利用微信群等方式将相关的英语口语学习资源群发给学生，丰富学生的资料来源。

（4）多元化教学评价的混合式建构

在高校传统的英语口语教学评价过程中，通常都是由教师来评价学生的口语学习成果，因而在具体教学中，对学生英语口语最为常见的评价方式是终结性评价。然而在"互联网+"的背景下，高校教学更加注重学生的个性化发展，因此，教师应该采用多元化的教学评价方式评价学生的口语水平。如线上和线下评价相结合、形成性和终结性评价相结合等，从而更加准确、全面地评价每个学生的英语口语学习情况。多元化的教学评价方式也能帮助教师更全面、更深入地了解每位同学的状况，方便教师因材施教。

在实际的英语口语教学中，教师应该关注每位学生并及时收集他们的音频资料、相关的重要视频资料、口语活动中的表现和参与度、课堂中对教师的问题的理解和回答及完成作业的情况等各种信息，并按照一定的比例对这些内容做量化处理。这些也可以作为学生英语口语成绩的一部分。另外，除了教师的英语口语评价，教师还应该积极鼓励学生参与评价。学生既可以对自己的英语口语情况进行自评，审视自己，也可以小组为单位请其他同学评价自己的英语口语成果，实现小组互评。经过教师的评价、学生的自评以及学生互评，学生就能更加清晰准确地了解自己的英语口语情况，从而不断调整和改进自我。在先进信息技术的支持下，多元化教学评价的混合式建构能够调动学生学习英语口语的积极性和主动性。

众所周知，高校的英语口语教学非常重视学生英语口语的应用能力和实践能力。在我国传统的英语口语教学中，大部分高校的英语口语教学方式较为单一，教学效果不佳，因此毕业生难以满足社会的发展需求。在"互联网+"时代，将混合式学习理论应用到高校的英语口语教学中，即构建英语口语混合式教学生态模式，可以优化高校英语口语的教学模式，建构多种多样的英语口语教学方法和评价方法，从而提高学生的英语口语水平。

二、高校英语口语"翻转课堂"教学模式设计

（一）实施"翻转课堂"教学模式的必要性

在大学生需要掌握的英语应用能力中，英语口语应用能力是重要组成部分。然而，从现阶段情况来看，仍然存在"哑巴英语"的现象，学生英语口语表达能力普遍不强。在以往的英语教学过程中，学生被动地接受知识的灌输，未能体现出课堂的主体地位，因而缺乏足够的热情学习英语口语。加之大部分学生英语基础薄弱，语音语调不准确，担心说不好，怕被人嘲笑，所以很多时候都不愿意开口说英语。

此外，从高校英语口语课堂设置上看，很少开设专门的英语口语课，而是重视对学生读、写能力的培养，忽视了对学生听、说能力的培养。为了帮助学生通过大学四、六级考试，仅有的英语口语课也用于训练学生的听力，口语课时很少。在传统教学模式影响下，教师主要扮演着课堂管理者和知识传递者的角色，而学生一般都消极地学习，被动地听教师的讲解，很少有机会开口说英语。即使有开口实践的机会，也受到课堂教学时间的限制，加之学生人数较多，每个学生只有极少的时间练习口语，无法有效提升口语能力。

（二）实施"翻转课堂"教学模式的可行性

随着高校校园网络的普及，学生可以在自主学习中心下载英语学习资料。在电脑和手机等移动设备的支持下，学生能够随时随地学习。在"翻转课堂"教学模式下，学生掌握了学习的主动权，不再是消极地学习，被动地接受教师知识的灌输，而是主动参与进去，积极思考，从而有效调动了学生学习英语口语的兴趣。

此外，在"翻转课堂"教学模式下，教师的讲解主要在课外进行，而课内主要是为学生提供练习的机会，这样能够真正解决学生口语实践机会不足的问题。"翻转课堂"教学模式不仅结合了学生的课外自主学习，同时，在课堂上加强了师生、学生之间的互动，这样对建立和谐的师生关系、生生关系十分有利。处于这样的和谐关系下，可以消除性格内向、信心不

足的学生的心理障碍，增强他们的自信，让他们敢于讲英语，从而不断提高英语口语能力。

（三）"翻转课堂"教学模式设计

①加大课前知识展示，制作高水准的教学视频。在制作教学视频过程中，教师主要从每节课的教学目标、重点和难点入手。

例如，《新视野大学英语（视听说教程2）》第三单元 Every Jack has his Jill！该单元主要就爱情这一话题展开讨论，对此，教师所制作的视频要能够引导学生思考"爱的真谛"，描述学生眼中的"Love"分别代表了什么意思，有什么含义。同时，可以为学生播放一段英语短片，让学生学习掌握更多关于爱情的词汇和表达方式，并组织学生展开谈论，话题可以是"当代大学生的择偶观"。课后，教师要求学生收集资料，逐步了解在婚姻观念上中西方文化的差异，从而为更好开展课堂互动做足准备。

②加强课堂互动，引导学生进行探究式自主学习。学生利用课外时间观看教学视频，并在网络上查找相关资料，准备在课堂上为教师和其他学生展示。教师在进行课堂教学时，可以按照课前设计好的流程，有序开展课堂活动，让学生上台展示自我，加强英语口语的练习。处于"翻转课堂"教学模式下，教师在设计英语口语教学活动时，要始终坚持实用为主的原则，以此实现学生口语应用能力的提高。具体的活动内容如下：

第一，展示和说明。根据课堂学习的内容，教师让学生以小组或个人的形式，在课堂上利用多媒体为学生介绍社会上的人或事，同时也可以谈谈自己的感悟。教师可以结合学生的感悟适当作出补充或给予合理的评价，并组织其他学生开展讨论。

第二，角色表演。教师要利用好每个单元的主要话题内容，组织学生进行角色表演。例如，在上文中提到的 Every Jack has his Jill！这一单元中，教师可以让一名学生扮演电视主持人，然后安排另外四名学生分别扮演两对来自东西方不同国家的年轻夫妇，以采访的方式，谈一谈中西方婚姻观的差异。在此过程中，能够锻炼学生的英语口语能力和语言组织能力。

第三，辩论赛。教师要设置一个学生感兴趣或者社会上的焦点与热点话题，并要求学生在课前自主搜集相关材料，并作出自己的分析，然后在课堂上开展讨论。运用辩论赛的形式除了拓宽学生的知识面以外，还能够培养学生的思辨能力，并逐步提高学生的英语思维能力，以及英语口语应用能力。

第四，英语演讲。教师可以收集一些有积极意义、能够启发学生以及在思想上引起学生共鸣的主体。教师要求学生在课前将演讲稿准备好，并在课堂上进行脱稿演讲，在长期的锻炼下，学生增强了学习口语的信心，提高口头表达能力，从而敢于开口说英语，愿意开口说英语。

尤其要注意的是，课堂互动有丰富多样的形式，教师要从各个单元的教学主题出发，有针对性地设计教学活动。此外，在学生参与课堂活动过程中，教师要及时给予帮助指导，并作出恰当合理的点评，比如学生语音语调是否准确，在运用词汇句法上是否得体，表达方式是否正确等。同时，教师还要在必要时为学生补充相关的英语知识背景，避免学生出现交际性错误，只有这样才能真正实现学生口语能力的提升。

③正面效应。在高校英语口语教学中应用"翻转课堂"教学模式时，要产生积极的正面效应。一是在课前自主学习环节，学生要从自身实际情况出发，合理安排学习进度，这样不仅迎合了学生自主学习的习惯，还能够增强学生的自我管理意识。二是通过加强课堂互动交流，让教师第一时间查找到问题所在，并给予学生相应的辅导。在日常英语课堂教学中，学生能够在互动中将自身观点表达出来，最大限度展现自己的口语风采，弥补英语口语教学课时不足的局限，并以此实现自身口语表达能力的提升。

总之，在高校英语口语教学过程中，"翻转课堂"教学模式还有着更为广阔的应用空间。身为高校英语教师，要正确认识到"翻转课堂"教学模式的重要性，及时转变教学理念，从学生学习特点与实际情况出发，合理制作相应的教学视频，充分利用学生的课外时间，尊重学生的教学主体地位，只有这样才能切实提高学生的英语口语能力，真正发挥出"翻转课堂"教学模式的作用。

第三节　高校英语阅读教学模式创新

一、高校英语阅读教学方法创新应遵循的原则

不同的学生、教师，不同的教学环境和条件，不同的教学目的以及其他不同，反映在阅读教学上，就必然演化出各种各样的阅读教学活动，这就是英语阅读教学的实践。理论研究更为关注的是，这些各不相同的英语阅读教学活动与任务的背后，有哪些共同的原则必须遵守。

阅读任务如果只是简单地检测学生们的阅读理解是不正确的，它应该着重培养学生的阅读技巧。对于学生现阶段所面对的一些阅读材料，教师应该协助他们进行处理。除此之外，教师更应该帮助学生掌握尽可能多的阅读技巧，提高阅读理解水平。教师还应培养学生独立阅读的能力。阅读理解过程实际是一个错综复杂的、由宏观到微观、再由微观到宏观的互动、互补过程。

阅读技巧与阅读理解的关系是手段与目的的关系，彼此绝无对立可言。在英语阅读教学中过多地注意阅读技巧，可能忽略最终目标。就一般的阅读技巧而言，英语学习者在其母语习得过程中已经掌握，而这种存在于母语意识中的阅读技巧必然会自动转化为英语阅读技巧。所以，教师在进行英语阅读训练时，应该合理分配阅读技巧的训练，否则就会浪费学生的学习资源。虽然英语属于印欧语系，汉语属于汉藏语系，两种语言在形态结构等很多方面迥然不同，但是，人类进行语言理解的内在规律应该是相通的，因为语言运动在本质上不是语言形态本身的运动，而是人类心智运动在语言形态上的表现。

根据上述分析，为了实现阅读教学的目标，保证阅读教学的有效开展，教师应遵循以下原则。

（一）兴趣激发原则

学生如果对阅读有非常浓厚的兴趣，那么阅读教学就成功了一大半。反之，成功的概率便很小。有了兴趣，学生便会不由自主积极、主动且热情地学习。但是有一点教师要特别注意，对于教学的形式和内容要适时进行变换，目的是保持教学的新鲜感，使学生对于阅读也保持着饱满的热情与兴趣，让学生不仅会阅读，而且能够快乐地阅读，从完成任务式的被动阅读变成主动积极、自发性阅读。

（二）真实性原则

交际教学法，顾名思义，它的重点就是语言的交际性，它也是交际教学法基本原则强调的重点，在语言中，交际性最先来源于真实性。所以，真实性在阅读教学中非常重要，要特别注意。阅读教学中的真实性包括三个方面：

①阅读材料的真实性。教师在选择阅读材料时要结合学生的日常交际需求，从日常现实生活中选择阅读材料，这些阅读材料既要符合学生的语言水平，又是学生感兴趣的，文体的式样也要多种多样且具有代表性。

②阅读目的的真实性。在真实的交往活动中，阅读总是带有目的性的。有的人是为了得到信息，有的人是为了检验自己的知识，也有的人是为了评价作者的观点和作品的风格，还有的人是为了消磨时间。不同的阅读目的选择的阅读方法也不一样。阅读的目的除了这些，更重要的是在练习的设计方面要有所体现，学生进行阅读练习就是为了达到阅读目的。

③阅读方法的真实性。在阅读过程中，学生要选择一种最适合自己的阅读方法，而这种方法的选择依据是阅读的目的及阅读材料的体裁等。阅读的一般规律是，重理解，轻语言，将阅读理解的重点放在文章内容的理解上。如果不遵循这一规律，阅读教学是很难成功的。

"先理解，后语言点"是阅读课堂教学的目的，这要重点且非常明确地进行贯彻，使学生能够真实地参与阅读的实际体验中来，让学生们自己读，而不是由老师来代替。如果学生的推理对比、分析判断、阅读理解、评价总结等机会被老师剥夺，学生的阅读能力就很难快速地培养起来。

（三）层层设问原则

层层设问原则主要指教师在阅读教学中提出的问题应该具有层次性，一环扣一环，逐步揭示文章的主题。例如：

教师在讲解 Thomas Edison 这篇课文时，可以提出如下问题：

① Who was Thomas Edison？

② When Thomas Edison was five years old, he sat on some eggs one day, didn't he？ Why？

③ Why did Edison's teacher send him away from school?

④ What do you think about Thomas Edison？ Why？

⑤ What can we learn from the text？

这五个问题由浅入深，层次分明，学生可根据教师提出的问题，想方设法化难为易，在解决问题的过程中，掌握所学知识，逐步理解文章内容，并提高自己的分析理解能力。

（四）积极性原则

阅读不是一个被动的过程，而是一种高度积极主动的创造性行为，是读者根据已有的信息、知识和经验对语篇进行筛选、分类和解释的过程，是读者通过语篇与作者相互作用的交际行为。读者的心理状态对阅读产生重要影响。决定阅读心理状态的具体因素包括阅读目的、兴趣、必要性、积极性等，可以概括地用"强制性"来表示。强制性大的阅读往往积极性差，属被动阅读；强制性小的阅读则往往出于兴趣，是自发性的主动阅读。在实践中，前一种阅读比后一种阅读难度更大。比如，同样的阅读材料在学生平时的学习中不算很难，但放在考试中可能要难得多，若放在和毕业、晋升、出国深造等有关的考试中就会显得更难。

提高学生阅读的积极性要从以下几个方面入手：

①选择学生感兴趣的、难度适中的文章。

②开展生动有趣的课堂活动。为了激发学生阅读的积极性，教师应尽量减少乏味的教学活动。

③及时发现学生的进步，多鼓励、多表扬。

（五）循序渐进，因材施教原则

阅读教学目标的实现要循序渐进，对于这一过程，要进行长远的规划，然后对其进行合理的设计。而教师在阅读材料、确定教学任务、采用阅读方法和反馈阅读教学效果等多个方面都要进行周到、细致的考量。同时，应该充分发挥学生们的创造性思维，鼓励他们积极地找寻适合自己阅读方法，引导他们运用合适的阅读方法去完成既定的阅读任务。

每个学生都是独立的个体，在学习阅读的进度方面也是有所差异的。所以，教师要充分考虑到这一点，尽可能地满足在学习进度上存在差异的学生的特殊需求，使每个人都能够充分发展各自的阅读技能。教师还应该对每一个学生的特点仔细分析总结并进行归类，在教学活动中，有针对性地对每一类学生提出不同的要求，运用适合他们的方法，对他们因材施教。

（六）速度调节原则

阅读速度与理解能力是不成正比的，阅读速度快不代表理解能力强，阅读速度慢不意味着能力差。教师应对学生加强一般阅读技能的训练和语言的基础知识，且不宜加快阅读速度。

教师应该结合教学进度对阅读速度进行规定，在教学开始时，可以采用较慢的速度，以便学生对教学材料进行充分理解，而且慢速的阅读在有些时候也是必须运用在教学中的，随着学生词汇量的增加、词语意思、语法等知识量的扩充，语感和阅读的技巧也逐渐得到加强，阅读速度也就慢慢加快了。进入这一阶段，就应该对训练的时间进行限制，同时，要增加训练强度，一步步实现阅读教学的目标。速度调节原则，实际上对教师提出了一定的要求，要求他们准确把控阅读教学的阅读速度，做到有张有弛，针对不同阶段的教学目标及时地调整阅读速度。

二、英语阅读教学的新方法

教学的重点是传授知识，将重点转移到培养阅读技能，实现教学的策略性，教学的策略性是阅读教学能取得成功的关键所在。笔者下面从阅读前、中、后三个过程探讨具体的教学模式。

（一）阅读前的教学方法

引出主题、提出问题、分配任务，都属于阅读前活动，它们都是为了让学生更好地了解文章的大体意思，目的激发学生的阅读兴趣，让学生在最短的时间内进入阅读材料的角色之中。大体来说，阅读前的活动主要有扫除障碍、以旧引新、激活背景、预测情节等作用。

（二）阅读中教学方法

翻译句子、提问、判断、赏析理解是传统阅读课上使用的教学方式，学生通过文章中的语言现象理解整篇文章，读前的推测一次次在读后得到验证，这个过程就是阅读过程。笔者下面针对阅读过程中的阅读策略进行分析。

1. 略读

具体说来，略读时应该注意以下技巧：

①关注大、小标题和表示重点的画线、斜体和黑体部分。

②关注文章首尾段和每段首尾句。

③关注关联词和关键词。

2. 跳读

在采用此阅读方法时，一般需要采取以下步骤：

①审题。

②提取问题信息之后，定位原文位置，寻找相关内容。

③找到关键信息之后，阅读其上下文，找到有用信息。

④无关内容直接跳过。

⑤获取所有信息之后回到问题，对比选项，找出正确答案。

对于以上阅读方法，教师应在日常练习中对学生加以培养。对通知、广告等可以快速获取信息的应用文来说，仔细阅读是没必要的，对于考试来说更是不现实的。加强以上阅读方法的锻炼可以培养学生快速获取信息和处理问题的能力，这种方式更加具有实用性。

值得注意的是，常考的关联词和关键性词语平时要多多积累总结，这样就可以在阅读中节省时间。

3. 寻找主题句

要想读懂一篇文章，必须明确中心思想，而中心思想可以通过寻找主题句的方式来获得。主题句，顾名思义，就是概括文章大意的句子，一般情况下，主题句会采用结构简单的表达方式，而鲜少采用长难句。它经常出现在文章开头，起到总领全文的作用，也经常出现在结尾，起到总结全文的作用，当然也不排除出现在文章中间的可能性。这是一般情况，有时也有可能会出现没有主题句的特殊情况。下面将其分为三种情况进行探讨。

①主题句在段落开头。主题句经常出现在段落开头，直接表达出文章主旨，让阅读者一目了然，下文是对于这一主旨引出话题的具体叙述。

②主题句在段落结尾。主题句也有可能位于段落结尾，对上文进行总结或建议，此时可注意一些表示总结的关联词。

③主题句暗含在段落之间。主题句也可能暗含在段落之间，尤其是文章段落过多时。既然是暗含，就说明可能找不到具有概括性的主题句，这时就要分析文章中的观点、事件和具体事实来归纳总结主题句，通过文章中关于前面三项的具体细节，加上自己的逻辑判断来体会。

4. 信息转换

在阅读过程中可能难以将大量的信息全部准确记忆，这时就要采用信息转化方法。例如，给每个段落添加小标题；将文章信息点整合成表格或图画（思维导图、统计图、流程图等）；按照时间顺序重新排列整理。

运用以上方法可以帮助阅读者尤其是第二语言的阅读者整理信息，理解文章意义。

5. 提问

在阅读教学中，教师经常采用提问方式考查学生的掌握程度。提问也有具体方法，应根据学生情况调整问题的难度和提问次数，大致可分为以下五种：

①理解表层含义，可以直接在文章中找到对应答案。

②理解深层含义，根据获取到的信息，自行总结答案。

③通过推理进行理解，仔细阅读，根据文章中已给信息进行推理，得

出答案。

④在对文章理解的基础上进行评价，做出准确判断。

⑤增加个人理解，考查学生自身对于相关内容的反映。

（三）阅读后教学方法

在阅读教学中，教师应把握好在阅读练习之后的环节，这能很好地帮助学生对所学知识进行积累和巩固，加强学生说和写的能力。教师在这一环节可以安排一些让学生运用和发挥自己想象力和创造力的活动表达交流读后感。当然，具体内容还要根据学生的实际水平而定。具体的活动包括复述、转述、填空和写作。

总之，阅读是一种能力，而能力的培养不是一朝一夕之功，必须循序渐进。在这个过程中可以先培养学生的阅读习惯，并且培养他们的阅读兴趣帮助他们进行阅读练习，当然，在练习过程中要适当告诉其方法，经过日积月累，必然能够达到很好的效果，培养出优秀的阅读能力。在实际练习中恰当地使用这些阅读方法，可以使阅读事半功倍。

三、转型背景下高校英语阅读教学模式创新

（一）高校英语阅读混合式教学

1. 混合式学习在英语阅读教学中应用的必要性

（1）网络信息技术的不断发展

自第三次科技革命以来，信息技术的发展非常迅速，世界各个国家对其关注度不断提高，互联网的应用也非常广泛。在教育领域，网络技术的使用非常普遍。最早提出混合式教学这一概念是国外的培训机构。所谓混合式教学法，指的是把课堂教学和网络化教学有效地结合起来，把 face to face 教学和 E-learning 教学进行有机整合。中国第一个提出混合式教学法的人是北京师范大学的教授何克抗，他认为，混合式教学法使传统意义上的教学模式和网络化的教学模式有机结合起来，实现了优点和缺点的互补，把教师的指导性作用和学生的主体性作用有效地激发出来，使学生的主动性、创造性不断增强。人们对语言的研究日渐加深，与此同时，很多外语教师都在使用混

合式教学法，经过时间和实践的检验，这一方式是非常可取的。

（2）传统意义上的语言教学方法的缺点逐渐显露

中国高等院校英语教学目前最见的课堂教学模式为：上课前，学生对课程内容进行预习；课堂上，教师逐字逐句地对语言知识进行讲解，并进行课堂提问，进行一定的练习等。现在高等院校的英语阅读教学法对于单个词语和句子过于重视，每当说到英语阅读教学时，教师都会使用传统意义上的教学方法，似乎只有对单个词语和句子进行详细的解读才能使阅读课的任务得以顺利完成。实际上，在进行英语阅读时，学生的问题不只有英语单词，还有语法问题。传统意义上的教学方式和混合式教学的有效结合可以达到最佳的教学效果。混合式教学包括两方面内容：一方面是教学方法的相互融合，另一方面是教学资源的相互混合。混合式教学不只是把这些组成部分混合在一起，更重要的是怎样把它们进行有机整合，达到最好的效果。和传统意义上的教学模式相比较，混合式教学有其自身的优越性，这使学习者可以有更多的机会进行学习，使学习效率不断提升。

教学设计有其目的性，那就是以学习理论、混合式学习理论和互动理论为其理论基础，使用系统的方法对教学问题进行分析，确立教学目标，最终取得较好的教学效果。我们借助教学设计来解决教学问题，还要对其效果进行评估。好的教学设计可以提高资源的有效利用率，还能使教学质量和水平不断提高。所以，在进行混合式教学时，高等院校的英语阅读教学设计必须和混合式教学的基本要求相符合。

在传统的课堂教学模式下，教学内容通常比较枯燥，教学手段也比较单一。但是，在混合式教学下，各种网络课程和教学活动弥补了这些不足。

第一，对教学进行认真准备。教学条件和教学方法对教学活动的设计产生直接性影响，对教学的顺利开展具有重要意义。混合式教学涵盖了很多内容，既包括教育方面、学习环境方面的混合，也包括学习方式、学习资源的混合等。所以，混合式教学的任务是非常复杂的，也是非常全面的。教师可以让学生对学习任务进行预先学习，对问题进行尝试性解答，对有疑问的地方，在课堂上提出来，并和学生一起讨论，然后形成一定的视频或文本，再结合线上讨论促进问题的解决。

第二，线上模式和线下模式有机结合起来。线上模式和线下模式有机结合，相互补充，这样的教学模式在阅读教学中的反映就是借助多媒体技术和网络资源对各种活动进行处理和分析。首先，在上课之前，教师就要利用多媒体对课堂教学进行有效的组织。在整个教学活动中，教师的主要作用就是对学生进行引导、监督和组织，解答学生的疑难问题，帮助学生找到适合自己的学习方法。其次，在英语阅读教学中，学生可以对其中涵盖的文化知识进行讨论，先让学生之间进行相互讨论，然后由教师进行总结。如果学生并没有完全掌握课堂上的内容，可以在课下进行线上的二次学习。当学生完成课堂上的练习后，还可以通过线上的自我测评环节进行更进一步的检测。测试完毕，最终会给出相应的分数，学生可以根据自己的得分情况决定是否重新学习。最后，由于课堂人数比较多，每个学生的理解能力和基础知识也是不一样的。一堂课结束后，不能说每个学生都能掌握所学内容。这时，教师就可以把相关的学习内容上传到网上，学生利用课余时间进行相应的学习和检测。

第三，对于教生之间、学生之间的关系给予高度重视。在课堂上，教师和学生之间、学生和学生之间都可以进行互动。教师设计一些相关的问题，学生针对这些问题进行讨论。学生也可以自己提出一些问题，在课堂上和其他学生进行讨论。这样的教学方式增强了学生学习的自主性。

（3）和学生学习的需求相适应

由于是非本土英语学习，学生在英语学习过程中难免会遇到一些困难。当然，如果从小就在英语环境中长大，可能相对容易一点。学生要想学好一门语言，最主要的就是多说，不能纯粹为了应付考试而学习。在高等院校的英语阅读教学中采用混合式教学法，既可以使学生学到一些比较正统的发音，还可以了解其他国家的风土人情和风俗文化。通常来说，高等院校的英语阅读教学课程的内容主要是一些英文文章，这些文章涵盖了各种各样的文体。学生需要不断提升英语阅读能力，这既需要教师的深入解读和分析，也需要学生借助现代信息技术了解西方文化，因此加深对英语的理解能力。

2.英语阅读教学中混合式教学方法

（1）结合传统教学方式，融入新的教学理念

英语阅读可以分为两种模式：精读和泛读。教师在进行英语阅读教学时，可以根据教学情况及文章的重要程度对教学模式进行调整，也可以借助互联网针对不同的文章查找不同的教学资源。在传统意义上的教学模式下，采用混合式教学法就是使用互联网技术替代教师板书的教学重点，如使用PPT课件。在开展教学过程中借助互联网技术对教学资源进行合理应用，使学生的注意力更加集中。与此同时，还要与传统意义上的教学模式进行有效结合，也就是教学目标必须非常明确，教学内容非常完善，这样才能把学生非常自然地带到课堂学习之中。教师在使用以互联网技术为基础的英语阅读的混合式教学法时，首先要做的就是转变自身的教学理念，能够清楚地认识到教学资源不只局限于PPT课件，也不只是单纯地播放PPT课件。教师还需要发挥自身的能动性，对互联网中的各种教学资源进行合理运用，使学生通过学习获得较好的学习认知，最终提升英语阅读能力。

（2）建立教学情景，激发学生的学习兴趣

在开展英语阅读教学的过程中，混合式教学法的使用可以充分运用互联网的教学资源，从而建立起情景教学模式，比如展现英语阅读的文章，让学生更加深入地体会其中的情感，进而更好地解答相关问题。混合式教学法既能给学生提供较为丰富的教学资源，还能使学生把自身的主观能动性充分地发挥出来，通过对互联网技术进行较为充分的发掘和运用，利用碎片化时间学习，激发出学习兴趣。

（3）阅读和写作相结合，培养学生的学习方法

随着学生英语阅读量的不断增加，其积累的英语写作素材越来越多。所以，在课堂教学中，教师可以对混合式教学法的在线训练进行合理运用，借助互联网技术开展教学，使学生的学习水平不断提高。混合式教学法和互联网技术有效地结合起来，可以使学生的自主性得到充分发挥，并在自主学习过程中养成良好的学习习惯。

（4）学校要建立健全的软硬件配置

教师要采用新的教学方法，就需要硬件和软件环境进行合理的配置。

学校除了要把能够覆盖整个学校的网络建立起来，还要配置相对应的硬件和软件设施以及相应的激励机制，积极鼓励教师在课堂教学过程中采用混合式教学法。

（5）教师要转换角色，充分发挥学生的主体作用

在传统的英语教学模式中，高等院校的教学把教师当作主体，学生只是被动地接受教师讲授的知识和内容。这样的教学模式只是在一定程度上提高了学生的做题能力，但与社会发展所要求的人才标准并不一致。在此背景下，混合式教学法应运而生，它把传统意义上的教学法和网络化的教学法各自的优点整合起来，使英语阅读课堂的内容丰富起来，开阔了学生视野，充分激发了教师的主导性和学生的主体性。

（二）高校英语阅读交互式教学

1. 交互式教学简述

交互式教学是在宏观教学情景下，在多点自由切入的教学平台上，教师的教与学生的学围绕某一个问题或课题，进行交流和自主互动的一种教学方法。交互式教学是一种着眼于培养学生特定的、具体的用以促进理解的策略。实际上，交互式教学重视学生间的相互支持和促进，教师应帮助学生就阅读文章的理解展开讨论，把它与新知识联系起来，对话应有主题、有方向，让学生和老师都明确教学目标。同时，教师对学生的发言要给出客观综合的评价，引导学生更加积极地作出建构性的阅读反应。总之，交互式教学是一种高效率的教学模式，有利于建立起新型的师生关系，促进学生的综合发展。

2. 大学英语阅读交互式教学具体应用过程

在高校英语阅读教学中，应用交互式教学，即交互式阅读，具有一定的应用程序和方法，一般可以分为如下五个阶段。

（1）准备阶段

在进行交互式阅读之前，需要做一些必要的准备工作。学生要根据阅读内容，对阅读背景进行了解，注意储备相关的阅读背景方面的知识。这一过程主要是通过收集资料来完成。教师要根据教学内容，对学生给予适

当的指导，使学生在较短的时间内通过各种方式，获取与阅读内容相关的各种资料和信息，为后续的交互式阅读做好准备。

（2）提问阶段

提问阶段不是指教师在教学中设计的问题，而是指学生根据阅读内容，主动发现问题，提出具体问题。在这一阶段，教师要充分发挥引导和鼓励作用，提高学生的阅读兴趣，同时，根据阅读内容，鼓励学生提出自己的问题。提问要具有个性，不能流于形式。通过学生自主提问，不但能够活跃教学气氛，激发学生的阅读积极性，使学生在轻松愉悦的环境中，放松身心，主动思考，而且有助于提高学生的思考和创新能力，为更深层次的阅读奠定良好的基础。

（3）阅读阶段

阅读阶段就是整个交互式阅读模式的核心。学生对阅读资料做好充分准备，独立提出问题，基于对阅读内容有了一个大概的了解后，接下来就是详读阶段。在这个过程中，学生要进行独立学习，运用自己的思维方式，理解阅读内容。与此同时，教师负责必要的指导，阅读过程主要依靠学生自己完成，教师要改变传统教育方式，把以往对阅读词句的解释换成适当的引导，充分发挥学生的主观能动性，激发学生的阅读热情，鼓励学生创造属于自己的独特阅读模式和阅读方法。此外，教师要引导学生使用正确的阅读技巧。

首先，要学会略读。所谓略读，是指快速阅读文章以了解其内容大意。这是一种非常实用的快速阅读技能。略读要集中注意力，速度要快，重点阅读文章的开头和结尾，同时注意找出各段的主题句，忽略不认识的词汇，抓住关键内容，了解文章大意。其次，查读。查读就是在文章找寻特殊的信息，带着问题阅读，查出与问题相关的句子、段落等关键信息。目的明确，就是查阅问题的答案，一旦找到，立刻停止阅读。最后，找关键词。在阅读过程中，要明确句子间的关系，特殊词汇要特别留意，快速锁定关键词汇，有助于快速理解文章。此外，还要注意找出与文章主题相关的句子、词汇。对陌生词汇要有正确判断、猜测的能力。不拘小节，从整体上把握文章主旨。

在整个阅读过程中，教师要不断巡视，及时纠正学生出现的错误，引导学生以正确的方式进行阅读。总之，交互式阅读模式要求学生先理解题目，再关注文章内容，在阅读中，要带着问题阅读，根据问题找答案，不但能够快速掌握阅读内容，而且能够迅速解决问题，使学生能够抓住阅读的重点和难点。

（4）提炼重点

这个阶段也叫作背诵阶段，这里的背诵并不是指背诵整篇文章，而是在阅读过程中，鼓励学生提炼出文章的重点内容。这也是交互式阅读模式的核心要求。教师要培养学生与阅读内容直接对话的能力，学生根据自己的阅读能力，根据自己提出的问题，以及对文章的理解，提炼出文章的重点，同时加强对阅读重点的把握。

（5）巩固阶段

学生要再次对文章进行阅读，巩固阅读重点，加深对新知识和信息的理解和掌握，对整个阅读过程、阅读学习内容进行整合和概括，形成完整的阅读知识储备，为以后更为丰富的阅读打下扎实基础。

3.高校英语阅读交互式教学策略

为了更好地在高校英语阅读教学中，应用交互教学模式，打破传统教学的各种弊端，提高学生阅读能力，加强教师与学生的互动，发扬交互阅读的优势，高校需要制定有效的教学策略。

（1）明确阅读任务

交互式教学要求以学生为主体，教师发挥引导作用。如果学生不主动积极地参与到课堂教学中来，就无法实施交互式教学，也就无法提高阅读水平。因此，在交互式阅读教学中，教师要明确阅读任务，根据学生实际阅读水平和能力，以及教学内容，精心设计阅读问题，注意难易程度，使不同阅读水平的学生都能在解决实际问题过程中掌握阅读的重点、难点，完成阅读学习。

（2）展开小组活动

小组活动能够有效提高学生的阅读效率，是一种良好的教学组织形式。小组活动以学生为学习主体，加强小组成员间的互动，加强小组间的讨论，通过小组讨论，交流阅读经验和阅读技巧，提高学生对阅读内容的理解能力，同时加强了学生之间、学生和教师之间的有效互动。在小组讨论中，每个学生都是学习的主人，都会自觉地进行探讨，而不是等着教师给出问题的答案，在交流和合作中，充分表达自己的真实想法，不仅提高了英语口语表达能力，而且提高了英语学习的自信心。小组讨论这种课堂组织模式，可以应用到教学的各个环节，讨论时间根据教学环节，教学问题设置可长可短。

（3）强化学生的图式知识，提高其阅读能力

交互式阅读更为重视图式知识在整个阅读中的作用。因此，教师要在阅读过程中，引导学生通过自己脑中的图式，对阅读内容进行推测、揣摩、验证，从而筛选出有效信息。

一般而言，在阅读中，主要使用的图式知识有语言图式、结构图式、内容图式，三者是相互统一的有机整体，缺一不可。因此，教师要注重培养学生的这三种图式能力，特别是内容图示和结构图式，而在实际应用中，它往往被忽视。在阅读过程中，学生不仅要掌握文章的字、词、句，更要结合自身阅读经验，对文章的内容进行把握，运用英语阅读背景和文化特点对阅读内容进行理解。

学生根据话题内容和自己的想法与兴趣，通过查阅资料等方式，进行话题讨论，有效地丰富了学生的阅读内容图式，从而进一步提高学生的阅读能力。

高校英语阅读重要的教学内容，在教学中，要通过交互式教学，采用恰当的教学策略，积极发挥此教学模式的优势和作用，以学生为主体，切实提高学生的阅读能力和综合英语学习素质。

第四节　高校英语写作教学模式创新

有研究表明，学生所有英语技能中最为薄弱的技能就是写作，写作教学也是高校英语教学中的一个薄弱环节。从目前来看，传统的高校英语写

作教学存在诸多问题，如写作教学时间受限、教学模式老旧、活动枯燥、反馈不及时等，致使教学实效性难以提升。然而，对于踏出校门就迈入社会的大学生们而言，英语却是使他们更好地融入现代化信息社会的第一手工具。因此，我们有必要采取措施进行高校写作教学模式的创新，进一步提升大学生的写作能力，进而带动其他能力的全面发展。

一、高校英语写作教学应遵循的原则

英语写作教学是非常重要的。它应重视学生英语能力的培养与综合素质的提高，而不应是机械模仿。因为经常写作，在写作过程中需要将英语的单词、语法等都准确地综合运用起来，长期进行写作练习有利于提高英语水平，其书面表达能力、口语表达能力也会随之提高。在教学过程中，教师要以学生为中心，充分利用这一教学手段，以培养持续性写作能力为目标提高英语写作水平。关于写作教学应遵循以下几条原则。

（一）循序渐进的发展规律

在当前的外语教学活动中，更多的是"填鸭式"学习，学生不断地输入，而说和写等输出却非常少，学生很少有运用英语进行交流的机会，这是英语教学中的弱项。从学生的整个学习生涯来看，关于写作的教学是缺乏循序渐进的清晰的教学目标的，所以，学生的写作能力难以得到稳步提高。制订写作教学计划应该分成多个阶段和多个环节，由浅入深、由易到难。如何循序渐进，第一，就语言本身而言，应该先进行简单的句子练习，然后是段落，再进行整篇文章的写作练习。第二，从训练活动看，所训练的技能也要遵循由易到难的原则。把写作训练活动分为获得技能性活动和使用技能性活动两种。其中，获得技能性活动的重点在于使学生理解语言组织的方式。

（二）采取多种形式，丰富学生的表达手段

对于同一意思，英语中可以用多种句型表达。教师在进行英语写作教学时，应该刻意加强多种句式表达同一意思的练习。这样的练习可以丰富学生的语言知识，发散思维，在不断的练习和积累中培养写作能力，进而

达到灵活运用的效果。

（三）综合各种教学方法的长处

结果教学法、过程教学法和体裁教学法各有所长。结果教学法比较简单，学生可以很快跟上老师的节奏融入课堂之中，减弱甚至消除母语的干扰，增强英语写作能力，能力提高便可以获得成就感，自信心就会增强，也更愿意表达。过程教学法可以将学生的写作能力提升到一个更高的水平。在这个过程中学生可以自行创造，写出更多的具有可读性并且有一定思想内容的文章，水平提高了，学生的积极性就提高了。但是，因为这个方法难度更大，需要老师不断帮助学生改进，所以对于老师的要求也更高。体裁教学法也能让学生发挥自身创造性，更能体现循序渐进的教学过程，将英文写作作为一种学生了解、认识客观世界和参与社会活动的交际手段。

二、高校英语写作教学模式创新

（一）高校英语写作混合式教学

1. 英语写作混合式教学综述

随着网络技术的发展和教育技术的广泛应用及社会交互软件的普及，混合式教学近几年在外语教育领域尤其是在英语写作教学实践中得到了推广，其在外语教育实践中的形式也逐渐呈现丰富化、多元化发展态势。马武林从学习环境、学习内容、学习方式和评价方式等四个维度，分成自主学习、网络互动、课堂面授三个阶段，开展对英语混合式学习探索实证研究，研究结果证明，混合式学习能有效促进英语教学效果。

从宏观模式看，英语混合式教学研究主要聚焦于模式构建和理论体系探索。王林海提出，基于 Web 2.0 和语料库的英语写作混合式教学，使用 Blog 发布作文并收集学生作品进而提供在线反馈，该模式凸显写作过程构建意义，能更有效激发学生的写作动力，培养学生自主学习的能力。[①] 王懿提出"前期分析—设计—实施—评估"英语写作混合式教学，结合"一文三稿"过程写作法，通过实证研究方式收集的数据证明，该模式较传统模式有非

---

① 王林海：《英语教学中的学术研究与写作》，复旦大学出版社 2007 年版。

常明显的效果，但该研究未就如何开展混合式写作教学进行详细论述 ①。罗燕子从传统课堂和网络自主学习两个维度应用写作教学成果法和过程法分"课堂讲授—自主学习—写前活动—初稿—修改—定稿"六个阶段构建英语写作混合式环境，该模式首次明确将形成性评价和终结性评价应用到英语混合式写作教学中，不失为有益的、必要的探索，但在如何应用形成性评价和终结性评价方面未有系统研究。

从微观手段看，郭晓英、孙先洪、赵翙君从博客作为主要技术手段开展混合式英语写作学习研究。徐翠芹以输入日志和屏幕录像的交叉运用为主要技术手段进行混合研究。龚蝶开展了基于论坛的任务动机视角的英语主题式交互性写作。王娜和张虹、王娜和杨永林、刘荣君以数字化写作平台为主要载体开展混合式英语写作教学探索和实证研究。王颖、吴一安、黄红兵、杨晓琼从英语写作电子反馈视角研究英语写作混合式教学。

总的来说，我国英语写作教学近年来开展了较为全面的多层次的混合式教学探究，在深度融合国际化优质教学资源方式（慕课）和整合更具生命力的教学方式（翻转课堂）方面，尚缺少系统的深入研究。

2. 英语写作混合式教学设计

新的写作教学模式的设计，需要充分分析我国目前英语写作的教学现状，在此基础上分析问题，解决问题，才能不断提升写作教学效果，提高学习者写作能力，乃至提高其英语综合运用的能力。当前教学现状是学生对写作缺乏兴趣，甚至对写作感到惧怕，且所写的文章内容空洞，整体写作水平偏低，教师在教学中对学生写作能力的培养未给予足够的重视，且缺乏系统的教学设计，写作练习的时间不够，教师大班教学导致难以给予及时和全面的反馈信息。写作能力是外语教学听、说、读、写、译各项技能中最为复杂，同时是最难掌握的输出型技能，不但对学习者的语言应用能力有很高的要求，而且对学习者的逻辑思维能力也有很高的要求。传统的写作教学，教师是知识的传授者，学生是被动的接受者，而课堂教学的方式主要以教师课堂讲解以及课后的写作训练为主，且课程的评价方式以期末考试的终结性评价为主要手段。因此，在传统的面对面课堂和渐渐兴

① 王懿：《21世纪大学实用英语语法教程》，复旦大学出版社2011年版。

起的在线课堂相结合的大背景下，传统的英语写作教学模式有待创新并重新建构，新的课程体系有待更系统的设计与安排。根据理查德·C.格布哈特在《写作过程与意图》中表述"写作从来就不是一种个人行为。当你写作时，你就是在试图与他人交流。如果你不向他人表明你的观点，接受他人的批评，你就不会知道你的文章对读者的影响"[①]。而英语写作过程教学法始终强调，"写作是一个循环式的心理认知、思维创造和社会交互过程；作者通过写作过程中设计的一系列认知活动、思维活动和交互活动，提高本人的认知、思维创造、交互以及书面表达能力。过程教学法在写作过程中激发学习者内在的认知潜能和探索精神，注重学习者的逻辑思维及创造思维，通过对习作的反复修改加工，加深学习者对写作过程的认识"。因此，过程写作教学法与成果教学法（product approach）有很大差异。基于行为主义的成果教学法，其主要特征是以写作成果为评价依据，并强调语言知识如词汇、句子和衔接技巧等的正确使用，甚至被当作巩固语言知识的一种手段。一般采用"教师命题——学生写作——教师批改"的模式，教学的重点放在写作的最终结果上。在这种方法指导下的外语写作最终会妨碍作者的思想表达，同时也不利于学生提高写作的积极性。

基于上述理论陈述，笔者试从四个不同的阶段建构混合式写作教学的新模式，且每个阶段的学习环境、学习内容、学习方式以及评价方式均有所差异。

（1）写作教学课前准备阶段

第一阶段，写作教学课前准备阶段，以学生自主学习为主。首先，教师在课前把相关的学习资料上传至网络平台，其中包括所使用的英语教材以及与此教材相关的配套资料，并搜集与写作主题相关的材料，学生登录精品课程在线平台，通过自主学习了解本单元写作的目的和要求，同时，教师以微视频的方式，把相关教学目标、教学内容和教学重难点等内容在课前展现给学生，并让学生完成相关的写作任务。教师完成上传作文至在线平台或批改网，而批改网所给出的分数和建议对于教师的评价有一定的

---

① 刘万如：《从言语交际视角看写作教学》，《山西教育（教学）》，2017年第3期，第20-21页。

参考价值。在此阶段，教师发布教学任务，学习者接收教学任务并完成相应的写作任务。学习环境主要是网络教学，评价方式为学生自评与自动评分相结合，教师可通过随后的课堂面授环节，了解学生对课前自学资料的掌握情况。

（2）课堂面授阶段

第二阶段，以课堂面授形式为主，教师在此阶段的课堂设计和组织尤为重要。学生通过前一阶段根据教师所提供的微视频资料和相关文本资料，对本单元写作主题、写作题材、写作体裁、写作模式与框架都有了一定的了解和掌握，通过自主学习的方式，记录下相关的难点和问题。课堂面授环节的主要内容，不再是传统的写作教学模式"讲—写—阅—评"，而是在课堂上与同学进行分享、小组讨论以及师生讨论，与此同时，教师发挥主导作用，监督小组讨论的过程，并及时解决在讨论中所遇到的问题。通过这些教学设计，学习者可以加深对知识点的理解，同时教师就相关问题进行针对性的反馈和总结性的例文讲解，此阶段学习者展示作品，提出问题并与同伴进行学习交流与讨论，教师解决问题，通过练习统一讲解，并检查成果，给予反馈和评价。这些环节的设计者正是起到主导作用的教师，想要颠覆传统的写作教学模式，此环节的教学设计因能够使学习者对所学的知识进行内化而起到至关重要的作用。学习环境以课堂面授的形式展开，而评价方式以同伴互评与教师评价相结合，学习的方式以小组协作学习为主。

（3）课后修改阶段

写作过程教学法强调，写作是一个不断修改的过程。学生通过自评和互评的方式，发现问题，进行反复修改，并标记出修改的过程，在实践练习中不断巩固写作方法。教师则根据课堂教学情况，引导学生完成修改，并组织进行在线答疑和讨论。教师可以通过建立档案袋的方式，记录并保存学习者对于作品不断完善的过程，这也是形成性评价的重要依据。批改网在写作教学中的使用，能保证作文语法和语句的通顺连贯，所以，学习者在修改过程中可以把侧重点放在篇章结构和主旨思想的表达方式上。此阶段的学习方式是自主学习，评价方式是学生自我评阅。

（4）教师评价与反馈阶段

传统写作教学中，教师未能对学生的作文做出及时的反馈，是导致学生整体写作能力偏低的主要因素，非英语专业英语大班授课的现状，也是其诱因之一，对于"说"和"写"这样的输出型技能有一定的弊端。反馈在第二语言学习中起着关键作用，因为这些反馈能够使正确的语言知识代替学习者原有的对目标语言的错误假设。但是，随着人工智能在教育教学领域的应用，即句酷批改网的使用，减轻了教师批改作文的繁重工作量，尤其降低了语法与词汇错误出现的频率，且提升了学生的写作积极性，显著提高了学生写作的水平。但是批改网也存在一定的局限性，其对文章主题和框架结构的分析，并不能取代教师的评阅，因此，整个写作教学环节设计中的最后一部分，还是要由教师对文章的初稿和修改稿进行对比，做出综合而全面的评价，同时，学习者应开展反思性学习，进而使英语写作知识得到内在升华。

颠覆传统的终结性评价方式，在整个写作课程环节的设计中，融合了学生批改网自动反馈、自我评价、同伴互评以及教师评价四种方式，即教学评价的方式涵盖了终结性评价与形成性评价，各占不同百分比，终结性评价以期末测试为主。当然，这需要教师有计划地收集学生的写作成果，包括文章的初稿、修改稿、定稿，即档案袋的建立，以及学习过程中的自我反思日志，并保留小组在线讨论和师生在线讨论记录，这是形成性评价的主要依据，对学生的评价更客观、更准确。侧重形成性评价，可以激发学生的学习动机并维持学习动力，混合教学理念下的英语写作教学改革的一个方面应包括课程的评价方式，即课程的形成性评价应包括写作课堂环节中的师生评价和学生互评，还包括网络学习平台上相应活动的评价，其中包括是否完成在线学习、是否充分利用各种学习资源、是否按时提交作业、是否完成小组写作任务以及是否分享学习体会。而课堂评价包括课堂表现、小组协作任务的完成情况、客观评价同伴作品以及按时完成课堂写作任务。两种评价方式的综合使用，也顺应了英语教学改革之势。

混合教学理念下的英语写作教学模式，颠覆了以往的教学模式，其改革主要体现在从终结性评价为主转变到以形成性和终结性相结合，从课堂教学为主转变到课内外相结合，从以教师的"教"为主，转变到以学习者的"学"为主，从知识传授为主转变到以能力培养为主。学习者在混合教学理念下生动的教学情境中，能获取丰富的信息资源、互动的写作过程，而教师的传统角色将被彻底转变。在混合教学理念下教学活动的展开，要求教师不仅有足够扎实的专业知识，同时要有在网络教育技术方面充足的知识与技能，譬如录制微课或慕课、操作在线学习平台、获取网络教学资料等。教师应灵活掌握以便充分开展网络教学，提升自身的职业素养并实现与面授课堂的结合，优势互补，使学习者最大限度地掌握所学知识与技能，在学习过程中不断实践与应用。当然，在改革过程中，仍有问题函待解决，建立相对完善的在线开放课程线上管理、服务和评价体系，以及学习者主动适应个性化发展和多样化终身学习需求，教师推动课堂教学模式的手段，以便显著提高课程教学质量等。

国内很多高校英语教学改革正在如火如荼地进行，而混合式教学也在网络信息化时代的背景下应运而生。针对英语写作教学现状，改革势在必行，混合教学理念背景下的新模式、新体系在教学实践中有待进一步验证与完善，而作为教学主体的教师与学习者都应尽快适应角色的转变，提升教学效果，同时发展学习者的自主学习能力，培养英语综合应用能力，增强跨文化交际能力。要实现高等教育教学质量的"变轨超车"，需要深度融合信息技术与教育教学，并逐步推进以学习者为中心的课程改革、教学方式与学习方式的变革。

（二）新型网络载体下高校英语写作教学模式

1.形成基础

（1）学习理论

在新型网络载体下，高校英语写作教学模式的形成离不开科学的理论支撑，主要涉及建构主义、人本主义以及第二语言学习理论。首先，建构主义理论提出，知识的学习需要完成知识结构的建构。要对所学的知识进行处理与加工，那么教学工作就要引导学生根据已有的知识经验，重新构建知识体系。它强调学习者应该具备建构知识的意识与能力。其次，人本主义学习理论提出，学习需要学习者实现自身的价值，学习过程需要充分考虑到情感与观念。教学的目的在于为学生提供一个可以达到预期效果的情境。在学习过程中，学习者之间还应该形成真实的人际关系，保证学习过程的安全，学习者可以充分表达自己的观点，挖掘内在的潜力。最后，第二语言学习理论认为，英语教学工作需要通过大量的语言输入，培养学生的英语能力。也就是说，利用多种方式输入语言，为学习者创造实践的机会。

（2）时代发展的需要

在英语写作教学工作中，高校教师应该摒弃单一的教学方式，在网络技术的基础上，延伸教学空间，推动学生的个性化发展，引导学生自主学习。在新型网络载体下，教师与学生应该共同努力，积极学习，发挥网络资源的优势，形成良好的学习环境，提高知识学习的效率。

2. 新型网络载体下高校英语写作教学模式的构成

（1）线上与线下教学模式相结合

在新型网络载体的背景下，高校英语教师可以采用线上与线下教学模式相结合的方法，充分发挥二者的优势，整合教学资源，以此促进学生的个性化发展。

首先，英语教师应该明确每位学生运用英语语言的能力，并且按照学生的掌握程度，选取合适的英语网络课程，优化教育资源的配置。在此过程中，教师可以借助互联网平台，在教育资源网上，选择适合学生学习的课程资源，比如英语图书、英文音频以及视频等，鼓励学生自主学习，并且总结英语写作理论知识与作文技巧。同时，教师在线下教学过程中，可以针对学生提出的问题进行答疑，辅助学生全面地了解写作思路与写作技巧。并且，教师可以充分利用云端存储的优势，将写作素材、英语阅读资料、范文资源等学习资源有效地保存，供学生随时学习，并且查阅写作资料，实现语言输入的目标。

其次，教师要鼓励学生进行课前预习。教师可以根据学生的预习情况，将班级学生分为几个学习小组，鼓励各个学习小组内部总结在学习过程中遇到的困难，并引导学生针对提出的问题进行交流，促使学生参与课堂讨论。第一，教师可以根据学生的兴趣，针对某一社会热点问题展开一系列话题讨论，发挥学生的主体作用，共同选出写作主题。第二，组织学生针对研究写作内容与思路等进行小组讨论。第三，学习小组需合作完成一篇作文，提交给教师，教师要当堂点评。这种教学方式不仅可以提高学生的社交沟通能力，还有利于学生建立知识体系。在课程反馈阶段，教师与学生可以利用QQ、微信等社交平台，进行一对一的交流或群体互动。教师及时为学生答疑，为学生提供专业的辅导，使学生保持对英语写作的热情。并且，教师在批改学生作文时可以借助互联网平台、微课以及学生互批的方式。通过全面分析学生作文，帮助学生了解自身的优点与不足，及时纠正写作问题。

（2）利用微课激励学生

随着网络技术的不断发展，人们的生活与学习方式都发生了改变。对于现代教育工作而言，微课教学方式能够为学生提供不同的学习情境。在高校英语写作教学中，教师可以利用微课教学方式，激励学生，为学生提供终身学习的动力。第一，教师可以按照课本的知识内容，制作微课视频，将重难点知识添加在短视频中。这种做法可以帮助学生充分了解写作知识，并且激发学生的学习兴趣。第二，教师在布置写作任务后，学生在课余时间利用网络平台，发表自己制作的写作视频。这样不仅可以提高学生的英语口语能力，还能增强学生学习的积极性。教师在写作课堂上可以分享视频，鼓励学生们发散思维，畅所欲言，互相讨论写作技巧，同时鼓励学生指出视频中作文存在的问题。这个纠错过程可以辅助学生及时地查缺补漏，既学习别人的优点，又能避免自己在写作时出现类似的问题。

（3）诊断式教学方式

诊断式教学方式指的是将个别教学与集体教学相结合的一种教学方法，就是教师利用一些方法，及时诊断自身的教学工作与学生的学习情况，并且根据学生的个体特征，提供针对性指导，督促教师完成教学任务。教师也可以按照特定的顺序实施诊断式教学，即调查问题、分析问题以及纠偏。

第一，教师需要充分考虑学生的主体地位，借助网络平台，要求学生填写调查问卷，对学生进行全面的调查。同时，教师应该了解自身的英语写作能力，反思写作课堂上涵盖的价值观，明确每位学生的英语知识能力、兴趣爱好、写作特点等。教师也可以从教学目标出发，深入明确教学任务或教学要素，了解写作课程使用的课本、教学环境等。第二，在完成调查工作后，教师需要总结资料，深入诊断写作教学中存在的问题，并且分析学生的不足。在此过程中，教师需按照教学内容，仔细检查学生的作文，重点批注学生的语法错误。对于基础知识掌握牢固的学生，教师可以重点强调句子的应用与文章的流畅性。对于基础薄弱的学生，教师应强调基础知识的学习。教师可以将学生划分成几个学习小组，鼓励小组成员互相阅读作文，然后选择其中一篇作文进行讨论，重点分析其中存在的问题，并提出修改意见。这种做法不仅可以增强学生的参与性，还能辅助学生深入了解写作知识，及时发现自身的不足，提高解决问题的能力。教师还可以请同事评价自己的教学工作，为教师提供公平的诊断，利用外界资源探究问题所在。第三，教师在明确问题后，可以具体问题具体分析，开展纠偏工作，以此验证第二步中的诊断。在实际纠偏工作中，教师应根据教学需求规划写作教学任务，为日后的工作奠定坚实的基础，确保纠偏的正确性。最后，教师可以在注重共性的前提下，充分考虑学生的个性特征与心理特点，因材施教，为学生提供个性化指导，通过这种方式可以促进学生综合素质的提高，从而实现全面发展。

（4）自由式的教学方法

自由式写作包括两种形式。第一种是指学生可以不按照任何写作标准进行写作。第二种是指打环扣式的写作。然而，这两种写作方式都需要在规定的时间内完成。首先，教师在课堂上需要专门安排15分钟时间，引导学生练习写作，同时需要当堂安排题目。在学生没有充分准备的情况下，自由式写作可以达到良好的学习效果。作文的主题范围可以不断扩大，从轻松型逐渐延伸到社会热门话题等。在此过程中，教师需引导学生逐渐过渡思维，培养学生对热点话题的关注。例如，教师可以布置关于大学生活的主题——My Dormitory Life。这种贴近学生实际生活的主题可以引导学生联系生活经验，展开全方位的思考，分析宿舍生活的优缺点，学生能否适应集体生活环境等。然后逐渐拓展到学生对于某一热点事件的看法，如 Economic Development and Environment。在写作热门话题时，教师需鼓励学生围绕主题拓展思路，收集大量的写作素材。最初，学生的文章只需准确流畅即可。后期，学生还需注意文章的格式、语法知识的正确应用、句型的完整等。学生完成写作后，教师可以鼓励学生在班内分享自己的文章，其他学生现场点评。最后，教师提供一篇范文，让学生赏析，这样可促进学生写作能力的提高。

自由式写作教学，能够帮助学生接触到不同领域的知识，了解各个专业的话题，学生可以充分表达自己的观点。这种教学模式不仅能激发学生的写作热情，培养学生的写作兴趣，还能培养学生独立思考的能力与创新能力，帮助学生进行深度思考。在有限的时间内进行写作训练，可以增强学生思维的逻辑性与行文的流畅性。

在网络技术广泛应用的时代，以网络为载体的高校英语写作教学方式就是对英语教学工作的创新，可以有效地解决传统教学方式中存在的问题。创新型网络教学辅助的写作教学可以发挥学生的主体性作用，按照学生的兴趣爱好与知识水平开展教学活动，激发学生的写作兴趣，训练学生的写作技能，从而提高学生的写作能力。

第六章　转型背景下高校英语教育模式的组织与实施

第一节　高校英语课程资源建设

时代的脚步在不断前进，高校英语教育为适应时代与社会的要求也必须与时俱进。目前，英语课程资源匮乏是教育转型的主要障碍之一。因此，高校应对英语课程资源进行准确定性并积极推进课程资源的建设。

一、高校英语课程资源概述

（一）高校英语课程资源的内涵

课程资源的内涵历来众说纷纭，至今尚无一个较为统一的定义。此外，还有很多术语与其十分接近，极易混淆，如学习资源、教育资源等。为深化对课程资源的理解，笔者将对这些相近概念进行简单梳理。

所谓资源，是指存在于自然界与人类社会中且能够用来创造物质财富与精神财富的各种客观存在的总和。所谓学习资源，是指与学习者有意义联系的一切客观条件，即学习活动顺利进行的物质保障。所谓教育资源，是指用来实现教育功能，达成教育目的且对教育活动有促进作用的各种资源。课程资源则是在课程设计、编制、实施和评估等整个发展过程中可利用的一切人力、物力以及自然资源的总和。可见，学习资源、教育资源与课程资源既相互交叉又相互联系，它们都为教育活动的顺利开展创造良好的外部条件。三者之间的差别主要在于论述角度与概念范畴的不同。从资源存在的目标指向来看，学习资源有利于学习目标的实现，教育资源服务于教育目的的达成，课程资源能够促进课程目标的实现。从资源的支持性来看，学习资源是学习者学习的外部条件，教育资源是教育过程中要利用的条件，而课程资源则是英语课程价值实现的基本保障和英语课程发展的基本条件，因而是课程发展过程中不可缺少的因素。

（二）高校英语课程资源的类别

英语课程资源是一个范畴很广的概念，可依不同标准进行分类。

1. 以功能为标准

根据功能的不同，课程资源可分为以下两类：

（1）条件性课程资源

条件性课程资源本身不是课程的直接来源，但它能对课程产生影响，并在很大程度上对课程的实施水平、范围等发挥决定性作用。具体来说，条件性课程资源包括对课程的认识状况以及课程实施的环境、设备、媒介、场地、时间、财力、物力、人力等。

（2）素材性课程资源

素材性课程资源是学生的直接学习对象，能够成为课程的来源与素材，并直接作用于课程。具体来说，素材性课程资源包括培养目标、价值观、情感态度、活动方法、活动方式、经验、技能、知识等。

2. 以空间分布为标准

根据空间分布的不同，课程资源可分为社会（校外）课程资源、学校（校内）课程资源以及超越校内校外的网络资源三个类别。需要特别说明的是，这三个类别都可以既包括条件性课程资源又包括素材性课程资源。

3. 以教育活动过程为标准

托斯顿·胡森和纳维尔·波斯特尔斯威特在其主编的《国际教育百科全书》中，将课程资源划分为制订评估方案资源、组织教育活动资源、教育活动资源、目标资源。

总之，如果游离于教育活动之外，课程资源就无法发挥其应有的价值。因此，将课程资源与特定的教育活动有机结合在一起是英语课程资源建设的主要任务。

（三）高校英语课程资源的特征

英语教育就是要使学生能通过多种形式与渠道接触、感受、体验英语，从而提升其语言运用能力。因此，英语教育应充分利用各种课程资源，将各种课程资源的作用最大限度地发挥出来。概括来说，高校英语课程资源的特征主要体现在以下几个方面：

1. 内生性

每个学生的兴趣、学习经历与未来发展都是独特的，将英语课程资源的利用与开发应与学生的实际情况紧密联系起来，这就是课程资源的内生性。具体来说，只有调动学生的兴趣与积极性，使他们能主动地参与到学习活动中，课程资源的价值才能得以发挥。学生在参与过程中不仅能得到更多的知识与开阔的视野，他们的学习经验也在不断提升，学习能力逐渐增强。需要注意的是，学生之间的差异也是一种资源。教师应对学生之间的差异进行有效引导，使学生通过差异来丰富自己，以便更好地发展。

2. 直接性

校内课程资源是英语教育的任务、目标的直接体现。同时，校内课程资源还直接服务于教师的教和学生的学，因而具有直接性。教师组织教育活动应以英语课标为纲领性文件，学生的英语交际能力需要通过听、说、读、写、译等技能最终得以体现。虽然英语教材并不是唯一的课程资源，但它是英语教育中的一种主要资源，是学生提高语言综合运用能力的重要载体。教师所开展的教育活动都是为了提升学生的综合素质，因此，对教材的掌握程度就对学生英语水平的提升起着决定性作用。

3. 双重性

英语课程资源的双重性体现在主体与功能两个层面：

从主体层面来看，随着教育改革的推进，教育过程已成为师生对课程资源的共同开发、利用、丰富、整合的过程，而不再是简单地按照既有计划内容利用有限的内容资源（如教材、教参）和执行课程计划（方案）的过程。因此，教师与学生都是课程资源的使用者与建设者。

从功能层面来看，英语课程的实施离不开高素质的教师。因此，教师本身就是一种条件性课程资源。此外，英语教师的素质对于课程资源的识别范围、开发程度与利用效果等都具有决定性影响，是素材性课程资源的重要载体。可见，教师既是条件性课程资源，又是素材性课程资源。

二、高校英语课程资源的建设

（一）英语教材的二次开发

如果说教材的编制是对教材的第一次开发，那么教师备课、教育则是对教材的二次开发。教育活动常常根据各种主客观情况而发生变化，因此，只有对英语教材进行二次开发，才能将英语教材中的内容与具体的教育情况结合在一起，并通过一种易于理解的方式传授给学生。具体来说，英语教材的二次开发可以采取以下几种方法。

1. 拓展教育活动和活动步骤

为了进一步深化学生对教材内容的理解，并使学生举一反三，教师可对教育活动与步骤进行拓展。例如，教师对教材内的阅读材料进行讲解后，可引导学生思考讨论相关的问题，这些拓展活动有利于学生认识社会或发挥想象力。

2. 对教材内容进行适当的补充和删减

教育内容的补充包括扩展和延伸两种方式。所谓扩展，是指教育材料的质量提升，即增加不同质量的材料。例如，在写作教育中为学生适当扩展写作素材（如例子、格言、谚语等）。所谓延伸，是指教育材料数量的增加，即为学生提供更多的同类型材料。例如，为扩大学生的阅读量与词汇量而为其提供丰富的阅读材料。

删减教育内容不是无原则、无目的地对教材内容进行删除与省略，而是为了更加突出教育重点，将一些深奥难懂或简单机械的内容予以删除。例如，某些动词的复用练习可在大部分学生已掌握的情况下省略，以有效节约教育时间。这样的缩减活动既是对教育方法的调整，也是对教育内容的加工，具有积极意义。

3. 调整教育内容的顺序

调整教育内容是指为达到更好的教育效果而对教育内容的先后顺序进行重新安排，包括单元内重组与单元外重组。需要注意的是，这种重新安排应以学生知识基础和认知规律为依据。

（1）单元内重组

教师可在一个教育单元之内，根据由简到繁、由易到难的顺序对教育内容进行重组。

（2）单元外重组

教师可以以学生的语言运用需求为基础，将相同话题或体裁的内容组织在一起开展教育活动，从而使学生深化对相关知识的理解。

（二）学生资源开发与利用

学生既是教育对象，更是重要的教育资源。苏霍姆林斯基曾经反复强调，学生是教育最重要的力量，失去学生就意味着教育失去了根本。所以，教师应对每个学生的心理认知结构、已有经验、特殊的学习需要、学习特点、身心发展水平等进行充分研究与有效把握，从而把学生的经验与课程目标和课程内容统整起来。具体来说，对学生资源的开发与利用可从以下几个方面入手。

1. 从学生的学习活动结果中捕捉课程资源

学生的学习活动结果一方面可以反映学生的学习成果，另一方面体现其学习中表现出的问题。可见，它是学生学习情况的真实反映，对其进行有效利用有利于拓宽视野、升华认识、深化理解。需要特别指出的是，学生的语言错误为教师提供了学生习得语言的线索，是一种有价值的英语课程资源。教师可基于对学生语言错误的分析对学生的学习困难进行积极预测，进而调整教育计划与教育策略，实现理想的教育效果。

2. 从学生的提问中捕捉课程资源

教育改革的一大趋势是满足学生的学习需求，因此，教师对学生的兴奋点、关注点的准确把握与有效利用就成为教育有效性的重要决定因素。在具体的教育实践中，学生的兴奋点与关注点常常可以通过课堂提问加以判断与确定，教师如果能把握这些"问题"并加以有效引导，就能引发更深更广的问题，甚至达到出其不意的教育效果。同时，教师将学生在学习活动中表现出的问题作为有效的资源加以利用，既为学生提供了展示自我理解的机会，又有利于体现学生的主体地位，这对于学生学习积极性的加强，学习能力的提升以及综合素质的培养都大有裨益。

第二节　高校英语师资队伍建设

英语教师的水平对英语教育的效果产生直接影响，所以有必要明确高校英语教师的角色与素质要求，提升英语教师的教育能力，从而加强高校英语教育中的师资建设，使教师更好地服务于英语教育。

一、高校英语教师的角色

（一）组织者

教师作为课堂活动的主要参与者，在过去相当长的一段时间里充当着课堂的主体，掌控着整个课堂，而忽视了学生的主体地位。当今时代，教师在大学英语课堂上的地位发生了巨大转变，由原来的控制者变成了教育组织者。实际上，教育的组织者涵盖多个层面的转变，即：由注重教师的教转变为注重学生的学，由统一性教育转变为差异性教育，由信息单向交流转变为信息多向交流，由注重传递转变为注重发展。

作为组织者，英语教师在教育中应该组织学生发现、收集、掌握和利用学习资源，与学生之间建立起和谐、平等、民主的关系，组织并营造轻松、积极的学习环境，使学生在宽容、平等的气氛中学习，进而更好地掌握英语知识。

（二）参与者

以教师为中心的教育模式不仅剥夺了教师参与教育活动的机会，而且大大禁锢了学生的想象力和创造性，使学生所学的知识仅停留在外在、呆滞的水平。如今，教师的角色已经由原来居高临下的传授者变成学生学习的参与者。教师和学生都是英语教育的构成要素，师生的地位应该是平等的，二者都是教育活动的参与者。因此，在大学英语教育中，教师应该与学生一起探求知识、寻找真理，并勇于承认自己的过失。当然，这就对教师提出了较高要求，即要彻底改变以教师为中心的传统思想，从居高临下的权威中走出来，努力在平等、民主的氛围中引导学生学习，在参与活动时不可成为主角，而是试着成为活动的观察者以及学生学习的倾听者和交流者。

教师在参与学生的活动时，就成了学生的合作者，这样学生就会觉得教师不再是教育的权威，而是学生学习中的一员，从而大大消除紧张的情绪，提高课堂参与的积极性。在英语课堂活动中，教师应尽可能为学生营造自然、轻松的氛围，减轻学生的心理负担。此外，教师在参与学生的语言活动时，可以为学生起到一定的示范作用。在语言活动中，学生在使用语言时会以教师为榜样，借助教师的引导，学生的语言运用能力才会得到较大的提升。

（三）探求者

在英语教育中，教育方法有着举足轻重的地位。然而，在现代英语教育中，教师除了是教育方法的使用者，还应该是其探求者和开发者。因为英语教育的实践性很强，很多语言知识的分析、技能的训练、文化差异的讲解等都要借助一定的教育方法来完成。英语教育常用的方法有语法翻译法、听说法、交际教育法、任务教育法等，它们有着各自的优势和不足，任何方法都不能适用所有教育，所以教师必须综合运用不同的教育方法开展教育，并努力开发和创造适合学生的新方法，不断更新教育方法，提高教育效率。

（四）文化者

培养学生的综合应用能力，使其成为合格的跨文化交际者是英语教育的最终目的。这就需要学生除了掌握扎实的英语语言知识和技能，还要积累丰富的文化知识。由于语言与文化有着密切的关系，在英语交际过程中经常会遇到文化问题，因此，在英语教育过程中，教师应向学生介绍中西方文化的异同，提高学生的文化敏感性。从社会文化角度来说，语言属于一种应用系统，有着独特的规范和规则，是文化要素中不可或缺的一部分。在英语教育中，教师既要讲授基本的语言知识和技能，又要传授相关的文化背景知识，二者之间是相互促进、相互弥补的关系。从语言文化知识的内容看，教师除了要讲解本土文化知识，还应讲解英语民族文化知识。

在英语教育中，教师的主要任务包括传播本土语言文化、讲解英语文化背景知识和阐述英、汉文化差异。英语教师作为传播文化知识的文化者，必须积累大量的文化背景知识，并熟知中西方文化的差异。需要注意的是，在扮演文化传播者和文化差异讲解者的过程中，教师应该保持中立的态度，摒弃狭隘的文化本位主义，努力唤起学生的多元文化的意识，培养他们的跨文化适应能力。

（五）应用者

当今世界，多媒体和网络得到了广泛普及。然而，这并没有削弱英语教师的职责，反而使他们面临着更加严峻的挑战。可以说，全新的教育形势对英语教师提出了更高的要求。在多媒体和网络教育环境中，英语教师应该学习如何运用先进的教育模式和手段，改变传统单一、落后的教育理念与模式，将自己打造成现代技术的应用者，以适应当前教育的需要。

（六）评价者

评价是英语教育不可忽视的一个环节，英语教师除了向学生传授一些语言基本知识，还要对学生的学习情况加以评价，即在英语教育中扮演一名评价者。通过教师的评价，学生可以认识到自己的进步和不足，从而及时调整学习方法，明确今后努力的方向。通常而言，学生对教师的评价会非常敏感，所以教师应该尽量给予学生积极、正面的评价，给予他们更多的理解和关爱，避免挫伤学生的自尊心和积极性。

（七）研究者

英语教师还应承担一个重要角色——研究者，进行英语教育研究工作。

随着现代技术的迅速发展，教师逐渐从繁重的教育工作中解放出来，有了一定的时间和精力进行教育科学研究工作，如可以根据教育的实际情况研究教育理论、分析教育问题等，这为更好地开展教育实践提供了一定的依据。

二、大学英语教师的素质要求

英语教师的素质在一定程度上决定了教育质量。当前，社会、学校及家长对于英语教育提出了更高的要求，新的教育手段、教育理论不断出现，也要求英语教师不断提升自身的素养。

（一）语言素质

英语教师首先在语言上必须有较高的素养。也就是说，英语教师要具备英语语言综合水平。具体来说，英语教师的语言素质包括扎实的语言专业知识和较高的语言技能。要想顺利地开展英语教育工作，英语教师不仅要具备系统的英语语音、词汇和语法知识，还要有良好的听、说、读、写能力。其中，教师要有良好的口语水平，以便在课堂上用流利地道的英语讲课。对于我国学生来说，缺乏真实的英语语言环境始终是英语学习的一大障碍，所以教师应该为学生尽可能多地提供使用英语的机会，这也要求英语教师必须有良好的口语水平。教师良好的口语水平可以保证为学生提供高质量的语言输入。同时，教师如果具备良好的口语水平，会为学生树立榜样，对学生的英语学习有一定的激励作用。

在英语教育过程中，教师要想传授给学生足够的语言知识，自己必须先具备充足的知识。总之，教师的语言素质是开展英语教育的基本保障，教师语言素质高，才能更有效、全面地使用教材，才能帮助学生解决语言学习过程中的各种问题。

（二）理论素质

语言素质是英语教师最基本的素质，是向学生传授语言知识最基本的条件。然而，英语教育是一项实践性较强的活动，所以它要求教师还应具备一定的理论素质。英语教育的理论大体包括现代语言学理论、教育学和心理学理论、外语教育理论。

1. 现代语言学理论

要成为一名合格的英语教师，获得良好的英语教育效果，教师首先应掌握系统的现代语言学理论知识。对于英语教师来说，要顺利地开展教育工作，不仅要了解语言的本质特征、交流能力的本质、语言理论的发展趋势，还要利用语言方面的知识指导英语教育。英语教师不需要成为英语语音、语法、词汇、语义和语用方面的专家，但必须熟悉这些领域的最新研究成果，并且能在英语教育中加以运用，以便提高英语教育的效果。

2. 教育学和心理学理论

英语教师如果仅具备一定的英语语言学知识而没有一定的教育学理论，并且缺乏相关的心理学知识，那么在英语教育过程中很容易忽视学生。因此，英语教师掌握一定的教育学和心理学知识是必要的。教师需要掌握一般的英语教育规律和基本教育原则，熟悉英语教育组织的步骤，以便提高教育组织能力和教育实施能力。

学生是英语教育的对象，在整个教育过程中与教师展开各种交流。一个班级的学生会有各自的心理特点，所以教师应具备一定的心理学知识，以更好地与学生展开交流，促进英语教育的顺利展开。

3. 外语教育理论

外语教育理论也是英语教师提高理论素质的一个方面，具体涉及外语习得理论知识、外语教育法知识等，特别是英语语言教育法。现代英语教育法有很多，但不管什么方法，都有各自的使用范围，所以，英语教师要全面了解英语教育法的起源、特点、优势及缺陷。也就是说，教师在教育过程中不但要注意整体教育方法的多样化，还要根据每位学生的不同特点，不断调整教育方法。

（三）师德素质

师德是英语教师不可忽视的一个素养，也是英语教师从事教育活动的动力源泉。教师的师德具体体现为对学生的热爱、对事业的忠诚、对教育执着的追求和高尚的人格。教师的师德直接影响着学生的成长，因此，英语教师在日常工作中要有理想信念，有科学的世界观、人生观、价值观，忠于人民的教育事业，具有爱岗敬业的奉献精神，热爱学生。可以说，英语教师只有懂得奉献，体现公正，具有责任感，才能实现言传身教。

（四）心理素质

心理素质是对人的性格、情感和意志的总体反映。在英语教育中，具备良好心理素质的教师更容易受到学生的喜爱和欢迎。随着社会的发展、科技的进步，英语教师除了要面对繁重的课业压力，还要关注学生的生理和心理健康，所以，教师必须提高自己的心理承受能力，培养自身良好的心理素质。

（五）人格素质

人格素质也是英语教师应具备的一个重要素质。一名优秀的英语教师应该具备成熟的思想观念、明确的动机态度以及正确的价值取向，这也是塑造现代英语教师人格的基本要求。

（六）科研素质

对传统的英语教育来说，英语教育只需教师具备一定的语言水平和教育水平即可。然而，现代英语教育要求教师既要有基本的语言水平和教育水平，还应有较强的教育科研意识和科研能力。正如语言学家王宗炎教授所说："有了一定的外语知识，又有了一些教育经验，理应动手搞一些科研，无奈许多人画地为牢，不肯更进一步。他们应当看到，不搞科研，非但写不出著作，教育也只能原地踏步，甚至往后退。"① 优秀的英语教师不但是英语教育的实践者，还应该是英语教育的科研参与者，是英语语言教育与学习规律的研究者。在很长一段时间里，我国的英语教育都是照搬国外的英语教育理论和教育方法，这虽然在一定程度上促进了我国英语教育的发展，但因为这些理论和方法多是针对第二语言学习者提出的，而且中国的英语教育是在汉语文化背景下展开的，学生有其独特的生理与心理特点，因此，国外的英语教育理论与方法有时并不适用于我国的英语教育。

---

① 王宗炎：《语言问题探索》，上海外语教育出版社 2013 年版。

为了提升我国英语教育的效果，人们不应满足于借鉴国外的英语教育理论与方法，必须结合我国英语教育的特点，联系我国的英语教育实践，经过融合和创新，探索出一条适合中国特色的英语教育之路。为此，英语教师应该结合自身的教育经验和教育实践，通过教育研究和实践，分析问题，总结经验，将一些好的经验上升为新的理论，丰富我国英语教育理论，促进我国英语教育的发展。

（七）教育实践素质

教师的教育实践素质就是教师的实际教育能力。具体来说，英语教师的教育实践能力包括教育组织能力，传授和培养英语知识、技能的能力，较高的文化素养以及综合教育技能。

1. 教育组织能力

教师的教育组织能力就是动员和组织学生集体进行学习的能力。这项能力主要表现在以下两个方面。

①有效地掌握课堂。英语教师要想有效地掌握课堂，具体应做到以下几点：教师应把握英语教育大纲和英语教材的主旨，掌握心理学、教育学和教育法方面的知识，熟悉英语教育组织的步骤和基本教育原则，选择合适的教育参考书，根据英语教育理论的指导和大纲的要求，为学生设计出符合其特点的教育活动。在课堂上的讲解应科学准确、简洁易懂、逻辑严密，还应适当运用非语言表达手段。教师应善于调节课堂的气氛，灵活应对课堂上的突发事件。教师应善于指导学生评价教育，具备一定的决策能力和信息管理能力，能运用各种教育辅助工具和手段进行教育，要善于使用多媒体技术、网络技术进行教育。

②有效地动员学生积极参与学习。教师要想有效地动员学生积极参与学习，必须具备一定的创造性。教师应做到思维活跃，自如地运用知识、技能，从而感染学生，使学生积极投入到引导的学习活动中。这就要求教师有较高的英语水平，能流利地讲英语，以便更好地动员学生。英语教师的发音必须清晰、准确、流利，所讲内容应易懂、明确，并且能根据学生的语言水平组织自己的语言，尽量使用学生学过的词汇和语法结构。

2. 传授和培养英语知识、技能的能力

英语教师传授和培养英语知识、技能的能力具体体现在以下几个方面。

①善于讲解。讲解是每一位英语教师都必须具备的基本能力。一位合格的英语教师应善于将复杂的教育内容变得通俗易懂，可以深入浅出地讲解英语知识。要做到这一点，英语教师除了要充分了解学生的心理、生理特点以及学生的英语水平，还必须认真备课，并且根据不同的内容选择适当的教育方法，讲解时做到重点突出。

②善于提问。提问是英语教育中不可或缺的环节，也是英语教师应该掌握的一种教育手段。例如，教师可以在讲解新知识之前以提问的方式帮助学生复习旧知识，在讲解完一堂课的知识后，教师也可以用提问的方式检查学生对知识的掌握情况。教师在提问过程中需要注意两个问题。一是所提问题应能调动起学生的积极性。二是所提问题应与学生水平相符，不能太难，也不能太容易。

③善于示范。英语教育既要向学生传授知识，又要培养学生的技能。其中，语言技能具体涉及发音、书写、朗读、说话等训练，而这些都离不开教师的准确示范。在英语教育过程中，教师要将示范与讲解结合起来，用示范配合讲解，或者用讲解突出示范中的重点，保证示范的准确。示范的目的是让学生准确地模仿，所以教师的示范要与学生的实践结合起来。

④善于纠正学生学习中的错误。英语学习是一个不断进步的过程，学生在这个过程中不可避免地会出现各种问题。一些错误学生可以自行改正，无须教师的纠正，而一些错误需要教师采用一定的策略和技巧帮助学生改正。

⑤善于引导学生进行练习。学生语言技能的提高离不开大量的语言实践，如语音练习、语法练习、口语表达练习、听力培养练习、阅读练习、写作练习等，所以英语教师应熟悉各种练习形式的作用，并在课上引导学生进行各种练习活动。

3. 较高的文化素养

文化可以分为两类：正式文化，如文学、艺术、音乐、历史、建筑等和普通文化，如人们的风俗习惯、社会习俗等。当今时代，英语教师对英语教育达成了一个共识，即英语教育除了涉及英语语音、词汇、语法及听、说、读、写等方面，还必须有文化的导入。众所周知，语言是文化的载体，语言与文化相互影响、互为补充，因此，英语教师必然要注重文化的渗透。不仅如此，文化导入要贯穿英语教育的始终。文化导入一方面可以活跃英语课堂氛围，引起学生对英语学习的兴趣，另一方面可以增加学生对文化知识的储备，帮助其更好地理解和掌握英语语言。交际是学习英语的主要目的之一，所以英语学习必须注重文化知识。海姆斯概括了交际能力的四个要素：语法性、可行性、得体性和现实性。其中得体性和现实性直接和文化有关。交际能力的得体性就是在涉及讲话的对象、话题、场合、身份等不同的情况下，能够使用不同的得体语言。交际能力的现实性就是使用真实、地道的英语。总而言之，英语教师必须注重文化知识的传授，要帮助学生了解世界和掌握中西方文化，拓宽视野，培养学生的爱国主义精神，形成健康的人生观。

4. 综合教育技能

英语教师除了要具备讲解语言知识的能力，还要有一定的书写、绘画、唱歌、表演、制作等能力，即综合教育技能。具体来说，英语教师应该具备以下几项能力：

①能写，即教师的书写字迹工整规范。

②能画，即教师会画简笔画，并可以在教育中灵活运用。

③能唱，即教师能够根据学生学习的进程编写、教唱英文歌曲。

④善表演，即教师在表达意义或情感时，可以自如地使用体态语。

⑤会制作，即教师可以设计制作适用于教育的各种教具，如幻灯片、视频、计算机软件等。

（八）驾驭教材的素质

英语教材是开展英语教育的基础，也是英语教育内容的重要载体。一名合格的英语教师应该熟练驾驭所用教材。也就是说，教师要具备对英语教材的使用和评价两种能力。

1.对教材的使用能力

对于教材的使用，教师应该具有以下几项能力：

①补充或删减教材内容。英语教师在使用教材时应该根据实际教育情况，对教材内容做适当的补充或删减，以便更贴近学生的实际生活，满足学生的需要。当然，对内容的补充或删减并不是任意进行的，要在保证不影响教材完整性和系统性的前提下进行。必要的时候，英语教师可与学生进行协商，决定是否补充或删减某些内容。

②扩展教育内容或者活动步骤。有时，英语教材中的教育活动设计的难度会出现与学生水平不符的情况，从而出现教育活动效果不佳的问题。因此，教师有必要根据英语教育的具体情况和需要，适当调整教育活动设计的难度。如果教师认为教材中教育活动设计得太容易，可以对活动做适当的延伸，如在阅读理解的基础上，增加词汇训练、展开讨论或辩论，甚至可以进行写作训练等。如果教师认为教材中教育活动设计得太难，那么可以适当增加一些有提示性的步骤，降低活动的难度。

③替换教育内容和活动。在英语教育过程中，教师偶尔会遇到教育内容、教育活动不适合教育实际情况的现象，此时就需要教师对这些内容、活动进行替换。例如，英语教材中的作文题目不适合学生，教师就可以自己设计一个题目。

④调整教育方法。不同的英语教育方法有各自的优点和不足，适用的范围也不同。受客观条件的影响，学生的英语水平存在较大差异，加之教育具体情况不同，因此，英语教材中推荐的教育方法不一定适用。此时，教师可以根据具体的教育情况，对英语教育方法进行调整，以获得更好的教育效果。

⑤调整教育顺序。英语教材中对教育顺序的安排有时会出现不合理的情况，所以教师可以结合教育实际情况进行调整。为了激发学生的英语学习动机，教师在调整教育顺序时应将教育内容与社会现实生活有机联系起来。此外，教师在调整教育顺序时，应注意教育内容之间的关系，遵循循序渐进的原则，不可随意调整。

⑥对教材使用情况进行总结。当某英语教材使用了一段时间之后，英

语教师应该对其使用情况加以总结，目的是评价该教材的使用效果。在对教材的使用情况进行总结时，英语教师应考虑如下几个问题：教师和学生对此教材是否满意，使用此教材进行教育是否实现了设定的目标，使用此教材是否有利于提高英语教育的效果。在使用此教材时发现其优点和不足，此教材的哪些方面需要进行调整等。

2. 对教材的评价能力

学生在学习英语的过程中会接触大量的语言材料，不仅会使用英语教材，还会使用一些辅助材料。因此，英语教师还有一项重要的责任，就是帮助学生找到合适的教育材料，这就需要教师具备一定的教材评价能力。英语教师的教材评价能力主要体现在以下几个方面：

①教育的指导思想。英语教育思想可以在宏观上指导英语教材的编写。在评价教材时，教师应该首先评价教材体现的教育指导思想，分析其思想是否与学科的最新研究成果相吻合。教育指导思想具体涉及对语言的认识、对语言学习的认识以及对语言教育的认识。

②教育方法。英语教育方法决定了教师要如何教和学生要如何学，它可以为教材内容的选择、安排以及教育活动的设计提供具体依据和参照。因此，教师在对教材进行评价时，要看其是否体现了先进的教育方法。当然，教材编写应该以某种教育方法为基础，同时吸收其他方法的长处。

③教材内容的选择与安排。教育内容的选择与安排往往决定了教师要教什么和学生要学什么。教材内容的选择与安排应该以英语教育的目标即培养学生综合运用语言的能力为基准。然而，英语语言能力的形成是以基础语言知识、基本语言技能、学习策略、情感态度、跨文化意识以及英语能力为基础的。因此，英语教材必须涵盖以上内容。英语教师评价教材的内容应该看其是否符合语言学习过程的基本规律。

④教材的组成部分。一套完整的英语教材应该是由教师用书、学生用书、练习册、多媒体光盘、录像带、录音带、卡片以及挂图等组成的立体化教材，这些部分各有侧重、各有特色，构成了教材有机的整体。

⑤教材语言素材的真实性。英语教育的目的是培养学生用英语进行交

际。因此，教师在教育过程中应该重点教授那些可以在交际中使用的语言。也就是说，英语教材中选择的语言要与现实中使用的语言基本一致，具备真实性和地道性。

⑥教材的设计。英语教材的设计主要涉及教材的篇幅长度、版面安排、开本大小、图文形式、色彩以及媒介形式等。

三、高校英语教师提高教育能力的途径

（一）更新英语教育的观念

1. 建立新型的师生关系

新型的师生关系就是师生之间要相互尊重、平等相待。传统英语教育中的师生关系通常是领导与被领导的关系，而这种关系早已无法适应当今时代的教育形势。如今，师生之间更讲究平等。在现代英语教育中，学生一方面是教育的主体，另一方面是权利的主体，所以，教师除了要向学生传授更多的英语知识，还应充分挖掘学生的语言潜力，培养学生的创造力。

2. 坚持以学生为中心

如今，培养学生的英语能力是英语教育的主要目标，所以教师应该坚持以学生为中心的教育观念，尽量少用传统的"翻译式""灌输式"教育方式，多采用新的"启发式""引导式""研究式"的教育手段。在日常英语教学中，教师应该尽可能为学生提供使用英语的机会，鼓励学生发散思维、创新思维，进而超越具体的结构和功能，丰富英语语言的内涵。另外，英语教师应引导学生成为英语学习的主体，不断鼓励学生用英语进行交流。在设计英语课时，教师一方面要考虑英语教育的目标，另一方面要结合学生的兴趣点，为学生提供参与教育设计的空间和机会，使学生由被动学习变为主动学习，建构以学生为中心的民主性学习环境。在整个英语教育过程中，教师应做好学生的顾问。教师要"带着学生走向知识"，而不是"带着知识走向学生"。只有这样，学生的学习才能变得更加有趣，学生的创造性思维也才能得到培养。总之，英语教师不应成为课堂上的"裁判"，而应努力成为课堂活动的组织者、合作者和调控者。

（二）更新英语教育的方法

1. 营造良好的课堂氛围

英语教师可以采用短剧表演、分组讨论、背景简介等活动为学生提供说英语的机会，还可以定期创设一些课外活动，让学生从课堂走向室外，走出校园，走向社会，以便进入一种浓厚的、范围更大的、参与者多样化的英语氛围中。另外，教师可以鼓励学生在课下利用网络或图书等进行学习，让学生养成独立学习知识、分析问题和解决问题的能力。

2. 合理利用多媒体技术

过去的"一支粉笔加一本书加一本教案"的英语教育模式在现代英语教育中已经无法满足实际的需要。如今，英语教师在课上应该适时使用录音机、实物投影机、电脑、语音实验室等现代化电教设备，利用计算机结合教育内容编写课件，为学生营造图文并茂、生动、真实的教育环境。教师可以参与网上课程的讨论、辅导、答疑及批阅作业。在英语教育中，充分利用多媒体技术可以有效培养学生主动获取知识和运用知识的能力，最大限度地激发学生的学习兴趣。

（三）建立英语科研小组

建立英语科研小组也是提高大学英语教师教育能力的一种手段。通常情况下，科研小组可以由同一所学校的同一个年级的教师组织，以进行教育研究，大家可以定期对某些教育问题进行探讨，根据探讨的问题，共同拟订一个研究题目，制订研究方案，分配任务，各自展开研究，在合作中寻求发展和提高。

但是，英语科研工作必须与英语教育联系起来。教师获得某些创造性的成果之后，可以以知识的形式传授给学生。在英语教育实践中教师也能发现一些值得探究的课题，并集中展开研究。

四、高校英语师资队伍建设的建议

2019 年中国中央、国务院印发了《中国教育现代化 2035》文件，这一文件规划了未来十五年中国教育发展的宏伟蓝图高校应时刻关注国际形势。

结合本校实际，培养国际化人才。因此，为了体现英语教育尤其是高校英语教育的意义和价值，高校应将英语教育视为本校整体特色发展的重要组成部分，通过高校英语教育反映本校办学及人才培养的特色，提升学生的英语学术能力和跨文化交际能力，开阔他们的国际化视野。为了实现这一目标，高质量的高校英语师资队伍建设任重道远。

（一）以教育为中心，坚持教育科研并重

高校英语师资队伍建设的首要理念就是以教育为中心，坚持教育科研并重，教研统一。高校英语教师必须正确处理教育与科研的关系，彻底摆脱"重教育、轻科研"的传统观念，把科学研究作为高校工作的一个重要部分，把教育与科研的结合作为发展的目标和方向，把在持续系统的科学研究中所取得的研究成果融入教育实践进行检验，不断提高自身的教育水平和科研水平。

（二）加强教育团队建设，发挥集体智慧

高校英语教育必须服务于学校的办学目标，服务于院系的专业建设需要，服务于学生的个性化发展需求。为此，高校英语教师应组建不同教育方向的团队，发挥集体智慧，构建符合学生发展需求的多元化模块课程体系，并在此基础上逐渐打造符合本学校特色的校本高校英语教育体系，突出本校英语特色。

（三）加强人才引进与培养，构建结构合理的师资队伍

针对一些高校英语教师学术同质化的问题，高校必须多渠道地引进英语教师，同时允许和鼓励本校英语教师跨出自己的专业范畴，攻读其他领域学位，在提升教师学历层次的同时，实现跨界发展。与此同时，高校应该多角度、多途径地对本校英语教师进行培训，开阔高校英语教师的视野，提升高校英语教师的教育和学术能力。

（四）以绩效考核为抓手，采取多元评价方式

建立科学、合理的绩效考核制度，着重考核教师的教育工作量、教育质量、教育创新和学生培养质量，同时，将高校英语教师的科学研究纳入

绩效考核之中，与教师的聘用、晋升等挂钩，并采取行之有效的激励机制，奖惩结合。在评价教师时，使用自我评价、同事评价、学生评价和专家评价等不同方式，对他们进行全面、细致、科学、准确的评价，以评促建，以评促改，提升教师的职业道德素养和教育科研水平，培养教师的科学精神和创新意识，使其掌握科学知识和方法，提升教育科研能力。

（五）更新专业知识，提升教育技能

社会在不断变革，知识在不断更新，新技术在不断被发明使用。高校英语教师需要研究新知识和新技术所带来的教育过程、教育方法以及教育手段的变化，并在原有基础上不断更新本学科的专业知识和技能，熟练掌握微课、"翻转课堂"等现代教育技术所带来的新型教育模式和方法，提高自身素养，积极应对现代教育技术所带来的革新。

（六）加强学科建设，促进教师职业发展

确立高校英语教育研究的学科属性与定位为外语教育学，这对于解决高校英语教师发展问题起着至关重要的作用。明确了高校英语的学科属性和地位后，高校英语教师对于自身的后续发展也就有了明确的方向。建设高校英语师资队伍时应该使教师形成学科意识，认准学科发展方向，摆脱自身发展目标不明确的困扰，不断提升教师对自己专业发展的认可，并以积极的姿态、主人翁的身份参与到专业发展中，实现专业化、职业化和个性化发展。

高校英语师资队伍建设是高等学校提升教育质量的重中之重，也是培养多元化复合型人才的必由之路，需要参与教育实践和教育管理的多方面人员的群策群力。在明确以教育为中心的基本理念下，采取多重手段激励、鼓舞、支持教师自身的提升，进而实现整个高校英语教师队伍的合理化构建和发展。

第三节　高校英语教育评价研究

教育的目的和意义在于引导学生不断发展，而贯穿整个教育过程的评价是促进学生不断发展的重要手段。在高校英语教育中，教育评价是不可或缺的重要环节。教师需要根据高校英语课程的特点以及学生的学习状况，不断探索高校英语教育的评价方式，创建行之有效的教育评价体系，采用多元化的评价方法，培养学生的英语能力，并使之可持续发展。

一、教育转型背景下高校英语教育评价及其改革的必要性

教育评价是根据教育目标以及教育原则等要求，对具体的教育活动以及最终的教育成果进行价值判断的过程。它对于教师、学生以及整个教育界都意义重大。

（一）高校英语教育评价

1.教育评价的界定

评价通常是指对事物价值高低的判断，包括对事物的质与量做出描述和在此基础上做出的价值判断。评价是一种对客体是否满足主体需要的价值判断活动，将这一价值判断活动运用于教育，教育评价便产生了。

关于教育评价，目前并没有一个统一的定义，国内外关于教育评价的定义具体分为以下三类。从方法的角度而言，教育评价是一种评定教育成绩的考查方法。从过程的角度而言，教育评价是对一切教育活动进行价值判断的过程。也就是说，评价具有一定的评价标准，而且对象不仅仅包括一般的教育成绩评定，也包括各种教育活动、学生的学习态度等。从评价的作用角度而言，教育评价是对信息的收集和利用，从而为教育的计划与实施提供依据。

在上述三类界定中，过程观占据主导地位，过程观下的教育评价过程包含以下几个环节：

①收集信息，即收集教育评价所需要的各类信息，包括教育内容、教育方法、教育成效等。

②处理信息，通常划分信息、分析信息的方法不同，信息处理的方式也不同。

③构建标准，在进行教育评价时，应建立适当的教育评价标准，这是一个十分重要的环节。

④结果判断，即根据评价标准对分析的结果进行判断。

⑤得出结论，即根据最终判断的结果得出结论，并进一步提出改进意见。

这五个环节构成了一个完整的教育评价过程，最终得出的改进意见会被运用到具体的实践中，新一轮的教育评价又随之展开。

教育评价是对教育活动满足社会与个体需要的程度而做出判断的活动，是对教育活动现实的或潜在的价值做出判断，以期达到教育价值增值的过程。这一评价活动具体包括学生、教师、课程、教育、教育内容、教育目标、教育制度、教育方法以及教育管理等方面的评价。

2. 教育评价的功能

在具体的教育过程中，教育评价发挥着重要功能，具体体现在以下几个方面：

（1）诊断功能

教育评价能够对教育过程进行有效的诊断，确定教师教育和学生学习中的问题，明确教育工作的进展和不足，检查学生的学习情况。根据检查和诊断的结果，教师可以对教育工作进行有针对性的调整和改进，学生也能及时发现自己的问题和不足，进而积极改正。总体而言，教育评价对提高教师的教育质量和学生的学习质量都有重要意义。

（2）反思功能

教育评价注重师生的参与以及自我评价，在评价过程中，无论是教师还是学生都会产生一定程度的压力，这有助于教师和学生将压力变为动力，从而自觉内省和反思自己的教育与学习行为，分析得失，以提高自我监控能力。可以说，教育评价的反思功能是促进教师和学生成长的重要手段，师生可以在自我评价、他人评价中不断反思和成长。

（3）激励功能

教育评价的过程为教师和学生提供了一个自我展示的平台与机会，所采用的有效的、积极的评比与反馈方式会成为有效的激励手段。通过教育评价，教师和学生都能从中获得大量有用的信息，进而更加积极地进行教育活动。

3. 教育评价的内容

教育评价的内容具体包括：对教师素质的评价、对学生学习的评价、对教育课程的评价、对教育过程的评价以及对教育管理的评价。

（1）对教师素质的评价

在教育过程中，教师处于主导地位，教师素质的高低对于教育效果、学生成长意义重大。因此，评价教师素质与能力显得尤为重要。具体来说，对教师素质的评价主要包含如下几点：

①对教师工作素质的评价包括教育质量、教育成果、教育研究、教育经验等。

②对教师能力素质的评价包括独立进行教育活动的能力、独立完成教育工作量的能力等。

③对教师政治素质的评价包括工作态度、遵纪守法、为人师表、教书育人、政治理论水平、参与民主管理、良好的文明行为及坚持四项基本原则等。

④对教师可持续发展素质的评价包括教师发展的潜能、自觉求发展的能力、接受新方法与新理论的能力及本身的自学能力等。

（2）对学生学习的评价

学生是英语教育的中心，也是教育的主体。对学生进行评价是教育评价的主要内容。通过评价，教师为了对学生有充足的了解与把握，为社会培养出更优秀的人才，就必然需要对教育进度不断进行调整。具体而言，学生学习的评价涉及以下三点：

①学业评价。学业评价是从学科课程的目标与内容出发对学生个体、

群体而展开的成果式评价。学业评价具有促进性、补救性与协调性特点。一般以测量为基础，对学生个体的学习进展情况加以反映，最后做出推断。

②学力评价。学力与发展观、人类观、学校观等有着密不可分的关系，受时代的影响，教育对学校的要求越来越高，这就导致学力发生改变，从而产生了不同的学力观。就整体而言，人们对学力的认知有两大方向，一是强调学力是对技能与知识的掌握能力，二是强调学力是教育的结果，是后天形成的。因此，笔者将学力定义为学生在学业上所获取的结果。而学力评价可以对学生的学习能力、个体差异进行甄别，从而使不同层次的学生完成自己的学习目标。

③学生的品德与人格评价。这也是非常重要的，在英语教育中，对学生品德和人格的评价侧重于教育内容的思想性与科学性。

（3）对教育课程的评价

合理、科学的课程设置有助于提升教与学的质量，因此，教育评价也需要对课程进行评价。课程评价主要是对课程价值、课程功能的评价，为了更好地开展课程评价，需要考虑和了解以下三种模式：

①行为目标评价模式，这是由学者泰勒提出的。这一模式的重心在于确定目标，并在此基础上组织教育评价。泰勒认为，既定目标决定着教育活动的开展，而教育评价也是对实际教育活动的判定，从而根据反馈对教育进行改进，使教育效果与既定目标相接近。

②决策导向评价模式，又可以称为"CIPP 模式（Context Evaluation、Input Evaluation、Process Evaluation、Product Evaluation）"，是由著名学者斯塔弗尔比姆提出的。这一模式的重心在于决策，是将背景知识、输入、过程、结果结合起来的一种评价模式。

③目标游离评价模式，又可以称为"无目标模式"，是由学者斯克里文提出的。斯克里文批判了泰勒的评价模式并指出，为了降低评价中的主观因素，不能在设计方案时明确将活动目的告诉评价者，这样评价结果就不会受到既定目标的制约。

（4）对教育过程的评价

在英语教育中，大多数评价都非常侧重教育效果，即学生的实际成绩。

但是，大多数评价都忽视了教育的过程。因此，一些学者开始对形成性评价进行研究，并从中衍生出了对教育过程进行评价这一新的评价内容。一般情况下，对教育过程的评价可以从两个角度分析，一是对教育过程进行系统性评价。二是对教育过程中的各个环节进行评价。对教育过程进行系统性评价是指以某一节课作为教育内容或目标，对课前、课中及课后的练习进行系统和整体评价。对教育过程中各个环节进行评价主要是对课前学习、课堂教育、课后练习进行观测与评价，目的是引导教师关注和把握教育的各个环节，并将其视作重点。

（5）对教育管理的评价

除了对教师、学生、课程设置、教育过程进行评价，对教育管理的评价也是教育评价的一项重要内容，而在很多教育评价中都忽视了这一点。所谓"教育管理"，是指将教育规律、教育特点作为依据，对教育工作进行组织和安排。

对教育管理的评价是对教育过程与结果的评价。通过这一评价方式，评价者可以挖掘出教育管理中的问题，并对其进行改进。在进行教育管理评价时，有以下两个层面的问题需要引起注意。

第一，对教育管理进行评价时，需要注意评价的内容不仅包含对课堂管理的评价，还要包含对学校管理的评价。

第二，对教育管理进行评价时，需要注意评价指标的合理性与科学性，即需要包括教育规章、教育计划、教育步骤、教育检查等。

（二）高校英语教育评价改革的必要性

传统的英语教育评价基本是围绕应试教育展开的，无论是课堂教育评价还是学生评价，都常以考试成绩作为唯一的衡量标准，这不仅会扼杀学生的学习兴趣，也会使教师逐渐失去工作热情。因此，必须对其进行改革。可以说，改革的必要性正是基于传统教育评价存在的问题而提出的，传统高校英语教育评价的问题主要表现在以下几个方面。

1. 评价目标滞后

我国高校英语教育一直都在不断进行改革，但教育评价的方式仍以考试为主，而且主要目标仍是选拔人才。基于这样的评价目标，无论是教师还是学生都以考试为中心，考试考什么，教师就教什么，教师教什么，学生就学什么，对不考的内容就置之不理，导致教育规律和以学生为主体的教育要求往往被忽视。对学生来说，除了在课堂上的有限时间，课下几乎没有进行语言实践训练与应用的机会，也就谈不上语言总体水平的提高。

此外，受传统英语教育重知识、轻能力的影响，高校英语教育评价侧重基础知识而忽视语言技能。这些以语言知识测试为主的评价并不能真实地反映学生的英语水平，也无法为他们的英语综合运用能力的提高起到指导和促进作用。

2. 评价标准死板

在传统的高校英语教育评价中，各项指标过于完备，几乎每项指标都有固定的要求，如教育目标明确、教育进程安排合理、课堂提问精练、多媒体运用恰当、板书设计美观、教师教态自然、教师语言流畅等。虽然这样的要求能为教师组织课堂教育提供一定的参考标准，但很多情况下会使课堂教育变成为了迎合评课标准而设计，表面上面面俱到、环环相扣，实际上忽视了教育的实际情况以及学生的学习需求。

有的教师为了达到这些评课标准的要求，设置很多问题情境。课堂上，虽然师生之间、学生之间有问有答的交流了，学生也兴趣盎然，但过后检测会发现，学生实际掌握知识和形成能力的情况并不理想。这样的课堂教育缺乏有效性，因为教师过于追求完成既定的教育目标，从而限制了教师对学生认知能力以外的其他方面的关注，严重束缚了教育中的灵活性和变通性。什么时间讲授、什么时间提问、给学生多少时间回答问题，包括学生会怎样作答，这些问题都在教师自己的心里，整个课堂就是教师的表演，学生只是作为观众而被动地接受和配合。教师则是想方设法引导学生得出既定答案，学生不会随机应变，教师也只是在学生思维出现阻碍时进行点拨，教师和学生都沦为了"教育流水线上的机器"。虽然完成了教学任务，但效果却不尽如人意。

3.评价形式单一

教育评价形式单一是当前高校英语教育评价的主要问题之一。现代的高校英语教育过分重视终结性评价，一味强调终结性评价的甄选与选拔作用而忽略了形成性评价的激励作用。很长时间以来，考试或测试被当作评价的主要形式，认为评价就是选拔优秀学生、甄别差生的主要手段，目的就是按照成绩对学生划分等级。而考试或测试的结果也成了评判教师教育优劣的唯一标准。这种评价形式使得我国教育长期不能打破考试或测验的局限，成了应试教育。具体而言，人们对考试的过分倚重很容易带来以下问题：

第一，考试结果无法真实地反映教育成果。

考试通常被设定在一个学期的中间或结束，考查的内容跨度较大、范围过于宽泛，无法全面体现学生在日常学习中的进步和成就，因而，其评价结果无法反映真实的教育与学习效果。另外，由于考试大多采用笔试，涉及的真实情境太少，许多项目与学生所学和实际应用没有联系，这也在很大程度上影响了考试的信度及其对教育活动的指导作用。

第二，考试制度扼杀了学生的创造性。

考试制度下的教师和学生往往为了迎合考试，反复模拟练习。学生成了考试的机器，教师成了判卷专家。学生考出来的"好成绩"不仅不能反映学生的真实水平，还扼杀了学生的学习积极性和创造性，不能促进学生英语能力的可持续发展。

第三，不利于学生的身心健康。

考试时，考场的气氛会异常紧张、压抑，这也给很多学生造成了非常大的心理压力和心理伤害，学生一旦考试成绩不好就会丧失自信心，甚至产生更严重的后果，这不能不说是过分依赖考试这种评价方式所导致的必然恶果。

此外，在评价活动中，评价者与被评者之间的关系也十分单一。教师通过试卷检测学生的学习情况，这似乎成了教师与学生唯一的评价关系，教师缺乏引导学生进行自评或互评的意识。

二、高校英语教育评价的基本原则

在高校英语教育评价中，坚持一定的评价原则有助于更好地指导教育评价实践。根据这些评价原则，教师才能制订出合理的评价手段和方法，真正实现评价方法与教育评价规律的结合。

（一）参与性原则

学生是学习活动的主体，也是高校英语教育评价的主体，因此，学生要参与到英语教育评价的设计和制订中。学生参与的方式能有效提高高校英语教育评价的真实性和有效性。同时，提高学生学习英语的热情，学生在参与的同时要加强对自身英语学习过程的反思和总结，更有针对性地加强对薄弱环节的训练，从而实现各方面的综合发展。

（二）多样化原则

高校英语教育评价不应是单一形式的，而应是多样的，评价要尽力做到对学生在学习过程中的各种表现以及语言能力中的各种指标进行全面、真实的考查。以测试来说，教师可以根据不同的测试目的、作用选择不同的测试方式，可以是主观性测试，也可以是客观性测试；可以是诊断性测试，也可以是成绩测试。

（三）发展性原则

高校英语教育评价的最终结果并不能全部反映学生在某一学习阶段的状态，高校英语教育评价的数据受多种因素的影响。发展性原则要求高校英语教育评价关注学生在平时教育活动中所表现出来的学习热情、学习态度、活跃态度、交际能力等，以确保学生的学习过程和学业进步同等的重要性。

（四）效率性原则

注重效率是高校英语教育评价应当遵循的一个重要原则。影响高校英语教育评价顺利且有效进行的因素主要有教育活动的设置、学生的配合、评价的方式等。首先，课堂教育活动具有一定的目标，每一个教育环节都应围绕课堂教育目标而进行。其次，评价的整个过程都需要让学生理解，如让学生理解所采用评价方法的作用和操作方式，还要让他们看到评价给他们的学习带来的切实效益。只有让学生看到评价的实际效益，他们才会积极主动地配合。再次，监督教育评价所采用的方法。这有利于方法的调整和具体操作，从而保证教育评价的作用能够充分发挥出来。最后，教育评价要以学生自评为主，推动他们成为自主学习者。通过自评，学生可以从学习目标完成的情况中发现自身存在的问题。

（五）目的性原则

高校英语教育评价并不是盲目进行的，而是有一定目的。没有了目的，高校英语的教育评价也就失去了存在的意义。学生应对教育评价的诸多方面有所了解，如教育评价的重要性、各种评价方式的操作和作用等。

教师对于各种评价方法的目的和预期效果都应有所了解。不同评价方式的预期效果不同，适用的范围也不同，只有这样，教师才能在诸多评价方式中做出正确的选择。

此外，教师在选择时还应结合自己班级和课堂的具体情况，同时注意各项方法与技巧的作用。

三、教育转型背景下高校英语教育评价的新方法

在教育转型视域下，教师应采用创新性方法对高校英语教育进行评价，从而真正做到因材施教，提高高校英语教育评价的质量和效率。具体而言，教师可采用以下几种方法开展高校英语教育评价活动。

（一）行为表现评价法

行为表现评价法的目的是评价学生运用知识分析问题和解决问题的能力。通俗地说，如果想知道一个人能做什么，最好的办法就是让他做给你看。在外语教育中运用行为表现评价法的好处体现在两个方面。第一，它更真实地反映了学生的语言运用能力。外语学习的最终目的不仅仅是掌握外语语言知识，而是提高外语交际能力。只有通过基于任务或基于项目的行为表现评价法，才能真实地评价学生的外语交际能力。第二，它对课程设计

和课堂教育具有反拨和指导作用。

行为表现评价法包括三个主要部分：给学生布置任务、学生针对任务作出反应和预先确定评分体系。行为表现评价法采用的是主观整体评分法。为了保证信度、效度和公正性，需要制订一个可靠、易于操作的评分系统，这是实施行为表现评价法最困难但也是最关键的环节。

一般来说，实施行为表现评价法需要经历以下八个步骤：

第一，根据教育目标，确定评价的内容和目的。

第二，以评价内容为基础设计真实的任务。

第三，明确学生为完成任务或运用知识解决问题和分析问题所要具备的知识和技能。

第四，审定这些知识和技能是否能够通过所设计的任务被反映出来，如果有必要需要进一步修改任务。

第五，确定评判标准和不同等级水平的要求。

第六，向学生介绍该评价的目的、内容、形式和标准。

第七，直接观察学生的表现，并将他们的表现与先前制订的评判标准进行对照，予以定级。

第八，将评定结果反馈给学生。

（二）作品集评价法

作品集是指长期有目的、有计划地对学生学习过程和成果的有关信息、资料进行收集而形成的类似于档案的文件集。简单来说，作品集的建立过程就是收集、选择和反思的过程。

电子作品集是目前常见的作品集形式。计算机与网络技术以其强大的交互性、广泛的传播性、数据收集整理的即时性以及便捷的数据统计分析功能，为电子作品集的构建及使用提供了强劲的技术支持。电子作品集的设计主要包括目的、体现能力的证据和测评标准。其中，目的可以作为确定作品集内容构成的依据，是在电子作品集实施前，主要依据课程的总体规划和具体的教育目标来制订的。

作品集评价法是一种以计算机和网络技术为基础，遵循形成性评价、发展性评价和真实性评价的理念，对学习过程进行评价的具体方法和手段。作品集评价法既能够帮助学生和教师对学习过程做出更综合、更全面的评价，适时地给学生以方向性的引导，也能够在学习过程中推动形成性评价的进行。

作品集评价法的实施可以从三个方面进行：学期开始、学期中间、学期结束。学期开始时，确定作品集内容、作品形式、评价标准以及时间计划。学期中间时，学生按照计划完成学习任务，教师对学生予以指导，教师与学生进行面谈。学期结束时，教师将电子评价表发给学生，学生进行自评，学生交换作品集并进行互评，教师对作品集进行终评。具体而言，作品集评价法的实施包含以下几个步骤：

①确定作品集内容。作品集内容就是信息化环境下高校英语教育的内容，自然也是英语教育目的的反映。在信息化环境下的高校英语教育中，教育目的包含语言知识、语言技能、文化知识等层面。因此，评价中使用的作品集，能够反映出学生为了实现这一目的而不断增长的知识与技能以及任务完成的实际情况等。也就是说，作品集的内容取决于教师、学生、教育目的等多个因素。

②对学习过程、学习效果确定的方式有很多，除了进行标准化评价外，还可以通过档案袋、学习日志等形式。这些形式可以是口头形式，也可以是书面形式。当然，不同的评价内容，其选择的方式也必然不同。

③确定评价的标准。传统的标准化评价的最大优点在于：标准明确，容易进行评价，而其他评价手段主观性较强，缺乏可靠性。正因如此，随着近些年研究的深入，一些非标准化的评价手段诞生，这些评价手段主要是针对态度、能力等项目而言的。教师从学生的表现程度出发进行评定，可以设定四个标准：优秀、很好、一般、差。

④确定时间计划。与传统高校英语教育评价方式不同，作品集评价法是从学期开始到结束，其包含很多内容与形式。在学期开始时，教师应该引导学生确定自身的学习计划。学生在与教师确定各个项目的形式、标准等过程中，必然就是其中的参与者，他们不仅对自己的学习任务有清晰的把握，还因为之前参与了任务形式、标准等层面的确定，完成任务也会得

心应手。

⑤学生按照计划完成学习任务。评价活动不仅可以出现在课内，还可以出现在课外。出现在课内的评价活动有介绍、演讲等，出现在课外的评价活动有社会实践、调查研究等。但是，无论是课内评价还是课外评价，都需要考虑具体的计划，并按照计划逐一开展。

⑥教师对学生予以指导。虽然确定了评价形式、评价内容，但是教师也不能完全不管，完全让学生自己完成。由于每一项评价都涉及语言知识与技能，因此，教师需要引导学生对每一项学习任务的目的有清楚的了解与把握，并且多次重申评价标准。在这样的引导下，学生才能把握好英语自主学习的关键点。然后采用具体的方法，实现学习目标。

⑦教师与学生进行面谈。当学生在开展学习任务时，教师可以与学生进行面对面交谈，清楚地了解与把握学生的学习进度，并解答学生在学习过程中遇到的问题。只有这样，才能符合当前教育中的一大重要原则——因材施教。当教师与学生面对面交谈时，可以随意说出自己的所想与所做，教师也需要将自己的亲身体验传达给学生。另外，通过交流，教师对学生的学习情况有了清楚的了解，可以指出他们学习中的问题，助力他们的下一步学习。

⑧根据评价表，学生进行自评。学期结束，学生完成作品集之后，教师就需要将评价表发给学生，让学生根据自己的情况来填写。通过评价，教师和学生都可以了解学习情况，学生对比之前的表现，反思学习过程，发现不足，并为以后的学习付出更大努力。

⑨交换作品集，学生间互评。信息化环境下的英语教育非常推崇学生间的相互学习。学生通过学习与阅读他人作品，对他人的学习情况有清楚的了解，也能够明确自身与他人的差距，从而取长补短。

⑩教师对作品集进行终评。事实上，整个学期，教师都在对学生的学习情况进行评价。因为每一次学习活动、每一部作品都需要教师进行审阅。在学期结束之后，教师还需对学生之前的情况展开综合评价，当然这要在参照同学评价、自评的基础上开展。

综上所述，作品集评价法是一种人性化、用途广泛的评价方法。符合以学生为中心的理念，适用于学生学习英语的各个阶段。

（三）成长记录袋评价法

成长记录袋是学生作品的系统收集，可以用于描述学生的进步、展示学生的成就、评价学生的状况。既可以用于终结性评价，又可以用于形成性评价。根据档案袋中记录内容的不同，可以分为成果型记录袋和过程型记录袋。成果型记录袋主要记录学生的优秀作品，作为终结性评价的参考。过程型记录袋通常包括学生的问题、说明、草案、草稿、修改稿、最终产品以及对作品的自我评价，用于监控、调整与发展。

记录袋要发挥应有的作用就必须让学生参与作品的选择，并让他们对作品进行自我反思。与此同时，不仅要在指导中明确提出要求，还应当让学生填写表格，借以促进学生对选择内容的反思。

（四）建构性问题评价法

所谓建构性问题，是指需要学生组织语言阐述自己的理解、观点、态度等方面。根据问题设计的内容，建构性问题可以是信息辨认问题、态度判断问题、信息分析问题、信息利用问题、观点评价问题、策略应用问题等。建构性问题可以是封闭式的，也可以是开放式的，一般情况下，以开放性问题或者讨论题居多。论述题主要用来测量概念化、建构、组织、整合、关联和评定观点等方面的能力。

参考文献

[1] 李慧芳 . 多文化交融下大学英语教育的转型探究 [M]. 北京：中国纺织出版社，2017.

[2] 刘国瑞 . 论高等教育转型发展 [M]. 沈阳：辽宁大学出版社，2020.

[3] 梁蕊 . 高校英语教育的转型与创新 [M]. 北京：九州出版社，2019.

[4] 吴怀静 . 新时期城乡规划教育转型发展研究 [M]. 北京：经济管理出版社，2019.

[5] 赵俭，张鹏编；赵俭总 . 新时代院校教育转型实践研究 [M]. 南京：南京大学出版社，2019.

[6] 冯丽露，张凤英 . 基于"互联网 +"的教育技术转型与资源整合创新研究 [M]. 长春：吉林大学出版社，2018.

[7] 贾军红 . 转型背景下地方高校实践教育与人才培养研究 [M]. 中国原子能出版社，2018.

[8] 李晓霞 . 转型背景下地方高校创业教育与专业教育融合模式研究 [M]. 延吉：延边大学出版社，2018.

[9] 王建梅 . 新时期英语教育的优化发展路径研究 [M]. 长春：吉林大学出版社，2023.

[10] 王静 . 大学英语教育与课程体系建设研究 [M]. 天津：天津科学技术出版社，2022.

[11] 甘丽莎作 . 多元视角下英语教育模式综合探究 [M]. 长春：吉林出版集团股份有限公司，2022.

[12] 潘丽 . 大学英语教育教学理论与实践研究 [M]. 北京：北京工业大学出版社，2022.

[13] 高瑞洁 . 跨文化视角下的大学英语教育研究 [M]. 长春：吉林出版

集团股份有限公司，2022.

[14] 高琳琳.高校英语教育教学方法与教学策略研究 [M].长春：吉林出版集团股份有限公司，2022.

[15] 鲁毅.多模态视角下英语教育教学理论与实践研究 [M].哈尔滨：哈尔滨出版社，2021.

[16] 曹亮.高校英语教育与改革的创新探索 [M].沈阳:辽宁大学出版社，2021.

[17] 王媛.跨文化交际与大学英语教育研究 [M].北京：中国大百科全书出版社，2021.

[18] 刘芳.教育国际化背景下大学英语教育转型趋势 [J].中国校外教育，2013（A2）：355.

[19] 孙欣，康海波.地方本科院校职业教育转型中商务英语教师专业现状及发展策略 [J].教育与职业，2016（19）：73-75.

[20] 郭金秀.应用转型背景下地方高校英语教育改革研究 [M].成都：电子科技大学出版社，2018.

[21] 奉鹏，杨云飞.谈中国英语教育的转型 [J].消费导刊，2018（09）：136.

[22] 邓芳.教育国际化背景下的英语教育转型研究 [J].海外英语，2020（09）：85-86.

[23] 石静.从信息技术与英语教育融合发展看教育转型问题 [J].中小学电教，2020（12）：5-6.

[24] 桂小易.教育国际化背景下大学英语教育转型与教师流动 [J].活力，2018（24）：174.

[25] 石峡.互联网＋教育转型下大学英语教师专业学习共同体构建策略 [J].成都工业学院学报，2023（06）：89-93.

[26] 朱文成.教育国际化背景下大学英语教育转型趋势探究 [J].黑龙江教育学院学报，2013（02）：142-144.

[27] 李晓雨，沈立群.外语教育转型时期英语应用型人才培养的突然性教学方法 [J].文教资料，2018（14）：223-224.

[28] 王小格，宫慧英 . 新时代英语教育的 ESP 转向与高校英语教师转型发展 [J]. 海外英语，2020（08）：157-158.

[29] 齐媛媛 . "一带一路"与高校公共英语教育的人才培养模式转型研究 [J]. 湖北第二师范学院学报，2020（07）：82-85.

[30] 杨曦，孙岩，曹巍 . 教育转型期高等职业教育英语教师专业素质培养探究 [J]. 河北企业，2017（1）：85-86.

[31] 杜静雅 . 现代大学英语教育转型趋势探究 [J]. 佳木斯教育学院学报，2013（08）：330-337.